ACCESO GRATIS *a la Lectura en la Nube*

Para visualizar el libro electrónico en la nube de lectura envíe junto a su nombre y apellidos una fotografía del código de barras situado en la contraportada del libro y otra del ticket de compra a la dirección:

ebooktirant@tirant.com

En un máximo de 72 horas laborables le enviaremos el código de acceso con sus instrucciones.

LOS CRITERIOS DE EVALUACIÓN DE LOS MODELOS DE CUMPLIMIENTO NORMATIVO/COMPLIANCE

LOS CRITERIOS DE EVALUACIÓN DE LOS MODELOS DE CUMPLIMIENTO NORMATIVO/COMPLIANCE

JAVIER PUYOL MONTERO
CARLOS FRANCO

tirant lo blanch
Valencia, 2025

En caso de erratas y actualizaciones, la Editorial Tirant lo Blanch publicará la pertinente corrección en la página web www.tirant.com.

Director de colección

Javier Puyol Montero

EDITA: TIRANT LO BLANCH
C/ Artes Gráficas, 14 - 46010 - Valencia
TELFS.: 96/361 00 48 - 50
FAX: 96/369 41 51
Email: tlb@tirant.com
www.tirant.com
Librería virtual: www.tirant.es
DEPÓSITO LEGAL: V-1102-2025
ISBN: 978-84-1095-940-8
MAQUETA: Innovatext

Si tiene alguna queja o sugerencia, envíenos un mail a: *atencioncliente@tirant.com*. En caso de no ser atendida su sugerencia, por favor, lea en *www.tirant.net/index.php/empresa/politicas-de-empresa* nuestro procedimiento de quejas.

Responsabilidad Social Corporativa: http://www.tirant.net/Docs/RSCTirant.pdf

Para Ana García,
con el singular afecto de los Autores

Índice

Introducción

El cumplimiento normativo o Compliance es el conjunto de procedimientos, políticas, controles y prácticas que una organización implementa para asegurar que todas sus actividades, decisiones y operaciones se realicen de manera acorde a las leyes, regulaciones, estándares y principios éticos aplicables. Este concepto abarca no solo el cumplimiento de las normativas legales en un ámbito específico, sino también la adhesión a códigos de conducta internos, compromisos éticos asumidos por la organización y normativas sectoriales o internacionales que afectan su operación. El objetivo principal del Compliance es prevenir, detectar y gestionar riesgos derivados de posibles incumplimientos, proteger la integridad de la empresa y fomentar una cultura organizacional basada en la ética y la transparencia.

El concepto de Compliance no se limita a una mera obligación legal; es una herramienta estratégica que permite a las organizaciones operar de manera responsable, ética y sostenible en un entorno empresarial cada vez más complejo. El cumplimiento normativo abarca áreas clave como la prevención de delitos financieros (blanqueo de capitales, fraude, corrupción), la protección de datos personales, el respeto por los derechos laborales, la regulación medioambiental, la igualdad de género, la transparencia fiscal, la ciberseguridad, entre otros aspectos.

Este marco no solo protege a la organización de riesgos legales y financieros, sino que también refuerza su reputación y fomenta una cultura organizacional basada en la ética y la responsabilidad social.

El Compliance tiene raíces históricas profundas que pueden rastrearse hasta el establecimiento de regulaciones empresariales en la Revolución Industrial. Sin embargo, adquirió relevancia moderna con el auge de la globalización y los escándalos corporativos que sacudieron la confianza pública en las empresas, como los casos de Enron y WorldCom en los años 2000. Estos eventos impulsaron la creación de leyes como la Sarbanes-Oxley Act en Estados Unidos, que marcó un hito en la adopción de sistemas formales de cumplimiento normativo.

En el contexto actual, caracterizado por una creciente complejidad regulatoria y una mayor presión de las partes interesadas, el Compliance se ha transformado en una función estratégica. Las organizaciones deben navegar en un entorno donde las leyes nacionales, las normativas transfronterizas (como el Reglamento General de Protección de Datos-RGPD) y las expectativas sociales exigen estándares más altos de conducta.

El Compliance va más allá de un simple cumplimiento legal; se trata de integrar prácticas éticas en el núcleo de la cultura empresarial. Para ello, la evaluación regular de un modelo de Compliance es esencial, ya que permite a las organizaciones medir su efectividad, identificar brechas y adaptarse a un entorno cambiante.

En el contexto empresarial actual, el Compliance se ha convertido en un pilar fundamental para la sostenibilidad y el éxito a largo plazo de las organizaciones debido a diversas razones:

1. Incremento de las regulaciones nacionales e internacionales

   En las últimas décadas, los gobiernos y organismos internacionales han incrementado la cantidad y complejidad de normativas que las empresas deben cumplir. Estas regulaciones buscan abordar una variedad de riesgos y desafíos globales, como el blanqueo de capitales, el soborno, la protección de datos, la competencia leal, la sostenibilidad ambiental y los derechos humanos. Ejemplos de estas normativas incluyen:

   - Reglamento General de Protección de Datos (RGPD) en Europa, que establece estrictos requisitos sobre la privacidad y el tratamiento de datos personales.

   - Ley de Prácticas Corruptas en el Extranjero (FCPA) en Estados Unidos, que regula la prevención del soborno y la corrupción en transacciones internacionales.

   - Directiva Europea sobre Protección de Denunciantes, que garantiza la confidencialidad y protección de quienes reportan irregularidades dentro de una organización.

   El no cumplir con estas normativas puede derivar en sanciones económicas significativas, inhabilitación para operar en determinados mercados, pérdida de licencias o incluso responsabilidad penal para la empresa y sus directivos. El Compliance, por tanto, es esencial para garantizar que las organizaciones se adapten y respondan adecuadamente a estas exigencias legales.

2. Prevención de riesgos legales, financieros y reputacionales

   El incumplimiento normativo puede exponer a las organizaciones a multas multimillonarias, litigios y pérdida de confianza por parte de clientes, inversores y socios comerciales. Además de los costos financieros directos, el daño reputacional derivado de un escándalo por corrupción, fraude, discriminación o mal manejo de datos puede ser devastador y difícil de revertir. Un ejemplo claro es el caso de empresas que han enfrentado juicios mediáticos debido a malas prácticas, resultando en una disminución de su valor en el mercado y una pérdida de credibilidad frente a las partes interesadas.

El Compliance actúa como una herramienta preventiva para identificar, gestionar y mitigar estos riesgos antes de que ocurran. A través de controles internos, auditorías y monitoreos, el modelo de cumplimiento permite detectar irregularidades de manera temprana y tomar medidas correctivas oportunas.

3. Exigencias de los inversores y las partes interesadas

   Los inversores, accionistas, clientes, empleados y demás stakeholders esperan que las organizaciones actúen de manera ética y responsable. La transparencia y el cumplimiento normativo son ahora factores clave en las decisiones de inversión y en la valoración de las empresas. Por ejemplo, muchos fondos de inversión consideran el desempeño en sostenibilidad, ética y gobernanza corporativa (criterios ESG) como un requisito para decidir en qué organizaciones invertir.

   Un modelo sólido de Compliance demuestra el compromiso de la organización con la integridad, lo que fortalece la confianza de las partes interesadas y genera ventajas competitivas en mercados cada vez más exigentes.

4. Cultura ética y confianza interna

   El Compliance no solo tiene un impacto externo, sino que también promueve una cultura ética y de responsabilidad dentro de la organización. Cuando los empleados y directivos comprenden las políticas y los valores corporativos, y se sienten respaldados por sistemas de denuncia efectivos y justos, se incrementa el nivel de compromiso y confianza dentro de la organización. Esto no solo previene conflictos internos y actitudes inapropiadas, sino que también fortalece el ambiente laboral y la productividad.

5. Sostenibilidad y responsabilidad corporativa

   En un entorno donde las empresas son cada vez más responsables de sus impactos sociales y medioambientales, el Compliance se alinea con las estrategias de sostenibilidad corporativa. Normativas internacionales como las directrices de la OCDE o los Principios

Rectores de las Naciones Unidas sobre Empresas y Derechos Humanos exigen que las organizaciones integren estos principios en sus operaciones. Esto implica evaluar su impacto social, ambiental y ético, y actuar para mitigar riesgos y daños.

Por ejemplo, las nuevas regulaciones europeas, como la Directiva de Informes de Sostenibilidad Corporativa (CSRD), exigen que las empresas publiquen informes transparentes sobre su desempeño en sostenibilidad, ética y derechos humanos. Un modelo de Compliance robusto facilita cumplir con estas obligaciones y demostrar el compromiso con la sostenibilidad y la responsabilidad corporativa.

6. Globalización y entornos digitales

La globalización ha expandido las operaciones de las empresas a nivel internacional, exponiéndolas a marcos regulatorios más amplios y complejos. Además, la digitalización y el uso intensivo de tecnologías han generado nuevos riesgos, como los relacionados con la ciberseguridad, la protección de datos y la inteligencia artificial. El Compliance, en este contexto, se adapta para incluir normativas relacionadas con estas áreas emergentes, como la Directiva NIS2 en Europa, que regula la ciberseguridad, o los requisitos internacionales sobre privacidad digital.

7. Beneficio competitivo

Un modelo de Compliance bien implementado puede ser una ventaja estratégica. Las empresas que operan de manera ética y transparente no solo evitan sanciones, sino que también atraen a clientes, socios y empleados que valoran estas prácticas. Además, en algunos sectores, el cumplimiento normativo puede ser un requisito para participar en contratos públicos o internacionales, lo que convierte al Compliance en un factor diferenciador para la competitividad.

En el entorno actual, el cumplimiento normativo (Compliance) es mucho más que una obligación legal: es un componente estratégico para la sostenibilidad, la competitividad y la confianza en una organización. Su relevancia radica en su capacidad para prevenir riesgos legales, financieros y reputacionales, fomentar una cultura ética, generar confianza entre las partes interesadas y garantizar la alineación de la organización con los estándares normativos y sociales. En un mundo donde las regulaciones son cada vez más estrictas y las expectativas de los stakeholders son más altas, el Compliance se convierte en un pilar esencial para el éxito a largo plazo de cualquier empresa.

La importancia de evaluar un modelo de compliance

La evaluación del modelo de Compliance garantiza que las políticas y procedimientos sean eficaces, se cumplan con los estándares regulatorios y se minimicen riesgos legales, financieros y reputacionales.

La evaluación de un modelo de Compliance es un proceso integral y continuo que busca garantizar que las políticas, procedimientos y controles implementados por una organización sean efectivos, adaptables y acordes con las normativas legales aplicables, los estándares regulatorios y los valores éticos corporativos. Este proceso es esencial, no solo para prevenir riesgos legales, financieros y reputacionales, sino también para generar confianza entre las partes interesadas y asegurar la sostenibilidad a largo plazo de la organización. En un entorno empresarial y regulatorio cada vez más complejo, la evaluación se convierte en una herramienta estratégica que permite a las empresas anticiparse a los desafíos, adaptarse a los cambios normativos y fortalecer su posición en el mercado.

Un aspecto central de la importancia de evaluar un modelo de Compliance es que este proceso asegura la eficacia operativa del sistema. Diseñar un programa de cumplimiento normativo robusto no es suficiente; la verdadera prueba de su valor radica en cómo se implementa y opera en la práctica. La evaluación permite verificar si los procedimientos y controles están siendo aplicados correctamente en todos los niveles de la organización y si están cumpliendo con su propósito de prevenir, detectar y gestionar posibles incumplimientos normativos. Por ejemplo, si una política específica relacionada con la prevención del blanqueo de capitales no está siendo entendida o aplicada de manera uniforme por los empleados, una evaluación identificará este problema, permitiendo que se tomen medidas correctivas, como capacitaciones específicas o ajustes en los procedimientos.

Además, la evaluación es fundamental para garantizar el cumplimiento de los estándares regulatorios y las expectativas de los organismos supervisores. En muchos sectores y jurisdicciones, no basta con contar con un modelo de Compliance; las empresas deben demostrar, mediante evidencias verificables, que el sistema es efectivo y que cumple con las normativas vigentes. Por ejemplo, estándares internacionales como la ISO 37301, que regula los sistemas de gestión de cumplimiento, exigen procesos continuos de monitoreo y evaluación para garantizar que los sistemas sean adecuados y efectivos. En el contexto europeo, el Reglamento General de Protección de Datos (RGPD) no solo establece obligaciones estrictas sobre la protección de datos personales, sino que también exige que las empresas puedan probar su conformidad mediante documentación, auditorías y controles. La evaluación periódica del modelo de Compliance asegura que la empresa está preparada para cumplir con estas exigencias y responder de manera efectiva a posibles auditorías regulatorias o investigaciones legales.

En cuanto a la gestión del riesgo legal, financiero y reputacional, la evaluación del modelo de Compliance juega un papel preventivo esencial. Los incumplimientos normativos pueden derivar en sanciones económicas significativas, pérdidas financieras y, en casos graves, en la inhabilitación para operar en determinados mercados. Por ejemplo, un caso de corrupción o soborno podría acarrear multas multimillonarias, como ocurre bajo la Ley de Prácticas Corruptas en el Extranjero (FCPA) en los Estados Unidos o la Ley de Soborno del Reino Unido (UK Bribery Act). Sin embargo, más allá de las consecuencias legales directas, los riesgos reputacionales derivados de un incumplimiento pueden ser aún más perjudiciales. La pérdida de confianza por parte de los clientes, socios comerciales e inversores puede tener un impacto devastador en la sostenibilidad de la empresa. La evaluación del modelo permite identificar áreas de vulnerabilidad antes de que ocurran incidentes, mitigando estos riesgos y protegiendo tanto los activos financieros como la reputación corporativa.

Por otro lado, la evaluación refuerza la credibilidad y confianza de la organización frente a las partes interesadas, incluidos accionistas, reguladores, socios comerciales y empleados. En un entorno donde la ética y la transparencia son cada vez más valoradas, las empresas que demuestran un compromiso real con el cumplimiento normativo son percibidas como más confiables y responsables. La evaluación periódica del modelo de Compliance no solo permite detectar y corregir posibles deficiencias, sino que también genera evidencias concretas de que la empresa está cumpliendo con las mejores prácticas internacionales y actuando de manera íntegra. Esto puede traducirse en ventajas competitivas, como un mayor acceso a mercados internacionales, mejores condiciones de financiamiento y una relación más sólida con los clientes.

Además de su impacto en la prevención y la credibilidad, la evaluación del modelo de Compliance fomenta la mejora continua del sistema. Las empresas operan en un entorno dinámico, donde las normativas, los riesgos y las expectativas cambian constantemente. Por ejemplo, un cambio en la regulación medioambiental puede requerir ajustes en los controles internos de la organización para garantizar el cumplimiento. La evaluación permite a las empresas identificar áreas de mejora y adaptar sus políticas y procedimientos de manera proactiva. Por ejemplo, si durante una evaluación se detecta que el canal de denuncias no está siendo utilizado por los empleados debido a una falta de confianza en su confidencialidad, la empresa puede rediseñar el sistema para garantizar que sea accesible, confiable y efectivo. Este enfoque no solo asegura el cumplimiento normativo, sino que también fortalece la cultura ética y de cumplimiento dentro de la organización.

Desde una perspectiva estratégica, la evaluación del modelo de Compliance permite alinear el sistema con los objetivos corporativos. Un programa de Compliance no debe considerarse un costo operativo, sino una inversión estratégica que protege a la organización y genera valor. Por ejemplo, una empresa que opera en un sector altamente regulado, como el farmacéutico o el financiero, puede utilizar la evaluación del Compliance para identificar oportunidades de mejora que no solo reduzcan riesgos, sino que también optimicen procesos y generen eficiencias. Al garantizar que las políticas de cumplimiento estén alineadas con los objetivos estratégicos, la empresa no solo cumple con las normativas, sino que también refuerza su capacidad de competir en el mercado y de responder a las demandas de las partes interesadas.

La evaluación del modelo de Compliance también tiene un impacto positivo en la cultura organizacional. Un programa de cumplimiento efectivo no solo debe centrarse en la prevención de sanciones legales, sino también en fomentar una cultura ética y de responsabilidad en todos los niveles de la organización. La evaluación permite medir cómo se está percibiendo y aplicando el modelo por parte de los empleados y directivos, y si existen brechas en la comunicación o en la formación que deban ser abordadas. Una cultura sólida de cumplimiento no solo reduce los riesgos de incumplimientos, sino que también mejora el ambiente laboral, incrementa la productividad y fortalece el compromiso de los empleados con los valores de la empresa.

La evaluación de un modelo de Compliance es un proceso esencial y multifacético que garantiza su eficacia, cumplimiento normativo y relevancia estratégica. A través de este proceso, las empresas pueden mitigar riesgos legales, financieros y reputacionales, generar confianza entre sus partes interesadas, promover una cultura ética y alinearse con las mejores prácticas internacionales. Además, la evaluación fomenta la mejora continua y la adaptabilidad del sistema, asegurando que la organización esté preparada para enfrentar los desafíos de un entorno regulatorio en constante evolución. Por tanto, la evaluación no debe considerarse como una simple obligación, sino como una herramienta estratégica que impulsa la sostenibilidad, la transparencia y el éxito a largo plazo de la organización.

El contexto regulatorio general

El contexto normativo en el que se debe mover la evaluación de un modelo de cumplimiento normativo o Compliance es amplio, multifacético y está en constante evolución. Comprende un conjunto de leyes, reglamentos, estándares internacionales, normativas sectoriales y principios éticos que establecen los requisitos que las organizaciones deben cumplir para operar de manera ética, responsable y conforme a la legalidad. La evaluación de un modelo de Compliance no se realiza en un vacío, sino dentro de este marco normativo que influye en cómo las empresas diseñan, implementan y mejoran sus sistemas de gestión de cumplimiento. Este contexto es esencial para garantizar que los modelos de Compliance sean efectivos, prevengan riesgos legales, financieros y reputacionales, y se adapten a las exigencias cambiantes del entorno regulador y social.

1. REGULACIONES NACIONALES E INTERNACIONALES APLICABLES

El primer elemento clave del contexto normativo son las regulaciones nacionales e internacionales, que exigen la implementación de modelos de Compliance eficaces y su evaluación periódica para garantizar su operatividad. Estas normativas varían según el país y el sector, pero comparten un enfoque común: establecer responsabilidades claras para prevenir, detectar y mitigar riesgos asociados con el incumplimiento normativo.

En Europa, por ejemplo, normativas como el Reglamento General de Protección de Datos (RGPD) exigen a las empresas no solo implementar medidas para proteger la privacidad y los datos personales, sino también demostrar su cumplimiento a través de auditorías internas, evaluaciones de impacto (PIA's) y documentación rigurosa. La evaluación del modelo de Compliance en este caso debe centrarse en verificar la implementación y eficacia de estas medidas.

En Estados Unidos, la Ley de Prácticas Corruptas en el Extranjero (FCPA) establece la responsabilidad de las empresas de prevenir el soborno y la corrupción en sus operaciones, tanto a nivel nacional como internacional. Las empresas deben contar con controles internos robustos y un sistema de auditorías para garantizar el cumplimiento. La evaluación del modelo de Compliance, en este caso, se centra en revisar la efectividad de las políticas antisoborno, los controles internos contables y los mecanismos de denuncia.

En países como España, la Ley Orgánica 1/2015 introdujo con una mayor profundidad la responsabilidad penal de las personas jurídicas, estableciendo que las empresas pueden evitar o mitigar sanciones si demuestran que han implementado modelos de Compliance eficaces para prevenir delitos como fraude, corrupción, blanqueo de capitales o delitos medioambientales. La evaluación en este contexto debe incluir una revisión exhaustiva de la identificación de riesgos penales, los controles implementados y la capacidad de reacción de la empresa ante posibles infracciones.

2. REGULACIONES SECTORIALES

Además de las leyes generales, muchas industrias están sujetas a regulaciones sectoriales específicas que imponen requisitos adicionales sobre cómo deben operar las organizaciones y cómo deben estructurar sus modelos de Compliance. Estas normativas sectoriales son especialmente relevantes en industrias como la financiera, la farmacéutica, la energética y la de tecnologías de la información.

En el sector financiero, regulaciones como Basilea III y las normativas emitidas por la Autoridad Europea de Valores y Mercados (ESMA) exigen controles estrictos para la gestión de riesgos financieros, la integridad del mercado y la transparencia en las transacciones. La evaluación del modelo de Compliance debe incluir verificaciones de cómo se gestionan los riesgos financieros, cómo se aplican las políticas de prevención del fraude y cómo se monitorean las transacciones para detectar irregularidades.

En el sector farmacéutico, las normas de Buenas Prácticas de Manufactura (GMP) y los requisitos de agencias reguladoras como la FDA (Food and Drug Administration) exigen que las empresas aseguren la calidad y seguridad de los medicamentos. El modelo de Compliance debe ser evaluado para garantizar que los procesos internos cumplen con estos estándares y que los controles de calidad son efectivos.

En el ámbito de la ciberseguridad, regulaciones como la Directiva NIS2 en Europa imponen requisitos para proteger las infraestructuras críticas y garantizar la resiliencia de los sistemas tecnológicos frente a ataques cibernéticos. La evaluación del modelo de Compliance debe incluir una revisión de las políticas de seguridad de la información, los protocolos de respuesta ante incidentes y la capacitación del personal en esta materia.

3. ESTÁNDARES INTERNACIONALES DE COMPLIANCE

Un componente esencial del contexto normativo son los estándares internacionales de gestión de Compliance, que ofrecen marcos de referencia para diseñar, implementar y evaluar los sistemas de cumplimiento normativo. Estos estándares no son obligatorios, pero son adoptados ampliamente por organizaciones que buscan garantizar la eficacia y credibilidad de sus programas de Compliance.

La ISO 37301, que regula los sistemas de gestión de cumplimiento normativo, es uno de los estándares más relevantes en este ámbito. Establece que las empresas deben realizar evaluaciones periódicas para garantizar que sus modelos de Compliance son adecuados, proporcionales a los riesgos identificados y efectivos en la práctica. Este estándar promueve un enfoque basado en riesgos, lo que significa que las evaluaciones deben centrarse en las áreas donde los riesgos de incumplimiento son más altos.

La ISO 37001:2016, sobre sistemas de gestión antisoborno, también establece directrices específicas para la prevención de la corrupción. Durante la evaluación de un modelo de Compliance en este contexto, se deben analizar aspectos como la implementación de políticas antisoborno, la formación de los empleados, los controles internos y la eficacia de los canales de denuncia.

4. MARCO DE RESPONSABILIDAD PENAL DE LAS PERSONAS JURÍDICAS

El contexto normativo incluye también el marco legal relacionado con la responsabilidad penal de las personas jurídicas, que es cada vez más común en las legislaciones de diferentes países. Estas normativas establecen que las empresas pueden ser responsabilizadas penalmente por los delitos cometidos por sus empleados o directivos, a menos que puedan demostrar que han implementado sistemas de Compliance efectivos que previenen estos delitos.

Por ejemplo, en España, el Código Penal establece que un modelo de Compliance efectivo puede servir como eximente o atenuante de la responsabilidad penal. Esto significa que la evaluación debe incluir un análisis detallado de la capacidad del sistema para prevenir delitos específicos, así como de la documentación que respalde la existencia y eficacia del modelo.

En Italia, el Decreto Legislativo 231/2001 también establece la responsabilidad penal de las empresas y exige que estas adopten modelos de organización y gestión adecuados para prevenir ciertos delitos. La evaluación debe considerar no solo los controles implementados, sino también la implicación de la alta dirección en la supervisión del modelo.

5. TRANSPARENCIA, SOSTENIBILIDAD Y RENDICIÓN DE CUENTAS

El contexto normativo moderno exige que las organizaciones sean cada vez más transparentes en sus prácticas de cumplimiento y sostenibilidad. Normativas como la Directiva de Informes de Sostenibilidad Corporativa (CSRD) de la Unión Europea obligan a las empresas a divulgar información no financiera sobre sus prácticas de sostenibilidad, derechos humanos, diversidad e impacto ambiental. La evaluación del modelo de Compliance debe incluir una revisión de cómo la organización recopila, valida y reporta esta información, asegurando que cumple con los requisitos legales y con las expectativas de las partes interesadas.

6. EXIGENCIAS TECNOLÓGICAS Y CIBERSEGURIDAD

El contexto normativo también se ve influido por la digitalización y el avance de las tecnologías. Normativas como el RGPD y la Directiva NIS2 exigen que las organizaciones implementen medidas tecnológicas para proteger la privacidad y la seguridad de los datos. La evaluación del modelo de Compliance debe analizar cómo las herramientas tecnológicas utilizadas por la organización contribuyen a prevenir riesgos, automatizar procesos de auditoría y garantizar el cumplimiento normativo.

El contexto normativo en el que se mueve la evaluación de un modelo de Compliance es extenso y está en constante evolución. Incluye leyes nacionales, regulaciones sectoriales, estándares internacionales, principios de sostenibilidad y requisitos tecnológicos. Evaluar un modelo de Compliance dentro de este marco normativo no solo garantiza el cumplimiento legal, sino que también refuerza la capacidad de la organización para operar de manera ética, transparente y sostenible, adaptándose a los desafíos de un entorno regulatorio cada vez más complejo. Esto convierte a la evaluación en una herramienta estratégica indispensable para proteger a la empresa, mejorar su reputación y asegurar su viabilidad a largo plazo.

El marco conceptual: ¿qué significa evaluar un modelo de compliance?

1. DEFINICIÓN DE EVALUACIÓN EN EL CONTEXTO DEL COMPLIANCE

La evaluación en el contexto del Compliance es un proceso estructurado, continuo y sistemático que tiene como objetivo analizar y verificar si el modelo de cumplimiento normativo de una organización está diseñado, implementado y operando de manera efectiva para cumplir con las normativas legales aplicables, los estándares internacionales y los valores éticos corporativos. Más allá de la mera existencia de políticas y procedimientos, la evaluación busca determinar si estas herramientas están funcionando en la práctica para prevenir, detectar y mitigar riesgos legales, financieros, operativos y reputacionales. Este proceso tiene un carácter esencialmente práctico, ya que permite a las organizaciones no solo cumplir con la normativa, sino también generar confianza entre las partes interesadas y mejorar continuamente el sistema de Compliance.

El concepto de evaluación implica una revisión integral que abarca cuatro dimensiones clave del modelo de Compliance: el diseño, la implementación, la operatividad, y los resultados obtenidos. Cada una de estas dimensiones se analiza para garantizar que el modelo de cumplimiento normativo no sea un simple documento estático, sino un sistema dinámico y efectivo, que evoluciona y se adapta a los cambios en el entorno regulatorio y empresarial.

2. VERIFICACIÓN DEL CUMPLIMIENTO CON NORMATIVAS LEGALES, ESTÁNDARES INTERNACIONALES Y VALORES ÉTICOS CORPORATIVOS

Uno de los pilares fundamentales de la evaluación del Compliance es la verificación de que el modelo cumple con tres componentes esenciales: las normativas legales, los estándares internacionales y los valores éticos corporativos. Estos tres componentes funcionan como el marco de referencia para evaluar la idoneidad del sistema, asegurando que esté alineado con las exigencias regulatorias, y, con las expectativas éticas del entorno empresarial.

Normativas legales aplicables

El modelo de Compliance debe estar alineado con el marco legal en el que opera la organización. Esto incluye leyes locales, nacionales e internacionales que regulan actividades específicas del sector, como: la prevención del blanqueo de capitales, la protección de datos, la transparencia fiscal, la sostenibilidad ambiental, la igualdad de género, entre otras.

Por ejemplo:

En Europa, el Reglamento General de Protección de Datos (RGPD) establece requisitos estrictos para el manejo de datos personales, y su cumplimiento debe ser verificado regularmente mediante auditorías internas y externas.

En Estados Unidos, la Ley de Prácticas Corruptas en el Extranjero (FCPA) impone obligaciones estrictas para prevenir el soborno y la corrupción, tanto a nivel nacional como internacional.

En España, el Código Penal incluye la responsabilidad penal de las personas jurídicas y establece que un modelo de Compliance efectivo puede eximir o atenuar la responsabilidad penal de la empresa.

La evaluación en este ámbito asegura que la organización cumple con todas las normativas aplicables, minimizando riesgos legales y evitando sanciones, multas o incluso el cese de operaciones.

Estándares internacionales

Además de las leyes específicas, existen estándares internacionales reconocidos que definen las mejores prácticas en la gestión del cumplimiento normativo. Estos estándares no son legalmente obligatorios, pero son adoptados por muchas organizaciones para demostrar su compromiso con la excelencia y la transparencia.

Entre los más destacados:

ISO 37301:2021: Regula los sistemas de gestión de cumplimiento normativo, enfatizando la necesidad de un enfoque basado en riesgos, la mejora continua y la verificación periódica del sistema.

ISO 37001:2016: Establece directrices específicas para la gestión de sistemas antisoborno, promoviendo la prevención de prácticas corruptas en la organización.

La evaluación del Compliance incluye la verificación de si la organización está utilizando estos estándares como guía para estructurar su modelo y si cumple con los requisitos establecidos en ellos.

3. LOS VALORES ÉTICOS CORPORATIVOS

Más allá del cumplimiento normativo, el modelo de Compliance debe estar alineado con los valores y principios éticos de la organización, promoviendo una cultura de integridad, transparencia y responsabilidad. La evaluación verifica si estos valores están claramente definidos, comunicados, y aplicados en la práctica.

Esto incluye:

- La promoción de un código de conducta interno.
- El respeto a los derechos humanos.
- El fomento de una cultura organizacional ética, donde los empleados y directivos actúen de manera responsable y conforme a los valores de la empresa.

La evaluación también revisa cómo estos valores influyen en las decisiones estratégicas y operativas de la organización, fortaleciendo su reputación y posicionamiento en el mercado.

4. MEDICIÓN DEL DISEÑO, IMPLEMENTACIÓN, OPERATIVIDAD Y RESULTADOS DEL MODELO DE COMPLIANCE

La evaluación del Compliance se estructura en cuatro dimensiones principales que abarcan todos los aspectos del modelo, desde su creación hasta su impacto práctico. Estas dimensiones son complementarias y esenciales para garantizar la eficacia del sistema.

4.1. El diseño del modelo

El diseño del modelo se refiere a cómo ha sido conceptualizado y estructurado el sistema de Compliance para abordar los riesgos específicos de la organización.

Una evaluación del diseño analiza:

- La identificación de riesgos: ¿La organización ha realizado un análisis exhaustivo de los riesgos normativos, operativos y reputacionales que enfrenta? ¿Se han priorizado los riesgos más significativos?
- La estructura del modelo: ¿El modelo incluye políticas y procedimientos claros y adaptados a las necesidades de la organización? Por ejemplo, un protocolo antisoborno, un sistema de prevención del blanqueo de capitales o políticas de ciberseguridad.
- La proporcionalidad: ¿El diseño del modelo está alineado con el tamaño, sector y complejidad de la organización? Un modelo de Compliance para una multinacional será diferente al de una PYME.

El diseño es la base del sistema; un diseño inadecuado compromete la eficacia del modelo, independientemente de cómo sea implementado o operado.

4.2. La implementación del modelo

La implementación analiza cómo se han puesto en práctica las políticas y procedimientos diseñados.

Esta dimensión evalúa:

La capacitación y sensibilización: ¿Los empleados y directivos comprenden sus roles y responsabilidades en el sistema de Compliance? ¿Se han impartido formaciones específicas sobre las políticas y normativas clave?

Los recursos asignados: ¿Se ha dotado al modelo de Compliance de recursos humanos, financieros y tecnológicos suficientes?

La difusión de políticas: ¿Las políticas han sido comunicadas eficazmente a todos los niveles de la organización y, si aplica, a terceros como proveedores y socios comerciales?

La implementación asegura que el modelo no sea meramente teórico, sino que esté integrado en las operaciones diarias.

4.3. La operatividad del modelo

La operatividad evalúa cómo el modelo funciona en el día a día, revisando si los controles y procedimientos diseñados están siendo aplicados correctamente.

Esto incluye:

- Los canales de denuncia: ¿Son accesibles, confidenciales y efectivos los sistemas para reportar irregularidades?
- El monitoreo y auditoría: ¿Se realizan auditorías internas periódicas para garantizar la eficacia de los controles? ¿Se están corrigiendo las deficiencias detectadas?
- La gestión de incidentes: ¿La organización responde adecuadamente a las denuncias, irregularidades o incumplimientos?

Un modelo operativo eficiente detecta irregularidades de manera temprana, evitando problemas mayores.

4.4. Los resultados del modelo

Finalmente, la evaluación mide los resultados del modelo para determinar si está cumpliendo con sus objetivos.

Esto incluye:

- La reducción del número de sanciones legales o incidentes normativos.

  El incremento en el uso de canales de denuncia por parte de los empleados.
- La mejora en la percepción de la cultura ética de la organización por parte de empleados y socios.
- El cumplimiento satisfactorio en auditorías regulatorias o externas.

Los resultados son el indicador final de la efectividad del sistema.

4.5. La importancia de una evaluación exhaustiva

La evaluación en el contexto del Compliance es muy importante, porque garantiza la eficacia, la sostenibilidad, y, la mejora continua del modelo. No se trata solo de cumplir con un requisito legal, sino de proteger a la organización frente a riesgos, generar confianza entre las partes interesadas, y, reforzar su cultura ética. Una evaluación bien estructurada permite:

- Detectar áreas de mejora.
- Adaptar el modelo a los cambios normativos y del entorno.
- Reducir riesgos legales y reputacionales.

- Demostrar compromiso con la ética y el cumplimiento frente a reguladores, inversores y clientes.

Consecuentemente con ello, puede afirmarse, que la evaluación del modelo de Compliance no es un fin en sí mismo, sino una herramienta clave para garantizar que la organización opere de manera ética, eficiente y sostenible en un entorno regulatorio cada vez más exigente y dinámico.

Los principios rectores de la evaluación de un modelo de compliance

La evaluación de un modelo de Compliance no es solo una tarea técnica, sino un proceso estratégico, que tiene un impacto directo en la capacidad de la organización para prevenir riesgos, adaptarse a las normativas y fomentar una cultura de integridad. Para garantizar que esta evaluación sea eficaz, práctica, y, alineada con las necesidades específicas de la empresa, debe basarse en una serie de principios rectores fundamentales. Estos principios guían la estructura, el enfoque y los resultados del proceso evaluativo, permitiendo obtener un diagnóstico claro, identificar áreas de mejora, y, garantizar con ello, la evolución continua del modelo.

Los cuatro principios rectores clave de la evaluación son: la transparencia, la eficacia, la proporcionalidad, y, la mejora continua. Cada uno de ellos cumple una función específica y complementaria en el proceso evaluativo, asegurando su objetividad, su relevancia, y, su utilidad tanto para la empresa como para las partes interesadas.

1. EL PRINCIPIO DE TRANSPARENCIA: LA EVALUACIÓN DEBE SER CLARA Y OBJETIVA

La transparencia es un principio esencial para garantizar que la evaluación del modelo de Compliance sea percibida como legítima y confiable, tanto dentro de la organización como ante reguladores, socios comerciales, y, otras partes interesadas. Este principio implica que el proceso evaluativo sea claro en su metodología, en sus objetivos, y, también en sus resultados, evitando la ambigüedad, y, promoviendo la objetividad.

Al hilo de ello, es necesario concretar los elementos clave de la transparencia en la evaluación. En este sentido, debe indicarse, que la evaluación debe establecer desde el principio los objetivos concretos, que se quieren alcanzar, como: verificar la eficacia de las políticas internas, garantizar el cumplimiento de normativas específicas, o, identificar áreas de mejora.

Es importante comunicar estos objetivos a todas las partes involucradas, para que comprendan el propósito del proceso, y, su papel dentro de él.

La evaluación debe basarse en datos verificables, en criterios claros, y, en herramientas reconocidas, evitando la subjetividad o los sesgos personales.

Involucrar evaluadores externos o auditores independientes puede ser una estrategia clave para garantizar la imparcialidad, especialmente, en empresas grandes o en sectores regulados.

Es muy importante, que todas las áreas y niveles jerárquicos de la organización sean considerados en la evaluación. Esto incluye desde la alta dirección, que debe liderar el compromiso con el Compliance, hasta los empleados operativos, quienes son los principales ejecutores de las políticas.

Los hallazgos de la evaluación deben ser presentados de manera clara y estructurada, destacando tanto las fortalezas, como las debilidades del modelo.

Los informes deben incluir recomendaciones concretas y priorizadas para abordar las áreas de mejora.

Como beneficios de la existencia de transparencia en la evaluación del Modelo de Cumplimiento Normativo, se suelen indicar los siguientes:

- Genera confianza interna entre empleados y directivos, quienes perciben que el modelo de Compliance es justo y efectivo.
- Refuerza la credibilidad externa de la organización ante reguladores, socios comerciales e inversores, demostrando que está comprometida con la integridad y la rendición de cuentas.
- Facilita la implementación de las medidas correctivas, ya que los hallazgos y las recomendaciones están claramente fundamentados.

2. EL PRINCIPIO DE EFICACIA: DETERMINAR SI EL MODELO PREVIENE, DETECTA Y RESPONDE A LOS RIESGOS NORMATIVOS

El principio de eficacia se centra en el propósito fundamental del modelo de Compliance: prevenir, detectar y responder a los riesgos normativos que enfrenta la organización. Una evaluación eficaz debe analizar, si el modelo no solo existe en el papel, sino si está funcionando correctamente en la práctica, y, además, logrando los resultados esperados.

Consecuentemente con este principio, es necesario determinar la evaluación de la eficacia, y sus dimensiones más importantes.

a) La prevención.

La prevención es el primer objetivo del modelo de Compliance, ya que busca evitar que se produzcan incumplimientos normativos o conductas contrarias a la ética.

La evaluación debe analizar si:

- Existen políticas claras y comprensibles para abordar los riesgos identificados (ejemplo: políticas antisoborno, de protección de datos, o de competencia leal).
- Se han implementado controles internos efectivos, como segregación de funciones, revisiones periódicas o autorización de transacciones.
- Los empleados han recibido formación adecuada y periódica en las áreas clave del Compliance.

b) La detección:

La detección se refiere a la capacidad del modelo para identificar irregularidades o incumplimientos de manera temprana.

La evaluación analiza la eficacia de los mecanismos de detección, como:

- Los canales de denuncia accesibles, seguros y confidenciales.
- Las auditorías internas regulares y sistemas de monitoreo continuo.
- Los sistemas tecnológicos para la detección de transacciones sospechosas, fraudes o violaciones de políticas.

La evaluación, también debe verificar si la organización tiene la capacidad de responder de manera adecuada y oportuna a los incumplimientos detectados.

Esto incluye:

- Un análisis de los procedimientos claros para investigar denuncias o incidentes.
- La aplicación consistente de sanciones disciplinarias.
- La implementación de medidas correctivas y preventivas para evitar que el problema se repita.

Como beneficios comúnmente reconocidos derivados de la aplicación del principio de la eficacia, se suelen señalar entre otros, los que se citan seguidamente:

- Garantiza, que el modelo de Compliance sea práctico y funcional, no solo teórico.
- Minimiza los riesgos legales, financieros y reputacionales para la organización.
- Refuerza la confianza de las partes interesadas en la capacidad de la empresa para gestionar riesgos normativos.

3. EL PRINCIPIO DE PROPORCIONALIDAD: ADAPTAR LA EVALUACIÓN A LA DIMENSIÓN, SECTOR Y COMPLEJIDAD DE LA ORGANIZACIÓN

El principio de proporcionalidad reconoce, que no todas las organizaciones enfrentan los mismos riesgos, ni operan bajo las mismas condiciones. Por lo tanto, la evaluación del modelo de Compliance debe adaptarse al tamaño, al sector, a la estructura, y, al perfil de riesgo de la organización, asegurando con ello, que el enfoque evaluativo sea relevante y adecuado.

En lo que se refiere a la aplicación del principio de proporcionalidad, debe tenerse en consideración, algunos aspectos muy concretos y determinados, que son los que se indican a continuación:

a) El tamaño de la organización.

   En una PYME, el modelo de Compliance puede ser más sencillo, con controles menos complejos y procedimientos menos formales, pero igualmente efectivos.

   En una multinacional, la evaluación debe considerar la diversidad de operaciones, las diferencias regulatorias entre países y la coordinación entre filiales.

b) El sector y los riesgos específicos.

   La evaluación debe reflejar las particularidades del sector. Por ejemplo:

   En el sector financiero, el foco puede estar en la prevención del bl anqueo de capitales y el fraude.

En el sector farmacéutico, el énfasis puede estar en el cumplimiento de normativas de calidad y en la ética en la promoción de productos.

c) La complejidad operativa a la que está sujeto el Modelo de Cumplimiento Normativo.

   Las organizaciones con operaciones internacionales, cadenas de suministro globales o tecnologías avanzadas enfrentan riesgos más complejos que deben ser reflejados en la evaluación.

d) El perfil de riesgo.

   La evaluación debe priorizar las áreas de mayor riesgo para la organización, como la prevención de sobornos, la protección de datos o la seguridad cibernética.

e) Los beneficios derivados de la aplicación del principio de la proporcionalidad

   Evita que la evaluación sea excesivamente general o superficial.

   Asegura que el modelo de Compliance sea eficiente, práctico, y se encuentre alineado con las necesidades reales de la organización.

   Optimiza los recursos asignados al proceso evaluativo.

4. EL PRINCIPIO DE MEJORA CONTINUA

Dicho principio se basa en el hecho de usar los resultados de la evaluación para perfeccionar el modelo

El principio de mejora continua implica, que la evaluación no debe ser un evento aislado, sino parte de un proceso cíclico de aprendizaje, ajuste y perfeccionamiento del modelo de Compliance. Este principio reconoce, que el entorno normativo, los riesgos y las operaciones de la empresa están en constante cambio, y, que el modelo debe adaptarse a estas transformaciones.

Como elementos básicos de la aplicación del principio de mejora continua, se suelen señalar entre otros, los que se enuncia a continuación:

a) La identificación de deficiencias y oportunidades.

   La evaluación debe identificar, no solo las áreas de incumplimiento o debilidad, sino también las oportunidades para optimizar procesos, actualizar políticas y fortalecer la cultura de cumplimiento.

b) La implementación de medidas correctivas:

Los hallazgos de la evaluación deben traducirse en planes de acción concretos, con plazos y responsables bien definidos.

c) La adaptación a cambios normativos y de mercado.

Las normativas evolucionan constantemente, como ocurre con las leyes de ciberseguridad, o, los estándares de sostenibilidad.

La mejora continua implica ajustar el modelo para cumplir con estas nuevas exigencias.

d) La revisión periódica.

La mejora continua requiere evaluaciones regulares del modelo, ya sea anuales, semestrales o tras eventos relevantes, para garantizar que sigue siendo efectivo y relevante.

En lo que se refiere a los beneficios de la mejora continua, deben indicarse los siguientes:

- Mantiene el modelo actualizado frente a cambios normativos y organizacionales.
- Refuerza la confianza interna y externa en el compromiso de la empresa con el Compliance.
- Contribuye a la sostenibilidad y la resiliencia de la organización a largo plazo.

Los principios de transparencia, eficacia, proporcionalidad y mejora continua son esenciales para estructurar una evaluación de Compliance sólida, práctica y orientada a resultados. Estos principios garantizan, que la evaluación sea clara y objetiva, que analice el funcionamiento real del modelo, que se ajuste a las necesidades específicas de la organización y, que contribuya a su evolución constante. Al aplicar estos principios, las empresas pueden no solo garantizar el cumplimiento normativo, sino también

5. LAS RAZONES PARA EVALUAR UN MODELO DE COMPLIANCE

La evaluación de un modelo de Compliance es un pilar esencial para garantizar que el sistema de cumplimiento normativo de una organización funcione de manera eficaz, se adapte a las normativas y estándares vigentes, y se alinee con los objetivos estratégicos y éticos de la entidad. Este proceso no es un acto único, sino un componente fundamental dentro de la estrategia de gestión empresarial, que permite identificar riesgos, medir resultados, fortalecer procesos y, sobre todo, asegurar, que el cumplimiento no solo sea reactivo, sino preventivo y proactivo.

Por todo ello, se hace preciso desarrollar las principales razones para evaluar un modelo de Compliance, como pueden ser el cumplimiento de exigencias regulatorias, la mitigación de riesgos legales y reputacionales, la alineación con los objetivos estratégicos y éticos, y la e identificación de áreas de mejora.

a) El cumplimiento de las exigencias regulatorias

Una de las razones más importantes para evaluar un modelo de Compliance es verificar que la organización cumple con las normativas legales y regulatorias aplicables a su sector, actividad y ubicación geográfica. Este cumplimiento no solo es una obligación legal, sino también un requisito indispensable para operar con legitimidad y mantener la confianza de los reguladores, socios y partes interesadas.

En el contexto global actual, el marco normativo está en constante evolución, y las organizaciones deben adaptarse rápidamente a nuevas regulaciones y requisitos legales. Las leyes locales, nacionales e internacionales son cada vez más estrictas y abarcan áreas como:

- La prevención de blanqueo de capitales y financiación del terrorismo (AML/CFT): son las regulaciones internacionales como las directrices del Grupo de Acción Financiera Internacional (GAFI) y normativas locales exigen la implementación de controles rigurosos para prevenir actividades ilícitas en el sistema financiero.
- La protección de datos personales: las normas como el Reglamento General de Protección de Datos (RGPD) en Europa, la California Consumer Privacy Act (CCPA) en Estados Unidos, y, las legislaciones similares en otras jurisdicciones, que requieren, que las empresas gestionen y protejan adecuadamente los datos de sus clientes, empleados y socios.
- La responsabilidad penal de las personas jurídicas: en países como España, la Ley Orgánica 1/2015, entre otras, ha establecido que las empresas pueden ser responsables penalmente por

ciertos delitos cometidos en su seno, salvo, que cuenten con un modelo de Compliance eficaz que prevenga, y, detecte dichos delitos.

- Las normas anticorrupción: las normas internacionales como la Ley de Prácticas Corruptas en el Extranjero (FCPA) en Estados Unidos y la Ley de Soborno del Reino Unido (UK Bribery Act) exigen que las empresas implementen sistemas para prevenir el soborno y la corrupción en sus operaciones.

b) El objetivo de la evaluación

La evaluación del modelo de Compliance permite:

- Verificar el cumplimiento normativo: determinar si las políticas y procedimientos están alineados con las normativas aplicables. Por ejemplo, asegurar, que se cumplan los requisitos de las regulaciones de protección de datos, como el consentimiento explícito para el tratamiento de datos personales.
- Identificar lagunas legales: detectar áreas en las que el modelo de Compliance no aborda suficientemente las exigencias regulatorias o donde los controles existentes sean inadecuados.

Documentar el cumplimiento: Generar evidencia, que demuestre ante auditores y reguladores, que la empresa cumple con sus obligaciones legales.

c) Consecuencias del incumplimiento

El incumplimiento normativo puede tener consecuencias graves, como:

- Sanciones económicas: multas que pueden alcanzar millones de euros o dólares. Por ejemplo, en 2023, una empresa de tecnología fue multada con más de 1.200 millones de euros por violaciones del RGPD.
- Pérdida de licencias: en sectores regulados como el financiero o el farmacéutico, el incumplimiento puede resultar en la pérdida del permiso para operar.
- Responsabilidad penal: en algunos casos, los directivos y empleados pueden enfrentar sanciones penales.

La evaluación del modelo de Compliance, por lo tanto, no solo evita sanciones y consecuencias legales, sino que también fortalece la relación de confianza entre la organización y los reguladores.

6. LA MITIGACIÓN DE LOS RIESGOS LEGALES Y REPUTACIONALES

El modelo de Compliance actúa como un sistema de defensa para proteger a la organización frente a riesgos legales, financieros y reputacionales. La evaluación periódica de este modelo permite identificar posibles vulnerabilidades antes de que se materialicen, y así evitar las consecuencias, que puedan afectar tanto a la estabilidad financiera como a la imagen pública de la empresa.

Los riesgos legales incluyen cualquier incumplimiento de normativas o leyes que pueda derivar en sanciones económicas, litigios o inhabilitaciones. Por ejemplo:

- El soborno y la corrupción: las empresas que operan en mercados internacionales están expuestas a riesgos de corrupción. Una evaluación del modelo verifica si las políticas antisoborno son efectivas y si los controles internos están funcionando.
- El fraude y el blanqueo de capitales: una evaluación del Compliance permite garantizar que los procedimientos para identificar transacciones sospechosas o actividades fraudulentas sean robustos y actualizados.
- Los litigios laborales: Evaluar el modelo ayuda a prevenir demandas laborales relacionadas con incumplimientos de leyes de igualdad de género, seguridad en el trabajo o derechos de los empleados.

El daño a la reputación puede ser incluso más devastador que las consecuencias legales. En un mundo interconectado, las malas prácticas pueden convertirse rápidamente en escándalos públicos, que afecten la confianza de los clientes, socios comerciales e inversores. Ejemplos recientes de empresas, que se han enfrentado a boicots y pérdidas financieras debido a prácticas no éticas demuestran la importancia de evaluar el modelo de Compliance.

Los propósitos esenciales de la evaluación persiguen una serie de objetivos, que han de valorarse y tenerse en cuenta. Entre dichos objetivos, cabe reconocer los siguientes:

- El detectar y mitigar riesgos: evaluar el modelo permite identificar las áreas más vulnerables y establecer controles preventivos.
- El responder adecuadamente a incidentes: asegurar, que la empresa tenga procedimientos claros para gestionar denuncias, investigaciones internas y comunicación de crisis.

- El fortalecer la confianza: proteger la reputación y garantizar la confianza de las partes interesadas.

7. LA ALINEACIÓN DE LA EVALUACIÓN CON LOS OBJETIVOS ESTRATÉGICOS Y ÉTICOS

El Compliance no es solo una herramienta de prevención de riesgos, sino un componente clave de la estrategia corporativa y de la cultura organizacional. La evaluación del modelo asegura, que este esté integrado en los objetivos estratégicos y éticos de la empresa.

En este sentido, se ha de tomar en consideración la llamada "alineación estratégica", donde la evaluación verifica si el modelo de Compliance:

- Apoya los objetivos comerciales: por ejemplo, si facilita la entrada a nuevos mercados o el acceso a contratos públicos.
- Cumple con las normativas internacionales: esencial para empresas que operan en varias jurisdicciones con regulaciones distintas.
- Optimiza los procesos internos: un modelo bien evaluado no solo previene riesgos, sino que también mejora la eficiencia operativa.

Del mismo modo, cabe hablar de una "alineación ética", donde se determina, que el Compliance debe reflejar los valores de la organización y fomentar una cultura ética.

Dicha evaluación permite, entre otras finalidades las siguientes:

- El revisar el compromiso ético: analizar si los empleados y directivos comprenden y aplican los valores éticos corporativos.
- El fomentar la integridad: promover un entorno en el que las conductas éticas sean la norma, no la excepción.
- El hecho de generar confianza externa, donde los inversores, clientes y socios valoran cada vez más la ética como un indicador de sostenibilidad.

8. IDENTIFICACIÓN DE ÁREAS DE MEJORA

La evaluación es una oportunidad para detectar deficiencias y optimizar el modelo de Compliance. Esto incluye tanto aspectos normativos como operativos y culturales.

Uno de ellos, es la adaptación de la organización a nuevos riesgos.

El entorno regulatorio y empresarial evoluciona constantemente. Una evaluación permite:

- Identificar riesgos emergentes: como los relacionados con ciberseguridad, inteligencia artificial o sostenibilidad.
- Actualizar controles internos: asegurar que las políticas y procedimientos se adapten a las normativas y riesgos actuales.

9. LA OPTIMIZACIÓN DE RECURSOS

La evaluación puede revelar ineficiencias en la implementación del modelo, como:

- Los controles redundantes o mal diseñados.
- La falta de formación adecuada para los empleados.
- La insuficiencia de recursos tecnológicos para monitorear el cumplimiento.

10, EL FORTALECIMIENTO DE LA CULTURA DE CUMPLIMIENTO

Una evaluación integral también revisa si los empleados comprenden su rol en el modelo de Compliance y si la organización fomenta un entorno en el que las denuncias y la transparencia sean bienvenidas.

Consiguientemente con ello, puede afirmarse, que la evaluación de un modelo de Compliance no es solo una exigencia normativa, sino una herramienta estratégica para proteger a la organización, mejorar su desempeño, y, garantizar su sostenibilidad a largo plazo.

Al evaluar el modelo, las empresas aseguran el cumplimiento de las regulaciones, mitigan riesgos legales y reputacionales, alinean sus valores éticos con sus objetivos estratégicos, y, detectan oportunidades de mejora. Este enfoque integral fortalece la cultura ética, genera confianza entre las partes interesadas, y, posiciona a la organización como un actor confiable y competitivo en el mercado global.

Criterios de evaluación de un modelo de compliance

1. CRITERIOS DE EVALUACIÓN DE UN MODELO DE COMPLIANCE: DISEÑO DEL MODELO

El diseño del modelo de Compliance constituye la base fundamental sobre la cual se estructura todo el sistema de cumplimiento normativo. Un diseño adecuado asegura que el modelo sea efectivo, realista y funcional, permitiendo que la organización cumpla con las normativas legales aplicables, gestione los riesgos normativos y promueva una cultura ética. En este sentido, la evaluación del diseño es un paso muy importante para garantizar, que el sistema está alineado con las necesidades, las características, y, los riesgos específicos de la organización.

La evaluación del diseño se centra en tres aspectos principales: la adecuación a la organización, la documentación formal, y, la matriz de riesgos. A continuación, se hace preciso analizar y ponderar cada uno de estos elementos en profundidad.

a) La adecuación a la organización

El principio de adecuación establece que el modelo de Compliance debe estar diseñado en función de las particularidades de la organización, considerando su tamaño, sector, riesgos específicos, geografía y estructura organizativa. Este principio asegura, que el modelo no sea genérico, ni esté sobredimensionado para las necesidades de la empresa, sino que sea proporcional y ajustado a sus características específicas.

Con relación al tamaño de la organización, debe indicarse que el mismo tiene un impacto directo en la complejidad y alcance del modelo de Compliance:

– Grandes corporaciones: las multinacionales suelen operar en múltiples países con diferentes marcos regulatorios y estructuras organizativas complejas. Para estas empresas, el modelo de Compliance debe incluir herramientas avanzadas, como pueden ser: los sistemas de monitoreo global, los protocolos detallados de debida diligencia, y, una segmentación clara de responsabilidades a través de departamentos especializados o filiales.

- PYME's: para las pequeñas y medianas empresas, un modelo de Compliance debe ser más sencillo y enfocado, pero igualmente eficaz. No se trata de replicar la estructura de grandes corporaciones, sino de establecer controles adecuados a sus recursos, a su volumen de operaciones, y, a su entorno regulatorio.

La evaluación debe verificar si el modelo refleja estas diferencias, adaptándose al tamaño y capacidad de la empresa. Por ejemplo:

- ¿La organización ha asignado suficientes recursos humanos y financieros al modelo de Compliance?
- ¿El modelo incluye estructuras específicas como un oficial de cumplimiento (Compliance Officer) o comités, cuando sea necesario?

Con relación al sector de actividad de la organización, debe tenerse presente, que cada sector enfrenta riesgos normativos específicos, lo que exige que el diseño del modelo de Compliance sea personalizado para abordar estos desafíos. Algunos ejemplos de ello pueden ser los que se indican seguidamente:

- En el sector financiero, el cumplimiento de normativas relacionadas con la prevención del blanqueo de capitales (AML/CFT), la solvencia bancaria (Basilea III) y la protección del cliente es crítico.
- En el sector farmacéutico, las empresas deben cumplir con estrictas regulaciones sobre la ética en la promoción de productos, el respeto a las normas de calidad (GMP) y la seguridad sanitaria.
- En el sector tecnológico, los riesgos relacionados con la ciberseguridad, y, la privacidad de los datos son clave, especialmente bajo normativas como el RGPD.

La evaluación debe comprobar, que el modelo incluye políticas y controles específicos, que aborden los riesgos inherentes al sector en el que opera la empresa.

Otro factor que considerar, es el que hace referencia a los riesgos específicos existentes en la propia organización. En este sentido, debe indicarse que cada organización tiene un perfil de riesgo único, influido por factores como su mercado, su cultura organizativa, y, las jurisdicciones en las que opera. Por ejemplo:

- Una empresa que realiza operaciones internacionales puede estar expuesta a mayores riesgos de corrupción y soborno, lo que exige controles robustos bajo normativas como la FCPA (Foreign Corrupt Practices Act), o, la Ley de Soborno del Reino Unido.

- Una empresa con una cadena de suministro extensa debe evaluar los riesgos de cumplimiento normativo en sus relaciones con terceros, implementando controles para evitar problemas como la explotación laboral en los proveedores.

La evaluación del diseño del modelo debe analizar si se han identificado los riesgos específicos de la empresa y si el modelo está preparado para gestionarlos de manera efectiva.

La estructura organizativa de la entidad también constituye un factor de notable importancia en la evaluación de los Modelos de Cumplimiento Normativo.

El modelo de Compliance debe integrarse en la estructura de la organización, asignando responsabilidades claras y definiendo una jerarquía funcional que permita la implementación y supervisión del sistema.

En este punto, la evaluación debe responder a preguntas como:

- ¿Existe un Compliance Officer con suficiente independencia y autoridad dentro de la organización?
- ¿Se han establecido comités de cumplimiento para supervisar riesgos específicos?
- ¿El modelo distribuye claramente las responsabilidades entre las distintas áreas de la organización?

La documentación formal del modelo de cumplimiento normativo

La documentación formal es el soporte esencial del modelo de Compliance, ya que proporciona las directrices y procedimientos necesarios para implementar, comunicar y estandarizar las prácticas de cumplimiento dentro de la organización. La evaluación del diseño del modelo debe garantizar que esta documentación sea clara, accesible, actualizada, y, esté alineada con las normativas aplicables y los valores éticos de la empresa.

El código de conducta es el documento central que define los principios éticos y las normas de comportamiento esperadas de los empleados, directivos, y, terceros relacionados con la organización. Es el punto de partida para establecer una cultura de cumplimiento. En su evaluación, se deben considerar los siguientes aspectos:

- ¿El código de conducta refleja los valores y principios fundamentales de la organización?
- ¿Es accesible para todos los empleados, en todos los idiomas necesarios?
- ¿Incluye ejemplos prácticos que ayuden a los empleados a entender cómo actuar en situaciones reales?
- ¿Se ha comunicado de manera efectiva a toda la plantilla?

Un código de conducta bien diseñado fomenta un comportamiento ético y facilita la identificación y resolución de dilemas éticos.

Las políticas internas desarrollan las directrices del código de conducta y abordan áreas específicas de riesgo normativo. Ejemplos de políticas clave incluyen:

- Políticas antisoborno y anticorrupción.
- Políticas de protección de datos.
- Políticas de igualdad y no discriminación.
- Políticas de sostenibilidad y medio ambiente.

La evaluación del Modelo de Cumplimiento Normativo, tiene como una función específica el poder verificar una serie de circunstancias muy concretas con relación a estas políticas:

- Si las mismas son claras, detalladas y prácticas.
- Si se encuentran alineadas con las normativas aplicables y los riesgos específicos de la organización.
- Si están actualizadas para reflejar cambios normativos o del mercado.

Del mismo modo, cabe referirse a los manuales y procedimientos operativos establecen los pasos específicos, que deben seguirse para implementar las políticas de cumplimiento en las operaciones diarias. Por ejemplo:

- Los procedimientos para reportar irregularidades a través de canales de denuncia.
- Las instrucciones para realizar auditorías internas.
- Los protocolos para evaluar riesgos en la relación con terceros.

Un aspecto clave de la evaluación es comprobar si los manuales y procedimientos son detallados y prácticos, permitiendo una implementación efectiva del modelo.

La matriz de riesgos

La matriz de riesgos es una herramienta esencial, que permite identificar, clasificar y priorizar los riesgos normativos a los que está expuesta la organización. Su correcta elaboración y gestión es fundamental para garantizar la eficacia del modelo de Compliance.

El primer paso en la construcción de una matriz de riesgos, es identificar los riesgos normativos relevantes para la organización.

Esto incluye:

- Las normativas legales aplicables (por ejemplo, leyes fiscales, regulatorias, laborales, de protección de datos, etc.).
- Los riesgos inherentes a las actividades de la empresa (soborno, corrupción, fraude, blanqueo de capitales, etc.).
- Los riesgos asociados a terceros, como proveedores o socios comerciales.

La evaluación del diseño debe comprobar si la matriz de riesgos abarca todos los posibles riesgos normativos y operativos de la organización.

Una matriz de riesgos debe clasificar los riesgos según su probabilidad de ocurrencia y su impacto potencial en la organización.

La evaluación verifica si:

- Los riesgos han sido categorizados adecuadamente (bajo, medio, alto).
- Se han priorizado los riesgos más críticos para ser gestionados de manera inmediata.

Cada riesgo identificado en la matriz debe estar asociado con controles diseñados para prevenir su materialización (controles preventivos) o mitigar sus consecuencias (controles reactivos).

La evaluación analiza si:

- Los controles son proporcionales a la gravedad del riesgo.
- Los controles han sido documentados y comunicados.

– Si existen indicadores para medir la eficacia de estos controles.

La evaluación del diseño del modelo de Compliance es esencial para garantizar que el sistema de cumplimiento esté bien estructurado y adaptado a las necesidades y características de la organización. Verificar la adecuación a la organización, la documentación formal y la matriz de riesgos asegura, que el modelo no solo cumple con los requisitos normativos, sino que también es funcional, operativo y capaz de gestionar eficazmente los riesgos normativos.

Un diseño sólido es el primer paso hacia la construcción de un sistema de Compliance eficaz, sostenible y alineado con los objetivos estratégicos y éticos de la empresa.

La implementación del modelo de evaluación

En un primer aspecto, dentro de la implantación del modelo de evaluación de un Sistema de Cumplimiento Normativo, se debe prestar una especial atención a la formación y a la sensibilización con relación a la existencia de dicho modelo. A tales efectos, debe responderse de manera satisfactoria a las cuestiones, como las que se formulan a continuación:

- ¿Los empleados conocen el modelo de Compliance y su rol en él?
- ¿Se encuentran establecidos los indicadores de participación en programas de formación?
- ¿Se ha difundido el código ético?
- ¿Se ha comunicado el mismo de manera efectiva a todos los niveles de la organización?

Otra cuestión a la que debe darse puntual respuesta es la referente a los recursos asignados al Modelo de Cumplimiento Normativo, y, a su evaluación.

En este sentido, se hace preciso evaluar si el Compliance Officer o el área responsable cuenta con recursos suficientes para operar eficazmente.

La operatividad del modelo

La operatividad del modelo de Compliance se refiere a la implementación efectiva y funcional de los procedimientos, de las políticas, y, de los controles diseñados para garantizar el cumplimiento normativo. Si bien un modelo de Compliance puede estar correctamente diseñado, su verdadero valor radica en cómo se aplica y opera en la práctica. Esto incluye la capacidad de prevenir, detectar, y, responder ante irregularidades, integrando las políticas de cumplimiento en las actividades cotidianas de la organización.

Evaluar la operatividad del modelo implica analizar cómo funcionan en la práctica los canales de denuncia, los sistemas de monitoreo, y la auditoría interna, y la gestión de terceros. Cada uno de estos elementos es muy importante para garantizar, que el modelo de Compliance no solo exista "en papel", sino que sea dinámico, accesible, efectivo, y, adaptado a los riesgos específicos de la organización.

1. CANALES DE DENUNCIA

Los canales de denuncia son un elemento esencial para identificar irregularidades, conductas inapropiadas o incumplimientos normativos dentro de la organización. Estos canales, no solo ayudan a prevenir y gestionar los riesgos, sino que también fomentan una cultura de transparencia y confianza en la empresa. Su existencia y operatividad son indicadores fundamentales del compromiso de la organización con la ética y el cumplimiento.

El diseño de un canal de denuncia efectivo debe garantizar, que cualquier persona que detecte un comportamiento inadecuado, pueda reportarlo sin temor a represalias, y, con la certeza de que su identidad será protegida, salvo excepciones legales justificadas.

Como características esenciales en el funcionamiento de los canales de denuncia seguros y confidenciales, se suelen indicar, entre otras, las que se citan seguidamente:

a) La Multicanalidad:

Los canales pueden incluir líneas telefónicas, correos electrónicos, plataformas digitales, buzones físicos o incluso aplicaciones móviles. La evaluación debe analizar, si la organización ha implementado múltiples opciones para garantizar, que todos los empleados y, en su caso, terceros (proveedores, clientes) puedan acceder al canal más conveniente.

En este orden de cosas debe prestarse una especial atención a la protección del denunciante.

La confidencialidad es esencial para proteger al denunciante contra posibles represalias, especialmente, en casos sensibles como denuncias contra la alta dirección, o, cuestiones de fraude financiero.

Es importante verificar:

- Si el canal permite la opción de denuncias anónimas.
- Si la información reportada está encriptada y almacenada de manera segura.
- Si existen políticas claras que prohíben cualquier forma de represalia contra los denunciantes.

Con relación a la propia evaluación cabe cuestionarse acerca de las siguientes cuestiones:

- ¿Existen protocolos claros sobre cómo gestionar las denuncias y proteger la confidencialidad del denunciante?
- ¿Se garantiza la independencia del equipo responsable de gestionar las denuncias (por ejemplo, un comité de Compliance o un auditor externo)?
- ¿Se han implementado soluciones tecnológicas avanzadas para garantizar la seguridad de la información?

Otra cuestión que debe ser objeto de análisis, es la relativa a ¿qué tan accesibles y confiables son estos canales?

Un canal de denuncia, que no es conocido, accesible, o, confiable será ineficaz, ya que los empleados o terceros pueden sentirse inseguros al utilizarlo. Por ello, la evaluación debe centrarse en los siguientes aspectos.

En primer término, con relación a la accesibilidad del mismo, debe tenerse presente, si:

- ¿El canal está disponible 24/7 para empleados y terceros?

- ¿Está adaptado a los idiomas necesarios para reflejar la diversidad de los empleados o socios internacionales?
- ¿Se han llevado a cabo campañas internas para informar a los empleados sobre la existencia y uso del canal?

En segundo lugar, es necesario ponderar la confianza en el funcionamiento del mismo dentro de su integración en el Modelo de Cumplimiento Normativo.

Así hay que cuestionarse acerca de:

- ¿Los empleados perciben que sus denuncias serán atendidas con imparcialidad?
- ¿La organización ha gestionado de forma adecuada denuncias previas, demostrando que las irregularidades se tratan de manera seria y efectiva?

¿Existen mecanismos de seguimiento para mantener informado al denunciante sobre el progreso de la investigación, sin comprometer la confidencialidad?

Otro tema que tener en consideración, es el relativo al impacto de los canales de denuncia operativos, y dentro de ello, lo relativo a la prevención y detección temprana de aquellos comportamientos, que son inadecuados, ilegítimos, o, contrarios al Modelo de Cumplimiento Normativo.

Los canales de denuncia permiten identificar problemas antes de que se conviertan en crisis graves. Por ejemplo, irregularidades financieras, casos de discriminación, o, conductas inapropiadas pueden ser detectados con tiempo suficiente para tomar medidas correctivas.

En todo caso, un canal de denuncias ha de procurar a través de sus normas de funcionamiento, el fomento de la cultura ética. En este sentido, un canal que sea accesible y confiable refuerza la percepción de que la organización está comprometida con la integridad y la responsabilidad.

2. LOS SISTEMAS DE MONITOREO Y AUDITORÍA INTERNA

Los sistemas de monitoreo y auditoría interna son herramientas clave para garantizar, que el modelo de Compliance funcione de manera continua y efectiva. Estos sistemas permiten revisar y supervisar las actividades de la organización en tiempo real, detectar irregularidades, y, garantizar, que los controles internos estén siendo aplicados adecuadamente.

Los sistemas de monitoreo y auditoría interna deben abarcar aspectos críticos de la operación de la organización, incluyendo transacciones financieras, entre las que se encuentran las que se indica seguidamente:

- Evaluar pagos, contratos y transferencias para identificar irregularidades, como transacciones fuera de mercado, pagos a cuentas desconocidas, o, transferencias a jurisdicciones de alto riesgo. Como ejemplo se puede citra el monitoreo de pagos a través de software, que detecte patrones inusuales relacionados con soborno o blanqueo de capitales.

También sistemas de monitoreo y auditoría interna deben abarcar los procesos básicos y esenciales de la organización, como pueden ser:

- El verificar que los procedimientos definidos en el modelo de Compliance (por ejemplo, aprobaciones de compras, contratación de terceros, procesos de adquisición) se estén llevando a cabo de manera adecuada.
- El detectar desviaciones de las políticas internas, como la ausencia de firmas autorizadas en contratos o incumplimientos en las auditorías de proveedores.

Entre estos procesos básicos, que deben ser objeto de monitoreo y de auditoría, se encuentran las decisiones estratégicas de la organización, como pueden ser el hecho de analizar decisiones de alto nivel, como adquisiciones, fusiones, o, asociaciones estratégicas, para garantizar, que están alineadas con las políticas de Compliance, y, que se han evaluado adecuadamente los riesgos normativos.

3. LA AUTOMATIZACIÓN Y USO DE TECNOLOGÍA

En la actualidad, muchas organizaciones han incorporado herramientas tecnológicas avanzadas para optimizar los sistemas de monitoreo y auditoría interna. Estas herramientas permiten un análisis continuo y automatizado, lo que reduce el riesgo de errores humanos y mejora la capacidad para identificar irregularidades.

Como ejemplos más usuales de las tecnologías utilizadas, se pueden citar, entre otros, los siguientes:

- El análisis de datos (Data Analytics), con la finalidad de poder detectar patrones sospechosos en transacciones financieras o comportamientos inusuales en las operaciones.

- Los sistemas de gestión de cumplimiento normativo (CMS), a los efectos de poder centralizar la supervisión y la implementación de los controles de Compliance.
- El Software de auditoría interna, que permite gestionar, programar y documentar auditorías de manera eficiente.

En lo que se refiere a los beneficios del monitoreo y auditoría interna, cabe señalar al respecto:

- La detección temprana de riesgos, y con ello, poder identificar de manera adecuada las irregularidades en las etapas iniciales, lo que reduce las posibilidades de que se conviertan en problemas mayores.
- El fortalecimiento de los controles internos.

Las auditorías periódicas permiten evaluar la eficacia de los controles implementados y realizar ajustes según sea necesario.

4. LA GESTIÓN DE TERCEROS

Los terceros (proveedores, clientes, distribuidores, socios comerciales, etc.) representan una fuente significativa de riesgos normativos y reputacionales para la organización. Por ello, una adecuada gestión de terceros es esencial para garantizar, que estos también cumplan con las normativas aplicables, y, se alineen con los valores éticos de la empresa.

La evaluación de terceros debe realizarse tanto al inicio de la relación comercial, como de manera continua durante el tiempo que dure esta relación.

Este proceso incluye:

- La revisión de antecedentes, que consiste en verificar el historial legal, financiero y reputacional del tercero para identificar posibles riesgos, como vínculos con corrupción, sanciones internacionales, o, antecedentes de violaciones normativas.
- El cumplimiento normativo, con la finalidad de asegurar, que el tercero cumple con las normativas relevantes (por ejemplo, estándares de calidad, leyes ambientales, normas de derechos humanos).
- La verificación de programas de cumplimiento, a los efectos de poder comprobar si el tercero cuenta con su propio modelo de Compliance, y, si es proporcional a los riesgos de sus actividades.

El monitoreo continuo de terceros, con carácter habitual incluye:

- Las auditorías periódicas a proveedores clave o críticos.
- La revisión de contratos para verificar el cumplimiento de cláusulas relacionadas con normativas anticorrupción, medioambientales o laborales.
- La supervisión de la cadena de suministro para identificar riesgos, como el trabajo forzoso o prácticas poco éticas.

Los contratos con terceros deben incluir cláusulas específicas que refuercen el cumplimiento normativo, como:

- Los compromisos de adhesión a las políticas de Compliance de la organización.
- El derecho de la organización a realizar auditorías al tercero en caso de sospecha de irregularidades.
- Las cláusulas de rescisión en caso de incumplimientos graves.

La evaluación de la operatividad del modelo de Compliance es muy importante para garantizar que el diseño se traduzca en acciones efectivas. Los canales de denuncia, los sistemas de monitoreo y auditoría interna, y la gestión de terceros son elementos clave para verificar la funcionalidad del modelo. Una operatividad sólida, no solo reduce los riesgos legales y reputacionales, sino que también refuerza la cultura ética, genera confianza en las partes interesadas, y, al mismo tiempo asegura la sostenibilidad del modelo de Compliance a largo plazo.

La respuesta ante incumplimientos

La respuesta ante incumplimientos constituye un componente esencial en el modelo de Compliance, que evalúa cómo la organización actúa frente a infracciones, irregularidades, o, comportamientos contrarios a las normativas legales, internas, o, éticas. Es en este momento crítico, donde el modelo de Compliance pasa de ser un marco preventivo a un sistema que puede reaccionar, resolver, y aprender de los errores, reforzando la cultura de cumplimiento, y, la confianza dentro de la organización. La respuesta adecuada incluye tres elementos principales: mecanismos disciplinarios claros y justos, una capacidad de investigación interna efectiva, y, la implementación de medidas correctivas robustas.

La evaluación de este componente es muy importante, porque permite analizar, si la organización está preparada para gestionar los incumplimientos con imparcialidad, eficiencia, y, transparencia.

Seguidamente es procedente llevar a cabo, tal como se efectúa a continuación, un análisis de los mismos.

1. MECANISMOS DISCIPLINARIOS

Los mecanismos disciplinarios son esenciales para sancionar las conductas, que vulneren las normativas y políticas internas. Estos mecanismos deben estar claramente definidos, y, ser aplicados de manera justa y consistente. Sin medidas disciplinarias bien implementadas, el modelo de Compliance corre el riesgo de ser percibido como inefectivo o simbólico, socavando su propósito, y, su impacto en la cultura organizacional.

Un Modelo de Compliance efectivo debe incluir una política disciplinaria formal que contemple básicamente los siguientes elementos:

- Una clasificación de infracciones. En este orden de cosas, es fundamental, que la organización clasifique los tipos de incumplimientos, diferenciando entre:
- Faltas leves: son incumplimientos menores, que no representan un riesgo significativo para la organización (por ejemplo, omitir asistir a una capacitación obligatoria).

- Faltas graves: son conductas, que ponen en peligro los intereses de la empresa, como ignorar controles internos deliberadamente.
- Faltas muy graves: son los actos, que vulneran gravemente las normativas legales, o, internas, como corrupción, fraude o acoso.
- Gradación de sanciones. De este modo las sanciones deben ser proporcionales a la gravedad del incumplimiento.

Por ejemplo:

- Leves: Advertencias verbales o escritas.
- Graves: Suspensiones temporales o sanciones económicas.
- Muy graves: Despidos, denuncias a las autoridades o acciones legales.

La política disciplinaria debe alinearse con las leyes laborales aplicables en cada jurisdicción para evitar riesgos legales derivados de sanciones inapropiadas.

Asimismo, dicha política necesita del establecimiento de procedimientos claros. Así, deben existir procesos establecidos para investigar, decidir, y, ejecutar las sanciones, asegurando la transparencia, la imparcialidad, y, la proporcionalidad, y esto incluye:

- Notificar formalmente al empleado sobre la acusación.
- Darle la oportunidad de presentar pruebas o defenderse.

Garantizar que las decisiones estén respaldadas por pruebas y hechos objetivos.

La consistencia es un principio esencial para garantizar la credibilidad de los mecanismos disciplinarios. Si las sanciones no se aplican uniformemente en toda la organización, pueden surgir percepciones de favoritismo o arbitrariedad, debilitando la confianza en el modelo de Compliance. La evaluación debe verificar la equidad en la aplicación de las sanciones que se impongan, a consecuencia de la investigación de las denuncias que se haya llevado a cabo, debiéndose dar respuesta a las siguientes cuestiones:

- ¿Las sanciones son aplicadas de igual forma a empleados de todos los niveles jerárquicos, incluidos los altos directivos?
- ¿Las mismas conductas generan sanciones similares en diferentes áreas de la empresa?

Un aspecto muy importante en la determinación y aplicación de las sanciones a imponer hace referencia a la documentación y a la trazabilidad de las mimas.

- ¿La organización lleva un registro exhaustivo de las sanciones aplicadas?

  Este registro debe incluir el tipo de incumplimiento, la sanción impuesta y la justificación para garantizar consistencia y trazabilidad.

En lo que respecta a la comunicación interna, cabe preguntarse acerca de si ¿se informan (de manera confidencial) ejemplos de casos sancionados para reforzar el mensaje de que las políticas se aplican a todos?, y esto ayuda a disuadir frente a futuros incumplimientos.

En lo que se refiere al impacto de los mecanismos disciplinarios bien implementados, debe tenerse en cuenta la necesidad de:

- Reforzar la cultura de cumplimiento al demostrar que las normas tienen consecuencias reales.
- Desincentivar las conductas inadecuadas, generando un ambiente de responsabilidad.
- Generar confianza entre los empleados, quienes perciben que las reglas son justas y equitativas.

2. CAPACIDAD DE INVESTIGACIÓN INTERNA

La capacidad de investigación interna es el mecanismo a través del cual la organización examina denuncias o irregularidades detectadas para determinar la veracidad de los hechos, identificar responsabilidades, y, tomar las acciones correspondientes. Sin una capacidad de investigación efectiva, las irregularidades pueden quedar sin resolver, lo que puede llevar a mayores riesgos legales y reputacionales.

La evaluación debe centrarse en cómo la organización maneja las denuncias, considerando:

- Los protocolos claros de investigación. En este sentido debe recalcarse la existencia de procedimientos que especifiquen:
- Cómo se registran y priorizan las denuncias.
- Quién es responsable de investigarlas (por ejemplo, el área de Compliance, auditores internos o un comité ad hoc).

- Los plazos establecidos para cada etapa de la investigación (desde la recepción de la denuncia hasta la resolución del caso).

En todo caso, debe garantizarse la independencia del equipo investigador, y para ello la organización debe dar respuesta a las siguientes cuestiones:

- ¿Las personas encargadas de investigar están libres de conflictos de interés?

  ¿En los casos complejos o sensibles, como denuncias contra altos directivos, se recurre a investigadores externos para garantizar imparcialidad?

En cuanto a la gestión de la confidencialidad, las cuestiones a dar respuesta versan sobre:

- ¿Se garantiza la confidencialidad de las partes involucradas?

  Esto incluye proteger la identidad del denunciante para evitar represalias, salvo que la ley exija su divulgación.

En lo referente a la recopilación y el análisis de evidencias, se tiene que dar respuesta a:

- ¿Se recogen todas las pruebas disponibles de manera estructurada y objetiva (documentos, entrevistas, registros digitales, etc.)?
- ¿Las conclusiones están basadas en evidencias claras y razonadas?

Una investigación efectiva y de calidad debe sujetarse a los siguientes condicionamientos:

- Se debe respetar el debido proceso, asegurando que todas las partes tengan la oportunidad de presentar su versión de los hechos.
- Estar documentada y trazada, para que las decisiones tomadas puedan justificarse en caso de auditorías internas o revisiones legales.
- Concluir en un tiempo razonable, evitando retrasos que puedan socavar la confianza en el proceso.

Con relación al impacto de una capacidad de investigación interna efectiva, debe tener en consideración los siguientes aspectos:

- Refuerza la percepción de justicia e imparcialidad dentro de la organización.
- Permite abordar los problemas de manera interna, evitando litigios o investigaciones externas.

- Identifica patrones o problemas sistémicos que pueden requerir medidas correctivas estructurales.

3. MEDIDAS CORRECTIVAS

Las medidas correctivas son las acciones que la organización toma tras identificar un incumplimiento, no solo para resolver el problema inmediato, sino también para prevenir su recurrencia. Este componente del modelo de Compliance asegura, que los errores se conviertan en oportunidades de aprendizaje y mejora continua.

Un enfoque estructurado de dichas medidas correctivas debe incluir un análisis de la de causas raíz:

- ¿La organización identifica por qué ocurrió el incumplimiento?

  Esto puede implicar factores como:

  - Falta de capacitación adecuada.
  - Deficiencias en los controles internos.
  - Presión excesiva en los objetivos de negocio.
  - Culturas organizacionales que priorizan el éxito financiero por encima de la ética.

Del mismo dicho enfoque estructurado lleva consigo una actualización de las políticas y de los procedimientos, donde debe darse respuesta a las siguientes cuestiones:

¿Se revisan y mejoran las políticas y controles relacionados con el incumplimiento?

Ejemplo: Tras un incidente de corrupción, ¿se fortalecen las políticas de regalos y hospitalidad?

En lo que se refiere a la capacitación específica, se debe tener en consideración:

- Si ¿se llevan a cabo programas de formación dirigidos a las áreas o personas involucradas?

  Ejemplo: Después de un incumplimiento relacionado con protección de datos, ¿se refuerza la capacitación en privacidad para todo el personal?

Adicionalmente a ello, debe valorarse la existencia de un monitoreo adicional, y en este sentido:

– ¿Se incrementa la supervisión en los procesos o áreas involucradas en el incumplimiento?

  Ejemplo: Si se detecta fraude en el departamento de compras, ¿se implementan auditorías más frecuentes en esa área?

La evaluación debe verificar si las medidas correctivas implementadas han tenido el impacto esperado, considerando:

– Si, ¿se han reducido los incidentes relacionados con el incumplimiento inicial?
– ¿Las políticas actualizadas han sido comunicadas y comprendidas por los empleados?
– ¿Los procesos mejorados han pasado auditorías posteriores?

Debe tenerse en consideración, el impacto que tienen las medidas correctivas:

– Fortalecen el modelo de Compliance al integrar las lecciones aprendidas en los procedimientos.
– Reducen la probabilidad de recurrencia de incumplimientos similares.
– Refuerzan la confianza de las partes interesadas en la capacidad de la organización para gestionar riesgos.

La respuesta ante incumplimientos es un componente integral del modelo de Compliance, que refleja la capacidad de la organización para gestionar de manera efectiva las irregularidades y aprender de ellas. Los mecanismos disciplinarios aseguran, que las sanciones sean justas y consistentes, reforzando la cultura ética. La capacidad de investigación interna permite abordar las denuncias con imparcialidad y profesionalismo, protegiendo la integridad del sistema.

Las medidas correctivas promueven la mejora continua, eliminando las causas raíz de los problemas y fortaleciendo la resiliencia del modelo. Un sistema robusto de respuesta, no solo reduce los riesgos legales y reputacionales, sino que también refuerza la credibilidad del modelo de Compliance, y, contribuye a la sostenibilidad a largo plazo de la organización.

Resultados y eficacia del modelo

El análisis de los resultados y la eficacia del modelo de Compliance constituyen una etapa clave en su evaluación, ya que permite medir si está logrando sus objetivos, y, generando los resultados esperados. Más allá de la correcta implementación de políticas y procedimientos, lo que realmente determina el éxito de un modelo es su capacidad para prevenir, detectar, y, gestionar incumplimientos normativos, así como su impacto en la cultura organizacional, y, en la percepción externa.

Esta evaluación proporciona una visión integral de cómo el modelo está funcionando en la práctica, y, permite identificar áreas de mejora para su optimización continua, siendo necesario analizar el alcance de los indicadores de cumplimiento, el impacto en la cultura organizacional, y, el reconocimiento externo, como criterios clave para valorar la eficacia del modelo.

1. INDICADORES DE CUMPLIMIENTO

Los indicadores de cumplimiento son métricas objetivas, que permiten medir si el modelo está logrando mitigar los riesgos normativos, prevenir irregularidades, y, reducir el número de incumplimientos. Estos indicadores proporcionan datos cuantitativos y cualitativos, que reflejan la efectividad del modelo en su capacidad para garantizar el cumplimiento de las normativas aplicables.

El principal objetivo de un modelo de Compliance es prevenir los incumplimientos normativos. Por lo tanto, una métrica clave para evaluar su eficacia es analizar si el número de infracciones ha disminuido desde su implementación.

Los aspectos que evaluar con relación a las tendencias en los incumplimientos responden a las siguientes cuestiones:

- ¿El número de infracciones ha disminuido de manera progresiva en los últimos meses o años?
- ¿Los tipos de incumplimientos que ocurren son menos graves que antes de implementar el modelo?

Ejemplo: Una organización podría observar una reducción en los incidentes relacionados con sobornos, conflictos de interés o violaciones de datos personales.

En cuanto a la evaluación de la frecuencia de incidentes por área, deben tenerse en cuenta las siguientes cuestiones:

- ¿Existen áreas específicas donde se concentran más incumplimientos? Si es así, ¿se están implementando medidas adicionales para abordar estos problemas?

  Ejemplo: Si el área de compras tiene más casos de incumplimiento que otras áreas, esto puede indicar deficiencias en los controles internos relacionados con proveedores.

En la evaluación de la comparación con estándares del sector, es importante tener en consideración:

- ¿El número de incumplimientos de la organización está por debajo del promedio en su sector?

  Esto puede indicar que el modelo de Compliance está funcionando de manera efectiva en comparación con sus competidores.

Otra medida clave de la eficacia del modelo es cómo ha manejado los riesgos identificados. Esto implica evaluar si los controles establecidos están funcionando para mitigar los riesgos, y, si las áreas de mayor exposición están siendo gestionadas adecuadamente.

En lo referente a los a aspectos a evaluar sobre la gestión proactiva de riesgos, la cuestiones a las que debe darse respuesta son las que se indican a continuación:

- ¿Se han implementado controles efectivos para los riesgos identificados en la matriz de riesgos?

¿Se están utilizando sistemas de monitoreo para prevenir que los riesgos se materialicen?

Las cuestiones a valorar sobre los incidentes relacionados con los riesgos identificados son las siguientes:

- ¿Se han materializado los riesgos críticos identificados en la matriz de riesgos? Si es así, ¿qué tan efectiva fue la respuesta?

  Ejemplo: Si un riesgo identificado es el fraude financiero y ocurre un incidente relacionado, ¿los controles establecidos lograron detectar el problema a tiempo y minimizar su impacto?

Del mismo modo, en la valoración de la gestión de auditorías internas y externas, se debe tener en cuenta:

- ¿Las auditorías internas han señalado una mejora en la efectividad de los controles?

¿Las auditorías externas han confirmado la correcta implementación de los controles y la gestión adecuada de los riesgos?

En este sentido, los indicadores fundamentales de cumplimiento son los que se citan seguidamente:

- El número de incumplimientos detectados en el periodo evaluado.
- La reducción porcentual de incumplimientos en comparación con periodos anteriores.
- El porcentaje de riesgos identificados en la matriz de riesgos que están bajo control efectivo.
- El tiempo promedio de respuesta y resolución de incidentes detectados.

2. IMPACTO EN LA CULTURA ORGANIZACIONAL

La eficacia de un modelo de Compliance no solo se mide por su capacidad para prevenir incumplimientos, sino también por su impacto en la cultura organizacional. Un modelo efectivo debe influir positivamente en la conducta de empleados y directivos, fomentando una cultura de ética, de transparencia, y, de responsabilidad.

El impacto cultural del modelo de Compliance se evalúa mediante la percepción de los empleados, y, el cambio en sus comportamientos hacia una mayor adherencia a los valores y a los principios éticos de la organización.

Los aspectos que evaluar con relación al impacto en la cultura de la organización son los siguientes:

a) Con relación a la percepción de los empleados:

   - ¿Los empleados perciben que la organización está comprometida con la ética y el cumplimiento?
   - ¿Sienten que las políticas y controles son justos y aplicados de manera equitativa?

b) Con relación a la adopción de principios éticos:

- ¿Se han registrado mejoras en la toma de decisiones éticas por parte de empleados y directivos?

  Ejemplo: Los directivos consultan más frecuentemente al área de Compliance antes de tomar decisiones sensibles.

c) Con relación al aumento en el uso de canales de denuncia:

- ¿Los empleados utilizan más los canales de denuncia para reportar irregularidades? Esto puede ser un indicador de que confían en el sistema y sienten que las denuncias serán tratadas con seriedad y confidencialidad.

d) Con relación a la reducción de conductas inapropiadas:

- ¿Se ha observado una disminución en comportamientos no éticos, como conflictos de interés, fraude o acoso laboral?

  ¿Los empleados están más dispuestos a cumplir con las capacitaciones y políticas establecidas?

2.1. Programas de formación y sensibilización

El modelo de Compliance debe estar respaldado por programas de formación continua que refuercen los valores éticos.

La evaluación debe considerar:

a) Con relación a la cobertura de las capacitaciones:

- ¿Qué porcentaje de empleados y directivos ha participado en capacitaciones relacionadas con Compliance?
- ¿La formación abarca temas relevantes, como anticorrupción, ética empresarial y protección de datos?

b) Con relación al impacto de las capacitaciones:

- ¿Los participantes comprenden mejor las políticas de Compliance después de la formación?

  ¿Aplican los principios aprendidos en su trabajo diario?

3. RECONOCIMIENTO EXTERNO

El reconocimiento externo es un indicador clave de la eficacia del modelo de Compliance, ya que refleja cómo la organización es percibida por terceros, como reguladores, socios comerciales, inversores, y, el público en general. Un modelo efectivo no solo cumple con los requisitos internos, sino que también genera confianza y credibilidad en su entorno.

3.1. Cumplimiento de auditorías regulatorias

Las auditorías regulatorias realizadas por autoridades externas son una prueba tangible de que el modelo de Compliance está funcionando.

La evaluación debe considerar:

a) Con relación a los resultados de auditorías regulatorias:

- ¿La organización ha superado las auditorías regulatorias sin observaciones significativas?
- ¿Se han recibido comentarios positivos sobre el modelo de Compliance por parte de los reguladores?

b) Con relación al cumplimiento normativo continuo:

- ¿La organización ha cumplido con los plazos y requisitos establecidos por las autoridades regulatorias?

  ¿Se han evitado sanciones o multas relacionadas con incumplimientos normativos?

3.2. Certificaciones obtenidas

Las certificaciones internacionales son un reconocimiento externo del compromiso de la organización con las mejores prácticas en Compliance.

En este sentido, los ejemplos incluyen:

- La ISO 37301:2021 (Sistemas de Gestión de Cumplimiento Normativo): certifica, que el modelo de Compliance está alineado con estándares internacionales de gestión.
- La ISO 37001:2016 (Sistemas de Gestión Antisoborno): reconoce la implementación de controles para prevenir y gestionar riesgos de corrupción y soborno.

La obtención y mantenimiento de estas certificaciones refleja la robustez del modelo de Compliance y su alineación con las mejores prácticas globales.

3.3. Reconocimiento por parte de socios e inversores

El reconocimiento externo también puede medirse mediante la percepción de socios comerciales, inversores, y, otras partes interesadas clave.

La evaluación debe considerar:

- ¿Los socios comerciales valoran positivamente las prácticas éticas de la organización?
- ¿El modelo de Compliance ha facilitado la obtención de contratos, licitaciones o financiamiento por parte de instituciones que priorizan la ética y el cumplimiento?

La evaluación de los resultados y la eficacia del modelo de Compliance es fundamental para determinar, si está cumpliendo sus objetivos y generando valor tangible para la organización. Los indicadores de cumplimiento permiten medir la reducción de incumplimientos, y, la efectividad en la gestión de riesgos. El impacto en la cultura organizacional muestra, si el modelo está promoviendo comportamientos éticos y fortaleciendo los valores corporativos.

El reconocimiento externo, a través de auditorías regulatorias y certificaciones internacionales, confirma la credibilidad y la solidez del modelo en el entorno externo. Este análisis integral, no solo valida los logros dcl modelo, sino que también proporciona información clave para su mejora continua, asegurando su sostenibilidad a largo plazo, y, su contribución al éxito general de la organización.

Las metodologías de evaluación del modelo de compliance

La evaluación del modelo de Compliance es una tarea muy importante para asegurar, que el sistema implementado cumple con su propósito de prevenir, detectar y responder eficazmente ante riesgos normativos, éticos y legales. Más allá de ser una revisión formal, la evaluación permite medir la efectividad real del modelo, identificar áreas de mejora, fortalecer controles, y, garantizar su alineación con los estándares y regulaciones aplicables.

Para lograr esto, se emplean diversas metodologías complementarias, que combinan enfoques cuantitativos y cualitativos, asegurando una visión integral del desempeño del modelo, siendo necesario analizar las principales metodologías utilizadas para evaluar un modelo de Compliance, destacando su utilidad, sus enfoques, y, los aspectos específicos, que abordan.

1. AUDITORÍAS INTERNAS Y EXTERNAS

Las auditorías son un proceso sistemático de revisión, que examina en detalle los componentes del modelo de Compliance para determinar si estos son efectivos, están correctamente implementados, y, cumplen con los objetivos establecidos. Este tipo de evaluación puede ser realizada internamente (por el equipo de auditoría de la organización) o externamente (por terceros independientes).

1.1. Revisiones sistemáticas de los procesos y controles del modelo

El objetivo de las auditorías es garantizar, que los procesos y controles diseñados estén funcionando según lo esperado y alineados con las normativas aplicables.

En este sentido, los aspectos clave evaluados en las auditorías son los que se indican seguidamente:

- Las políticas y los procedimientos, procediendo a la verificación de que las políticas internas están actualizadas, documentadas, y, alineadas con los requisitos regulatorios. Por ejemplo, las políticas antisoborno, las de protección de datos, y, la gestión de riesgos.

- Los controles preventivos y los de carácter reactivos, donde es procedente el análisis de los controles implementados para prevenir riesgos (como auditorías financieras periódicas, segregación de funciones o monitoreo de transacciones).
- La efectividad de los canales de denuncia, analizando la evaluación del acceso, la confidencialidad, y, el uso de los mecanismos para reportar irregularidades.
- La gestión de riesgos, que conlleva la revisión de la matriz de riesgos para asegurar, que todos los riesgos relevantes están identificados, y, que los controles asociados son proporcionales.
- La periodicidad de las auditorías, teniendo presente que las auditorías internas suelen realizarse de manera regular (anual o semestralmente), mientras que las auditorías externas pueden programarse para evaluar áreas críticas, o, como requisito para certificaciones internacionales.

1.2. Importancia de involucrar a terceros independientes

La inclusión de terceros independientes para realizar auditorías externas aporta:

- La aplicación del principio de objetividad, lo que minimiza la existencia de posibles sesgos internos, y, asegura un análisis imparcial de las fortalezas y debilidades del modelo.
- La credibilidad ante partes interesadas, teniendo presente que los resultados de una auditoría externa suelen ser más confiables para reguladores, socios comerciales, e inversores.
- El acceso a mejores prácticas, tomando en consideración, que los auditores externos tienen experiencia en diferentes industrias, y, pueden proporcionar recomendaciones basadas en estándares globales y mejores prácticas.

De igual forma, deben tenerse en cuanta los beneficios de las auditorías, que son los que se indica a continuación:

- Identifican deficiencias en el diseño y la operatividad del modelo de Compliance.
- Proporcionan una base para implementar mejoras específicas.

– Sirven como evidencia ante reguladores y otras partes interesadas del compromiso de la organización con el cumplimiento normativo.

2. INDICADORES CLAVE DE DESEMPEÑO (KPIS)

Los indicadores clave de desempeño (KPI's) permiten medir de manera cuantitativa la efectividad y la operatividad del modelo de Compliance. Estos indicadores proporcionan datos objetivos, que ayudan a identificar tendencias, evaluar áreas de mejora, y, medir el progreso en la gestión del cumplimiento.

2.1. Porcentaje de los empleados capacitados

La descripción de los empleados capacitados. Este KPI mide qué porcentaje de los empleados ha recibido capacitación en temas clave de Compliance, como ética empresarial, políticas anticorrupción, privacidad de datos, o, uso de canales de denuncia.

La importancia de los empleados capacitados. Una alta participación en las capacitaciones indica, que la organización está invirtiendo en la sensibilización de los empleados.

También refleja el grado de alcance, y, la efectividad del programa de formación en temas normativos.

2.2. Tiempo promedio de resolución de denuncias

La descripción del tiempo promedio de resolución de denuncias. Este indicador mide el tiempo, que transcurre desde la recepción de una denuncia en los canales habilitados hasta su resolución.

La importancia del tiempo promedio de resolución de denuncias. Un tiempo promedio bajo indica, que la organización está respondiendo con rapidez y eficacia a los incidentes reportados, lo cual genera confianza en los empleados.

Permite evaluar, si los recursos asignados al manejo de denuncias son adecuados, o, si se requiere fortalecer esta área.

2.3. Número de auditorías realizadas y cumplimiento de recomendaciones

La descripción del número de auditorías realizadas y cumplimiento de recomendaciones

Este KPI mide la cantidad de auditorías internas y externas realizadas durante un periodo, así como, el porcentaje de recomendaciones implementadas.

La importancia del número de auditorías realizadas y cumplimiento de recomendaciones. Un alto porcentaje de cumplimiento de recomendaciones refleja un compromiso con la mejora continua, y además, permite identificar áreas críticas que requieren atención prioritaria.

Otros indicadores que considerar pueden ser los siguientes:

- Número de incumplimientos detectados. Se basa en el análisis del número de infracciones normativas y cómo estas se comparan con periodos anteriores.
- Uso de los canales de denuncia. Se fundamenta en el monitoreo del volumen de denuncias recibidas, que puede indicar confianza en el sistema o revelar problemas de comunicación si las denuncias son escasas.

3. ENCUESTAS Y ENTREVISTAS

Las encuestas y entrevistas son herramientas cualitativas que proporcionan información valiosa sobre el nivel de conocimiento, percepción, y, compromiso de los empleados, y, directivos con el modelo de Compliance. Estas metodologías permiten evaluar la eficacia del modelo desde el punto de vista de las personas involucradas en su operatividad.

3.1. Evaluar el nivel de conocimiento y compromiso

El objetivo de evaluar el nivel de conocimiento y compromiso consiste en determinar si los empleados y directivos comprenden las políticas de Compliance, conocen sus responsabilidades, y, están comprometidos con los valores éticos de la organización.

Las preguntas típicas en estas encuestas, son las que se indican seguidamente:

- ¿Conoce las políticas de ética y Compliance de la empresa?
- ¿Confía en el canal de denuncia como una herramienta segura y confidencial?
- ¿Percibe que las políticas de Compliance se aplican de manera justa en todos los niveles de la organización?

3.2. El beneficio de las entrevistas cualitativas

Las entrevistas individuales o grupales permiten profundizar en aspectos cualitativos del modelo, como:

- Las barreras culturales que pueden afectar la implementación del modelo.
- Las percepciones sobre la eficacia de las políticas y controles.

En cuanto al impacto de estas metodologías, debe tener presente lo siguiente:

- Ayudan a identificar brechas de comunicación o percepción.
- Proporcionan datos útiles para ajustar estrategias de formación y sensibilización.
- Miden el impacto del modelo en la cultura organizacional.

4. REVISIÓN DE CASOS Y DENUNCIAS

La revisión de casos y denuncias implica analizar los incidentes, que se han reportado a través de los canales de denuncia o detectado mediante auditorías para evaluar la capacidad del modelo de Compliance de responder de manera adecuada, y, prevenir futuros incumplimientos.

4.1. Análisis de incidentes pasados

El objetivo consiste en evaluar cómo el modelo gestionó las denuncias recibidas, desde su recepción hasta la implementación de medidas disciplinarias y correctivas.

Los aspectos que deben ser analizados son los que se citan a continuación:

- El tiempo promedio de resolución de casos.
- La calidad de las investigaciones realizadas.
- La aplicación de sanciones disciplinarias proporcionadas y consistentes.
- La implementación de medidas correctivas para evitar recurrencias.

4.2. Identificación de patrones

El análisis de casos también permite detectar patrones recurrentes en los incumplimientos, lo que ayuda a ajustar la matriz de riesgos, y, a reforzar los controles en áreas específicas.

5. BENCHMARKING

El benchmarking consiste en comparar el modelo de Compliance de la organización con los estándares internacionales, las normativas aplicables, y, las mejores prácticas del sector. Esta metodología es especialmente útil para identificar oportunidades de mejora y mantener la competitividad.

5.1. Comparación con estándares internacionales

- La ISO 37301: Sistemas de gestión de cumplimiento normativo.
- La ISO 37001: Sistemas de gestión antisoborno.

5.2. Comparación con mejores prácticas del sector

El benchmarking permite a la organización evaluar, si su modelo de Compliance está alineado con lo que otras empresas líderes en el sector están haciendo en términos de:

- Los controles internos.
- El uso de tecnología para monitoreo.
- Los programas de formación y sensibilización.

La evaluación de un modelo de Compliance debe basarse en una combinación de metodologías, que ofrezcan una visión integral del desempeño del sistema.

Las auditorías internas y externas aseguran una revisión estructurada de los procesos, mientras que los KPI's proporcionan métricas cuantitativas para medir la efectividad.

Las encuestas y entrevistas complementan estos enfoques al explorar aspectos cualitativos como la percepción, y, el compromiso de los empleados.

Por otro lado, la revisión de casos, y las denuncias evalúa la capacidad del modelo para responder a incidentes, y el benchmarking asegura su alineación con estándares internacionales, y, las mejores prácticas del sector.

La implementación de estas metodologías no solo garantiza una evaluación exhaustiva, sino que también fomenta la mejora continua del modelo de Compliance, fortaleciendo su efectividad, y, asegurando su relevancia en un entorno normativo y empresarial en constante cambio.

Los retos comunes en la evaluación del modelo de compliance

Evaluar un modelo de Compliance es una tarea que va más allá de la simple revisión de políticas y procedimientos. Implica analizar su eficacia práctica, su impacto cultural, y, su capacidad para adaptarse a los riesgos, y, necesidades de la organización.

Sin embargo, este proceso enfrenta retos significativos que pueden dificultar una evaluación precisa, oportuna, y accionable. Entre estos desafíos destacan la falta de recursos o apoyo interno, la dificultad para medir la eficacia cultural, y, el riesgo de que el modelo se limite a ser un "cumplimiento de papel". Estos problemas, no solo afectan la calidad de la evaluación, sino que también ponen en peligro la sostenibilidad, y, la credibilidad del sistema de Compliance.

En este contexto, es fundamental identificar estos desafíos, y, plantear soluciones prácticas, que permitan superarlos y garantizar, que el modelo de Compliance cumpla con su propósito de manera efectiva, y para ello, es preciso analizar las estrategias para abordarlos.

1. FALTA DE RECURSOS O APOYO INTERNO

Uno de los principales retos, que enfrentan las organizaciones al evaluar su modelo de Compliance es la falta de recursos financieros, humanos, y tecnológicos, así como el limitado apoyo por parte de la alta dirección. Este problema suele originarse de la percepción de que el Compliance es un área secundaria, o, una carga administrativa, en lugar de una inversión estratégica, que protege a la empresa de riesgos significativos.

1.1. Problemas derivados de la falta de recursos

Como principales problemas a abordar como consecuencia de la falta de recursos se puede definir los siguientes:

a) La escasez de personal especializado. Muchas organizaciones cuentan con equipos de Compliance reducidos, o, con recursos insuficientes para realizar evaluaciones completas y efectivas. Esto puede llevar a evaluaciones parciales, desactualizadas, o, que no aborden los riesgos más críticos.

b) La ausencia de herramientas tecnológicas. La falta de sistemas de monitoreo, análisis de datos o plataformas digitales dificulta la recopilación y análisis de información relevante para la evaluación. Por ejemplo, sin un sistema automatizado, resulta complicado monitorear denuncias, realizar auditorías, o, gestionar riesgos de manera eficiente.

c) La existencia de un presupuesto limitado. Algunas organizaciones no asignan recursos económicos adecuados para llevar a cabo auditorías externas, capacitaciones, o, programas de mejora, lo que impacta negativamente en la calidad de la evaluación.

d) La falta de compromiso de la alta dirección. Sin el apoyo del liderazgo, las iniciativas de Compliance carecen de legitimidad, y, de autoridad dentro de la organización, lo que puede desmotivar a los equipos encargados, y, limitar la implementación de mejoras.

1.2. Soluciones

Superar este reto implica fortalecer la percepción de valor del Compliance dentro de la organización y garantizar los recursos necesarios para su evaluación.

a) Involucración de la alta dirección.

La educación ejecutiva lleva consigo realizar sesiones informativas con la alta dirección para explicar cómo el Compliance protege a la organización frente a riesgos legales, financieros y reputacionales. Esto incluye presentar ejemplos de empresas, que han enfrentado sanciones severas por no invertir en sistemas de cumplimiento efectivos.

La existencia de un compromiso visible, a los efectos de asegurarse de que los líderes de la organización demuestren su apoyo al modelo de Compliance, participando activamente en su evaluación, y, en la implementación de las recomendaciones derivadas de esta.

La necesidad de justificar el retorno de inversión (ROI) del Compliance lleva consigo tener en consideración:

a) Los costes evitados. En este sentido, se debe mostrar cómo una evaluación efectiva ayuda a prevenir multas, litigios y daños reputacionales. Por ejemplo, una empresa que implementa medidas correctivas oportunas puede evitar sanciones regulatorias, que podrían ser significativamente más costosas.

b) La determinación del valor agregado. Se hace necesario destacar cómo un modelo de Compliance sólido mejora la confianza de socios comerciales, inversores y clientes, fortaleciendo la competitividad de la organización.

c) La optimización de recursos, que lleva consigo:

   - La externalización estratégica. Si la organización carece de recursos internos, se pueden contratar auditores o consultores externos para realizar evaluaciones específicas.

   - La automatización de procesos. Invertir en herramientas tecnológicas, que simplifiquen y optimicen tareas fundamentales, como la gestión de denuncias, el monitoreo de transacciones, o, la recopilación de datos para auditorías.

Con relación al impacto de la solución, debe tenerse presente, que con el respaldo de la alta dirección y los recursos adecuados, el modelo de Compliance adquiere mayor legitimidad y capacidad para ser evaluado y mejorado continuamente. Esto permite prevenir riesgos significativos, y, garantizar la sostenibilidad del sistema a largo plazo.

2. DIFICULTAD PARA MEDIR LA EFICACIA CULTURAL

Uno de los aspectos más complejos de evaluar un modelo de Compliance es medir su impacto en la cultura organizacional. Si bien es relativamente fácil evaluar componentes tangibles, como políticas y controles, el impacto en los valores, comportamientos, y, actitudes de los empleados es mucho más difícil de cuantificar. Sin embargo, esta dimensión es crítica, ya que un modelo de Compliance realmente efectivo debe transformar la cultura empresarial, y, fomentar una conducta ética en todos los niveles de la organización.

2.1. Problemas al medir la eficacia cultural.

En lo atinente a los problemas al medir la eficacia cultural, deben tenerse presente los siguientes:

a) La subjetividad:

La percepción de los empleados sobre el modelo de Compliance puede variar significativamente en función de su experiencia, posición jerárquica y contexto. Esto dificulta obtener una evaluación uniforme.

b) La falta de indicadores claros.

Conceptos como "ética" o "compromiso" son abstractos y difíciles de traducir en métricas concretas, que permitan evaluar su efectividad de manera objetiva.

c) La resistencia al cambio.

En organizaciones con una cultura débil, o, con antecedentes de incumplimientos, cambiar las actitudes y comportamientos puede ser un proceso lento y complejo.

2.2. Soluciones

Medir la eficacia cultural requiere un enfoque estructurado, que combine herramientas cualitativas y cuantitativas.

Como soluciones a los problemas al medir la eficacia cultural, se proponen las siguientes.

a) Realizar encuestas de percepción ética. Ello lleva consigo diseñar encuestas anónimas, que permitan evaluar la confianza de los empleados en el modelo de Compliance, su conocimiento de las políticas, y, su percepción sobre la ética organizacional.

Y como ejemplo de preguntas en este sentido, cabe indicar las siguientes:

- ¿Cree que la organización fomenta una cultura de ética e integridad?
- ¿Confía en que las denuncias realizadas serán gestionadas de manera confidencial y justa?
- ¿Considera que las políticas de Compliance se aplican de manera equitativa?

b) Fomentar la formación continua:

Ello exige implementar programas de capacitación regulares, que refuercen los valores éticos, y, enseñen a los empleados cómo manejar dilemas éticos en su trabajo diario.

Evaluar el impacto de estas capacitaciones mediante cuestionarios pre y post formación, así como mediante la observación de cambios en los comportamientos.

c) Análisis de comportamientos y datos.

Ello determina la necesidad de monitorear el uso de los canales de denuncia, la reducción de incidentes de incumplimiento, y, las consultas al área de Compliance como indicadores indirectos del impacto cultural, y también la exigencia de analizar patrones de comportamiento en áreas clave para identificar posibles barreras culturales.

Con relación al impacto de la solución, debe indicarse que ello determina la necesidad de medir, y, fomentar la eficacia cultural asegura, que el modelo de Compliance no sea percibido como una imposición externa, sino como una herramienta transformadora, que impulsa una cultura de ética e integridad en toda la organización.

3. CUMPLIMIENTO SUPERFICIAL O "DE PAPEL"

El cumplimiento superficial o "de papel" es un reto frecuente que surge cuando el modelo de Compliance se limita a la existencia de políticas y procedimientos formales, pero carece de una implementación práctica y efectiva. Este enfoque formalista puede dar la impresión de que la organización está comprometida con el cumplimiento, pero en realidad no está gestionando adecuadamente sus riesgos ni generando un impacto positivo.

3.1. Problemas asociados al cumplimiento superficial

Como problemas vinculados al cumplimiento superficial pueden indicarse los siguientes:

a) Foco en la forma, no en el fondo.

La organización puede concentrarse en documentar políticas y controles para cumplir con requisitos mínimos regulatorios, pero sin garantizar su implementación ni medir su efectividad.

b) La falta de seguimiento.

Sin auditorías ni revisiones periódicas, es difícil verificar si las políticas están siendo aplicadas correctamente, o, si los empleados comprenden, y, siguen las directrices establecidas.

c) La desconexión entre diseño e implementación.

El modelo puede estar bien diseñado, pero si no se traduce en acciones concretas, no será efectivo.

3.2. Soluciones

Superar este reto implica cambiar el enfoque de un cumplimiento formalista hacia un sistema basado en resultados.

Como soluciones que a tal efecto se proponen, son las que se citan seguidamente:

a) Centrarse en la implementación y resultados reales:

Ello lleva consigo evaluar no solo la existencia de políticas, sino también su grado de aplicación y efectividad. Por ejemplo:

- ¿Los empleados utilizan los canales de denuncia para reportar irregularidades?
- ¿Los controles preventivos están reduciendo los riesgos identificados?

Al mismo tiempo, esta solución exige medir el impacto del modelo mediante KPI's, como la disminución de incidentes de incumplimiento, o, la mejora en los tiempos de respuesta ante denuncias.

b) Integrar el Compliance en las operaciones diarias:

En este sentido, se hace preciso trabajar estrechamente con las áreas operativas para asegurarse de que las políticas y controles sean prácticos, y, estén alineados con las necesidades reales de cada departamento, e incluir al equipo de Compliance en decisiones estratégicas para garantizar, que sus recomendaciones sean aplicadas en la práctica.

c) La realización de auditorías regulares.

En este caso, se aconseja la realización de auditorías internas y externas para identificar brechas entre el diseño del modelo, y, su implementación real, y priorizar la implementación de las recomendaciones derivadas de estas auditorías.

El impacto de la solución sería aquel que considera que un modelo de Compliance que prioriza la implementación y los resultados reales no solo cumple con los requisitos regulatorios, sino que también protege efectivamente a la organización frente a riesgos legales, financieros, y, reputacionales.

La evaluación de un modelo de Compliance enfrenta desafíos significativos, como la falta de recursos o apoyo interno, la dificultad para medir su impacto en la cultura organizacional y el riesgo de un cumplimiento superficial o "de papel". Abordar estos retos requiere una combinación de estrategias prácticas, que incluyan la sensibilización de la alta dirección, el uso de herramientas cualitativas y cuantitativas, y un enfoque en la implementación y los resultados tangibles.

Superar estos obstáculos no solo mejora la calidad de la evaluación, sino que también refuerza la efectividad y sostenibilidad del modelo de Compliance, asegurando que cumpla su propósito de proteger a la organización, fomentar la ética, y, generar valor a largo plazo.

Por todo ello, se debe considerar, que la evaluación de un Modelo de Cumplimiento Normativo constituye una herramienta indispensable para garantizar la eficacia de un modelo de Compliance.

Que los criterios de evaluación deben abarcar el diseño, la implementación, la operatividad, la respuesta ante incumplimientos, y, los resultados del modelo.

Y, todo ello aconseja:

a) Establecer evaluaciones periódicas como parte del sistema de Compliance.

b) Impulsar la cultura ética desde la alta dirección.

c) Utilizar tecnologías y herramientas de análisis para mejorar el monitoreo y la recopilación de datos.

d) Y necesidad de llevar a cabo la evaluación del modelo de Compliance no debe considerarse un costo, sino una inversión estratégica para garantizar la sostenibilidad y la confianza en la organización.

A continuación, se presentan un resumen ampliado de los puntos clave, un conjunto de recomendaciones prácticas para fortalecer el proceso de evaluación, y, un llamado a la acción para que las organizaciones adopten un enfoque estratégico y sostenible hacia el Compliance.

Recomendaciones finales

La implementación de un proceso de evaluación eficaz requiere la adopción de ciertas buenas prácticas, que aseguren que los resultados obtenidos sean accionables, y, que impulsen la mejora continua del modelo de Compliance.

A continuación, se destacan las recomendaciones clave:

1. Establecer evaluaciones periódicas como parte del sistema de Compliance.

   La evaluación no debe ser un evento único ni reactivo, realizado únicamente tras un incumplimiento o una auditoría regulatoria. Por el contrario, debe formar parte integral del ciclo de vida del modelo de Compliance.

   – Frecuencia: programar evaluaciones regulares (trimestrales, semestrales o anuales), dependiendo de la complejidad de la organización y los riesgos asociados a su sector.

   – Alcance: asegurar que cada evaluación cubra todos los aspectos clave del modelo, desde su diseño hasta sus resultados.

   – Auditorías internas y externas: complementa las evaluaciones internas con auditorías externas realizadas por terceros independientes, lo que aporta imparcialidad y credibilidad al proceso.

2. Impulsar la cultura ética desde la alta dirección.

   La alta dirección juega un papel crítico en el éxito de un modelo de Compliance. Su compromiso con la ética y el cumplimiento no solo fortalece la implementación del modelo, sino que también genera confianza entre los empleados y las partes interesadas.

   - Liderazgo visible: los directivos deben liderar con el ejemplo, respetando y promoviendo las políticas de Compliance. Esto incluye participar activamente en las capacitaciones y demostrar tolerancia cero frente a las irregularidades.

   - Comunicación efectiva: transmitir mensajes claros sobre la importancia del cumplimiento normativo y los valores éticos de la organización.

- Apoyo estructural: proporcionar los recursos financieros, tecnológicos y humanos necesarios para garantizar la operatividad y evaluación continua del modelo.

3. Utilizar tecnologías y herramientas de análisis para mejorar el monitoreo y la recopilación de datos.

   La tecnología es un aliado clave para optimizar el proceso de evaluación del modelo de Compliance. Su uso permite obtener información más precisa, reducir la carga administrativa, y, mejorar la capacidad de detección y respuesta.

   - Automatización de procesos: implementar sistemas que automaticen tareas como el monitoreo de transacciones, la gestión de denuncias y la recopilación de datos para auditorías.
   - Análisis de datos: usar herramientas de Business Intelligence (BI) y analítica avanzada para identificar patrones de comportamiento, detectar posibles incumplimientos y evaluar la efectividad de los controles implementados.
   - Sistemas de gestión de cumplimiento (CMS): adoptar plataformas especializadas que centralicen toda la información relacionada con el modelo de Compliance, facilitando su seguimiento y evaluación.

Criterios de evaluación

CRITERIO 1: DE ADECUACIÓN DEL PROGRAMA

La adecuación de un programa de Compliance evalúa si este está diseñado para responder a las características y necesidades específicas de la organización.

Este criterio es el primer paso para determinar si el programa tiene las bases necesarias para abordar los riesgos normativos, éticos y reputacionales inherentes a la actividad de la empresa.

Los aspectos clave de la adecuación

1. Tamaño y complejidad de la organización: el programa debe estar alineado con el tamaño de la empresa, el número de empleados, las filiales y la estructura operativa.
   - Una empresa multinacional requiere un programa más sofisticado que una pequeña empresa local.
   - Las operaciones en múltiples jurisdicciones exigen un enfoque diferenciado para cumplir con normativas locales e internacionales.
2. Sector de actividad: cada industria tiene riesgos normativos específicos.
   - Ejemplo: las empresas financieras deben centrarse en la prevención del blanqueo de capitales y la regulación de mercados, mientras que las empresas de manufactura deben priorizar el cumplimiento ambiental y la seguridad laboral.
3. Entorno regulatorio: la adecuación implica que el programa responda a las leyes, regulaciones y estándares aplicables en las jurisdicciones donde opera la empresa.
   - Esto incluye regulaciones específicas como la Ley Sarbanes-Oxley (SOX), la FCPA, el RGPD, entre otras.
4. Riesgos inherentes y específicos: el diseño del programa debe estar basado en un análisis exhaustivo de riesgos, identificando aquellas áreas críticas que podrían dar lugar a incumplimientos normativos o daños reputacionales.

5. Cultura organizacional: el programa debe ser coherente con la cultura empresarial existente, pero también debe trabajar para transformarla hacia una mayor ética e integridad si es necesario.

   La evaluación de la adecuación

   - ¿El programa refleja las características únicas de la organización (estructura, operaciones, sector)?
   - ¿Se ha realizado un análisis exhaustivo de riesgos que haya servido como base para diseñar el programa?
   - ¿El programa aborda adecuadamente las expectativas regulatorias específicas en cada jurisdicción?
   - ¿Se han adaptado las políticas y controles internos a las necesidades particulares de la organización?

CRITERIO 2: DE EFICACIA DEL PROGRAMA

La eficacia evalúa si el programa de Compliance está logrando sus objetivos de prevenir, detectar y responder a incumplimientos normativos. Este criterio mide el impacto real del programa en la gestión de riesgos y la promoción de una cultura ética.

Aspectos clave de la eficacia

1. Prevención: se mide la capacidad del programa para evitar incidentes antes de que ocurran.
   - Controles preventivos sólidos, como procesos de debida diligencia en la selección de terceros, segregación de funciones y políticas claras de conflicto de intereses.
2. Detección: evalúa la capacidad del programa para identificar irregularidades en tiempo real o de manera temprana.
   - Eficiencia de los sistemas de monitoreo continuo, auditorías internas y análisis de datos.
3. Reacción y corrección: analiza cómo el programa responde ante incidentes, implementando medidas correctivas y preventivas para evitar que vuelvan a ocurrir.
   - Gestión eficiente de denuncias a través de canales confidenciales y seguimiento de incidentes.
4. Indicadores clave de rendimiento (KPIs):

- Número y resolución de denuncias recibidas.
- Tiempo de respuesta ante incidentes detectados.
- Reducción de sanciones legales o multas respecto a periodos anteriores.
- Satisfacción de empleados respecto a la claridad de políticas y formación.

Evaluación de la eficacia

- ¿El programa ha logrado reducir los riesgos normativos y éticos identificados en la evaluación de riesgos?
- ¿Los controles son efectivos para prevenir y detectar incumplimientos?
- ¿Se implementan medidas correctivas y de mejora continua cuando ocurren incidentes?

CRITERIO 3: DE EFICIENCIA DEL PROGRAMA

La eficiencia mide si el programa de Compliance logra sus objetivos utilizando los recursos disponibles de manera óptima. Es un equilibrio entre los costos de implementación y los beneficios obtenidos.

Aspectos clave de la eficiencia

1. Uso adecuado de recursos: ¿Los recursos financieros, tecnológicos y humanos asignados al programa están siendo utilizados de manera óptima?
   - ¿La organización está invirtiendo proporcionalmente a los riesgos que enfrenta?
   - Ejemplo: un programa que invierte desproporcionadamente en formación general pero descuida la prevención de delitos específicos en su sector podría no ser eficiente.
2. Simplificación de procesos: el programa debe ser lo suficientemente claro y sencillo para ser entendido e implementado por los empleados.
   - Políticas y procedimientos fáciles de seguir.
   - Automatización de controles para reducir la carga administrativa.

3. Minimización de costos indirectos: evitar controles excesivos que ralenticen la operación o generen desmotivación en los empleados.

   Evaluación de la eficiencia

   - ¿El programa está utilizando los recursos de manera proporcional y equilibrada?
   - ¿La carga administrativa generada por el programa es razonable y no afecta negativamente la productividad?
   - ¿Los controles automatizados están optimizando la gestión del Compliance?

CRITERIO 4: DE ADAPTABILIDAD DEL PROGRAMA

La adaptabilidad mide si el programa puede ajustarse a cambios internos y externos sin comprometer su eficacia.

Aspectos clave de la adaptabilidad

1. Revisión periódica: el programa debe evaluarse regularmente para identificar áreas de mejora.
   - Incorporación de cambios normativos, tecnológicos o en el modelo de negocio.
2. Flexibilidad estructural: el programa debe ser capaz de escalarse según crezca la organización o entren en nuevos mercados.
3. Innovación: Integrar herramientas tecnológicas avanzadas para mejorar la gestión de riesgos y el monitoreo.
4. Aprendizaje de incidentes: implementar medidas correctivas basadas en lecciones aprendidas de incumplimientos pasados.

   Evaluación de la adaptabilidad

   - ¿El programa se actualiza regularmente para reflejar los cambios en el entorno normativo y empresarial?
   - ¿La organización puede reaccionar rápidamente ante nuevas normativas o crisis reputacionales?
   - ¿El programa utiliza tecnología para mejorar su flexibilidad y capacidad de respuesta?

CRITERIO 5: DE TRANSPARENCIA DEL PROGRAMA

La transparencia es esencial para generar confianza en el programa de Compliance tanto dentro como fuera de la organización.

Aspectos clave de la transparencia

1. Comunicación interna clara: los empleados deben comprender las políticas y su papel en el cumplimiento normativo.
   - Acceso fácil a códigos de conducta, manuales y guías.
   - Formación regular y efectiva.
2. Rendición de cuentas: los resultados del programa deben ser informados a los órganos de gobierno, empleados y, cuando corresponda, a reguladores y otras partes interesadas.
3. Canales de denuncia confiables: los empleados deben tener acceso a mecanismos seguros y confidenciales para reportar irregularidades.

   Evaluación de la transparencia

   - ¿Los empleados y socios comerciales comprenden las políticas de Compliance?
   - ¿Los informes del programa son claros y están alineados con las expectativas regulatorias?
   - ¿Los mecanismos de denuncia son accesibles y confiables?

CRITERIO 6: INDEPENDENCIA

La independencia de un programa de Compliance es esencial para garantizar que este sea imparcial, autónomo y libre de influencias indebidas que puedan comprometer su efectividad. Este criterio evalúa si el área de Compliance cuenta con la autoridad y autonomía necesarias para desempeñar sus funciones de manera efectiva.

Dimensiones clave de la independencia:

1. Autoridad formal:
   - El programa de Compliance debe estar respaldado por una estructura organizacional que garantice su autonomía respecto a otras áreas de la empresa, especialmente aquellas que podrían

generar conflictos de interés (por ejemplo, departamentos comerciales o de operaciones).

2. Acceso directo a la alta dirección:
   - El responsable de cumplimiento normativo (Compliance Officer) debe tener acceso directo al consejo de administración, comité de auditoría u otros órganos de gobierno.
3. Presupuesto autónomo:
   - El área de Compliance debe contar con recursos financieros independientes y suficientes para implementar controles, realizar auditorías y capacitar al personal.
4. Protección frente a represalias:
   - Los empleados del área de Compliance deben estar protegidos contra represalias, especialmente cuando identifiquen o denuncien conductas indebidas dentro de la organización.

CRITERIO 7: RESPONSABILIDAD Y RENDICIÓN DE CUENTAS

La responsabilidad y rendición de cuentas mide si los roles y responsabilidades del programa están claramente definidos, asignados y supervisados. También evalúa si el programa fomenta una cultura de cumplimiento en la que todas las personas dentro de la organización entienden su papel en la gestión de riesgos normativos.

Dimensiones clave de la responsabilidad y rendición de cuentas:

1. Claridad en los roles:
   - Cada empleado, desde los niveles más altos de la organización hasta los operativos, debe saber cuál es su responsabilidad respecto al cumplimiento normativo.
2. Asignación de responsabilidades específicas:
   - Las funciones relacionadas con el cumplimiento deben estar formalmente asignadas en descripciones de puestos, contratos y políticas internas.
3. Sistemas de supervisión:
   - Se deben establecer mecanismos para supervisar y evaluar el desempeño de las personas involucradas en el cumplimiento, incluidas métricas específicas sobre su contribución al programa.

4. Rendición de cuentas a la alta dirección:
   - El área de Compliance debe informar regularmente a los órganos de gobierno sobre el estado del programa, incluyendo resultados, incidentes detectados y medidas correctivas.

CRITERIO 8: MEDICIÓN Y MEJORA CONTINUA

La medición y mejora continua evalúa si el programa de Compliance está diseñado para ser dinámico y evolutivo, adaptándose a los cambios en el entorno regulatorio, los riesgos emergentes y las mejores prácticas del sector. Este criterio se centra en la capacidad de monitorear el desempeño del programa, identificar áreas de mejora y aplicar correcciones de manera proactiva.

Dimensiones clave de la medición y mejora continua:

1. Indicadores clave de desempeño (KPIs):
   - El programa debe establecer métricas específicas para evaluar su éxito, como el número de auditorías realizadas, el tiempo de respuesta ante incidentes y el porcentaje de empleados capacitados.
2. Monitoreo constante:
   - Es importante que el programa cuente con sistemas para monitorear en tiempo real la efectividad de los controles y políticas implementadas.
3. Evaluaciones periódicas:
   - Se deben realizar auditorías internas y externas periódicas para identificar deficiencias y oportunidades de mejora en el programa.
4. Gestión del cambio:
   - El programa debe incluir procedimientos para incorporar lecciones aprendidas y ajustar políticas y controles en respuesta a incidentes, auditorías o cambios normativos.

CRITERIO 9: CULTURA DE CUMPLIMIENTO

La cultura de cumplimiento evalúa si el programa ha logrado integrarse en los valores y comportamientos de la organización. Este criterio mide la percepción y el compromiso de los empleados, así como la forma en que se promueve el cumplimiento normativo como un valor central.

Dimensiones clave de la cultura de cumplimiento:

1. Compromiso desde la alta dirección:
   - La dirección debe promover el cumplimiento normativo como una prioridad estratégica, enviando un mensaje claro sobre su importancia a toda la organización.
2. Sensibilización y formación:
   - Se debe garantizar que todos los empleados reciban formación regular sobre el programa de Compliance, fomentando una comprensión clara de las políticas y sus responsabilidades.
3. Canales de comunicación efectivos:
   - El programa debe fomentar una comunicación abierta y directa sobre temas de cumplimiento, incentivando la participación activa de los empleados.
4. Clima laboral ético:
   - La organización debe medir regularmente la percepción de los empleados respecto a la ética y el cumplimiento, utilizando herramientas como encuestas de clima organizacional.

CRITERIO 10: SOSTENIBILIDAD ÉTICA Y REPUTACIONAL

La sostenibilidad ética y reputacional evalúa si el programa de Compliance contribuye al fortalecimiento de la reputación corporativa y al cumplimiento de objetivos de sostenibilidad y responsabilidad social. Este criterio amplía el enfoque tradicional del cumplimiento normativo hacia un impacto más amplio en la sociedad y el medio ambiente.

Dimensiones clave de la sostenibilidad ética y reputacional:

1. Impacto en la reputación:
   - El programa debe proteger la imagen pública de la empresa, actuando como una herramienta para prevenir escándalos y crisis reputacionales.
2. Responsabilidad social corporativa (RSC):

- El programa debe alinearse con las iniciativas de sostenibilidad y responsabilidad social de la organización, promoviendo prácticas éticas y transparentes en todas las áreas.

3. Compromiso con las partes interesadas:

   - El programa debe fomentar relaciones basadas en la confianza con clientes, proveedores, comunidades locales y reguladores.

4. Cumplimiento de estándares voluntarios:

   - Además de las normativas obligatorias, el programa debe fomentar el cumplimiento de estándares voluntarios, como los Objetivos de Desarrollo Sostenible (ODS) o las directrices de la OCDE.

CRITERIO 11: RESILIENCIA FRENTE A CRISIS

La resiliencia frente a crisis evalúa si el programa de Compliance está preparado para gestionar situaciones de alta presión, como investigaciones regulatorias, sanciones, ciberataques o crisis reputacionales. Este criterio mide la capacidad del programa para responder con rapidez, mitigar daños y recuperar la confianza de las partes interesadas.

Dimensiones clave de la resiliencia frente a crisis:

1. Planes de contingencia:

   - El programa debe incluir protocolos claros para actuar ante crisis normativas, éticas o reputacionales.

2. Simulacros y pruebas de estrés:

   - La organización debe realizar simulacros regulares para evaluar la eficacia de los planes de contingencia y la preparación del personal.

3. Respuesta ágil:

   - La estructura del programa debe permitir una toma de decisiones rápida y bien fundamentada durante una crisis.

4. Gestión post-crisis:

   - Una vez superada la crisis, el programa debe evaluar su manejo y adoptar mejoras para fortalecer su preparación futura.

CRITERIO 12: ENFOQUE BASADO EN RIESGOS

El enfoque basado en riesgos es un principio fundamental en cualquier programa de Compliance. Este criterio evalúa si el programa identifica, prioriza, y, gestiona los riesgos normativos, éticos, y, operativos más relevantes para la organización.

Dimensiones clave del enfoque basado en riesgos:

1. Evaluación inicial de riesgos:
   - Realización de un mapeo de riesgos que identifique vulnerabilidades clave, considerando aspectos normativos, operativos y reputacionales.
2. Priorización:
   - Asignación de recursos y controles proporcionales a los riesgos más críticos identificados.
3. Monitoreo continuo:
   - Implementación de procesos regulares para actualizar la evaluación de riesgos frente a cambios internos y externos.
4. Mitigación efectiva:
   - Diseño e implementación de controles específicos y efectivos para mitigar los riesgos priorizados.

CRITERIO 13: ALINEACIÓN CON LOS OBJETIVOS ESTRATÉGICOS

Un programa de Compliance debe estar alineado con los objetivos estratégicos de la organización para que su impacto sea transversal, y contribuya directamente al éxito empresarial.

Dimensiones clave de la alineación estratégica:

1. Integración en la estrategia corporativa:
   - El programa debe considerarse una parte esencial del plan estratégico general de la empresa.
2. Conexión con valores organizacionales:
   - El programa debe reflejar y reforzar los valores y principios éticos de la organización.

3. Impacto en la sostenibilidad empresarial:
    - Evaluar si el programa fortalece la sostenibilidad financiera, operativa y reputacional de la empresa.

CRITERIO 14: INVOLUCRAMIENTO DE LAS PARTES INTERESADAS

Este criterio analiza si el programa de Compliance involucra adecuadamente a todas las partes interesadas internas y externas, como empleados, clientes, proveedores, reguladores y comunidades.

Dimensiones clave del involucramiento:

1. Participación interna:
    - Inclusión activa de todos los niveles de la organización, desde la alta dirección hasta los empleados operativos.
2. Relación con socios y proveedores:
    - Extensión de las políticas de Compliance a la cadena de valor mediante contratos, auditorías y formación.
3. Compromiso con clientes y comunidades:
    - Transparencia y comunicación con clientes y otras partes interesadas externas sobre las políticas de ética y cumplimiento.

CRITERIO 15: GOBERNANZA DEL PROGRAMA

La gobernanza del programa evalúa si el sistema de Compliance tiene una estructura organizacional clara, con roles y responsabilidades definidos para garantizar su implementación efectiva.

Dimensiones clave de la gobernanza:

1. Estructura organizativa:
    - Definición clara de las líneas de reporte y roles en el área de Compliance.
2. Supervisión del consejo de administración:
    - Participación activa de los órganos de gobierno en la supervisión del programa.
3. Delegación de responsabilidades:

- Delegación adecuada de responsabilidades en distintos niveles y departamentos.

CRITERIO 16: CAPACITACIÓN Y SENSIBILIZACIÓN

La capacitación y sensibilización son esenciales para garantizar que todos los empleados comprendan sus responsabilidades en materia de cumplimiento normativo.

Dimensiones clave de la capacitación:

1. Programas de formación periódica:
   - Implementación de capacitaciones regulares adaptadas a los distintos niveles y funciones dentro de la organización.
2. Personalización del contenido:
   - Adecuación de la formación a las necesidades específicas de cada área (por ejemplo, capacitación en protección de datos para personal de TI).
3. Evaluación de la efectividad:
   - Uso de encuestas o pruebas para medir el nivel de comprensión y aplicación de los contenidos formativos.

CRITERIO 17: IMPACTO EN LA TOMA DE DECISIONES

Este criterio evalúa si el programa de Compliance influye en la toma de decisiones de la organización, promoviendo decisiones éticas y alineadas con las normativas aplicables.

Dimensiones clave del impacto en la toma de decisiones:

1. Apoyo en decisiones estratégicas:
   - Participación del área de Compliance en decisiones clave, como adquisiciones, alianzas y lanzamientos de productos.
2. Incorporación de principios éticos:
   - Aplicación de principios éticos en decisiones operativas y estratégicas.
3. Monitoreo de decisiones críticas:

- Supervisión activa de decisiones con alto impacto normativo o reputacional.

CRITERIO 18: GESTIÓN DE TERCEROS

La relación con terceros (proveedores, contratistas, socios comerciales) es una de las áreas de mayor riesgo en Compliance. Este criterio evalúa si el programa abarca de manera efectiva la gestión de estas relaciones.

Dimensiones clave de la gestión de terceros:

1. Evaluación inicial:
   - Realización de procesos de debida diligencia para verificar la idoneidad ética y normativa de terceros.
2. Monitoreo continuo:
   - Supervisión periódica de las actividades de los terceros para garantizar el cumplimiento de los acuerdos.
3. Cláusulas contractuales de cumplimiento:
   - Inclusión de términos específicos en los contratos que exijan el cumplimiento de las normativas y políticas de la empresa.

CRITERIO 19: INTEGRACIÓN CON SISTEMAS DE GESTIÓN

El programa de Compliance debe estar integrado con otros sistemas de gestión de la organización, como gestión de riesgos, calidad, seguridad y medio ambiente.

Dimensiones clave de la integración:

1. Sinergias operativas:
   - Alineación del Compliance con otros sistemas para evitar duplicidad de controles y optimizar recursos.
2. Estándares internacionales:
   - Cumplimiento de normas internacionales, como ISO 37301 (sistemas de gestión de Compliance) e ISO 31000 (gestión de riesgos).
3. Enfoque unificado:

- Creación de un enfoque coherente y centralizado para la gestión de normativas y riesgos.

CRITERIO 20: IMPACTO ECONÓMICO DEL COMPLIANCE

Este criterio analiza el impacto del programa en la rentabilidad de la organización, equilibrando costes de cumplimiento con beneficios tangibles e intangibles.

Dimensiones clave del impacto económico:

1. Optimización de costos:
    - Minimización de sanciones, multas y pérdidas económicas derivadas de incumplimientos.
2. Atractivo para inversores:
    - Incremento en la confianza de inversores gracias a la implementación de un programa robusto.
3. Protección de activos intangibles:
    - Fortalecimiento de la reputación, la marca y la confianza de los clientes.

CRITERIO 21: INNOVACIÓN EN COMPLIANCE

Un programa de Compliance efectivo debe incorporar innovaciones tecnológicas y metodológicas que aumenten su efectividad y sostenibilidad.

Dimensiones clave de la innovación:

1. Automatización de procesos:
    - Uso de herramientas de software para gestionar auditorías, monitorear riesgos y generar reportes.
2. Análisis predictivo:
    - Implementación de análisis de datos para identificar riesgos emergentes antes de que se materialicen.
3. Transformación digital:
    - Uso de inteligencia artificial, blockchain y otras tecnologías avanzadas para mejorar la gestión del Compliance.

CRITERIO 22: COHERENCIA CON LOS OBJETIVOS DE LA ORGANIZACIÓN

Este criterio analiza si el programa de Compliance está plenamente alineado con los objetivos generales, la misión, visión y valores de la organización.

Dimensiones:

1. Consistencia estratégica:
   - El programa debe estar en línea con los objetivos de negocio, sin generar contradicciones entre las metas comerciales y los valores éticos de la organización.
2. Integración transversal:
   - Todas las áreas funcionales deben estar alineadas con el programa, garantizando que los valores de cumplimiento normativo se reflejen en todas las actividades.
3. Compatibilidad con iniciativas clave:
   - El programa debe reforzar otras iniciativas estratégicas como sostenibilidad, responsabilidad social corporativa y transformación digital.

CRITERIO 23: ESTRUCTURA DOCUMENTAL

Este criterio evalúa si el programa cuenta con una estructura documental clara, bien organizada y accesible, que respalde todas sus políticas, procedimientos y controles.

Dimensiones:

1. Centralización documental:
   - Existencia de una base de datos central que incluya todas las políticas, manuales y normativas internas relacionadas con el programa.
2. Claridad y accesibilidad:
   - Los documentos deben ser comprensibles para todos los empleados y deben estar disponibles en los idiomas necesarios si la organización opera en varias jurisdicciones.
3. Actualización periódica:

- Los documentos deben revisarse regularmente para asegurarse de que reflejan cambios normativos y de negocio.

CRITERIO 24: ESCALABILIDAD

La escalabilidad mide si el programa de Compliance puede crecer y adaptarse a las nuevas necesidades de la organización, como la expansión geográfica, el desarrollo de nuevos productos o servicios, o, los aumentos en la plantilla.

Dimensiones:

1. Expansión operativa:
    - El programa debe ser lo suficientemente flexible para integrarse en nuevos mercados o líneas de negocio.
2. Ajuste a nuevas regulaciones:
    - Capacidad del programa para incorporar fácilmente normativas adicionales en caso de que la organización entre en nuevos sectores regulados.
3. Capacidad tecnológica:
    - Uso de herramientas tecnológicas que permitan escalar procesos clave como auditorías, monitoreo de riesgos y gestión documental.

CRITERIO 25: IMPACTO SOBRE LA ÉTICA CORPORATIVA

Este criterio evalúa si el programa contribuye al fortalecimiento de la ética corporativa y fomenta un ambiente de integridad dentro de la organización.

Dimensiones:

1. Fomento de valores éticos:
    - El programa debe reforzar valores como la honestidad, la transparencia y la responsabilidad en todos los niveles de la empresa.
2. Incentivos éticos:

- Integrar métricas relacionadas con el comportamiento ético en las evaluaciones de desempeño y en los sistemas de recompensa.

3. Medición de la percepción ética:

- Realización de encuestas regulares para medir la percepción de los empleados respecto a la ética de la organización y la efectividad del programa.

CRITERIO 26: CONTROL Y AUDITORÍA

Este criterio mide la capacidad del programa de Compliance para supervisar sus propias actividades, y, evaluar continuamente su desempeño mediante procesos de control y auditoría interna y externa.

Dimensiones:

1. Auditorías periódicas:

- Implementación de revisiones regulares para identificar áreas de mejora y garantizar el cumplimiento de las normativas.

2. Monitoreo continuo:

- Uso de sistemas automatizados o procesos manuales para supervisar las operaciones en tiempo real.

3. Supervisión independiente:

- Las auditorías deben realizarse por equipos independientes que reporten directamente al consejo de administración o a comités especializados.

CRITERIO 27: GESTIÓN DE INCIDENTES

Este criterio analiza la capacidad del programa para gestionar de manera efectiva los incidentes relacionados con incumplimientos normativos o éticos.

Dimensiones:

1. Procedimientos claros de respuesta:

- Existencia de protocolos específicos para investigar y gestionar incidentes desde su detección hasta su resolución.

2. Trazabilidad:
   - Registro detallado de todos los incidentes, incluyendo las medidas tomadas y los aprendizajes derivados.
3. Análisis post-incidentales:
   - Evaluación de las causas subyacentes de los incidentes y adopción de medidas preventivas para evitar recurrencias.

CRITERIO 28: CANAL DE DENUNCIAS Y PROTECCIÓN DEL DENUNCIANTE

Un canal de denuncias efectivo y confidencial es un elemento esencial para cualquier programa de Compliance, ya que permite identificar irregularidades antes de que escalen.

Dimensiones:

1. Accesibilidad:
   - El canal debe estar disponible para todos los empleados y, en algunos casos, para terceros como proveedores y clientes.
2. Confidencialidad y anonimato:
   - Garantía de que los denunciantes no enfrentarán represalias y que su identidad será protegida.
3. Eficiencia en la gestión:
   - Procedimientos claros para investigar y responder a las denuncias recibidas.

CRITERIO 29: GESTIÓN DEL CAMBIO

La gestión del cambio mide si el programa de Compliance puede ser actualizado de manera efectiva en respuesta a nuevas normativas, riesgos o estrategias empresariales.

Dimensiones:

1. Capacidad de adaptación:
   - Estructuras y procesos que permitan implementar cambios normativos o internos sin afectar la operativa.
2. Capacitación sobre los cambios:

- Comunicación y formación clara para que los empleados comprendan los cambios realizados y su impacto.

3. Evaluación de impactos:

   - Análisis de cómo los cambios normativos o organizativos afectan al programa de Compliance y a la empresa en general.

CRITERIO 30: ALINEACIÓN CON REGULACIONES GLOBALES

En un entorno globalizado, es esencial, que el programa esté alineado con normativas internacionales relevantes, especialmente, para aquellas empresas, que operan en múltiples jurisdicciones.

Dimensiones:

1. Cumplimiento multijurisdiccional:

   - Incorporación de las regulaciones locales e internacionales aplicables, como FCPA, RGPD, Ley Sapin II, entre otras.

2. Coherencia entre jurisdicciones:

   - Asegurarse de que las políticas internas sean coherentes y no entren en conflicto con regulaciones locales.

3. Supervisión global:

   - Estructuras organizativas que permitan coordinar el cumplimiento normativo en todas las regiones donde opera la empresa.

CRITERIO 31: RESILIENCIA OPERATIVA

La resiliencia operativa evalúa, si el programa puede mantenerse funcional durante eventos disruptivos, como pueden ser: crisis económicas, regulatorias, o, de reputación.

Dimensiones:

1. Preparación para crisis:

   - Desarrollo de planes de contingencia que aseguren la continuidad del programa en situaciones adversas.

2. Capacidad de recuperación:

- Procedimientos para reanudar las operaciones de Compliance tras una interrupción.

3. Sostenibilidad a largo plazo:

- Garantía de que el programa puede operar con eficacia incluso bajo presión financiera o cambios drásticos en la organización.

CRITERIO 32: IMPACTO EN LA REPUTACIÓN CORPORATIVA

Este criterio mide si el programa de Compliance fortalece la reputación de la organización, tanto internamente, como externamente.

Dimensiones:

1. Confianza de las partes interesadas:

- Incremento en la confianza de los clientes, inversores, reguladores y empleados gracias a la implementación del programa.

2. Protección contra daños reputacionales:

- Capacidad del programa para prevenir incidentes que puedan afectar negativamente la percepción pública de la empresa.

3. Comunicación transparente:

- Divulgación pública de los compromisos y logros del programa para reforzar la reputación corporativa.

CRITERIO 33: COHERENCIA INTERNA DEL PROGRAMA

La coherencia interna mide si todas las partes del programa están alineadas y trabajan en sinergia, evitando conflictos entre políticas, duplicidad de controles, o, lagunas normativas.

Dimensiones:

1. Armonización de políticas internas:

- Las políticas de Compliance deben ser consistentes entre sí, evitando contradicciones o solapamientos que generen confusión.

2. Integración entre departamentos:

- Colaboración entre áreas como Recursos Humanos, Finanzas, Legal y Operaciones para garantizar una implementación coordinada del programa.

3. Estandarización de procesos:

- Uso de procedimientos uniformes en toda la organización para abordar cuestiones relacionadas con el cumplimiento normativo.

CRITERIO 34: PREDICTIBILIDAD DE RIESGOS

La predictibilidad mide la capacidad del programa para anticiparse a riesgos emergentes, y, tomar medidas proactivas para prevenirlos.

Dimensiones:

1. Identificación temprana de riesgos:

- Herramientas y metodologías que permitan identificar tendencias o situaciones que puedan convertirse en riesgos futuros.

2. Análisis de escenarios:

- Simulaciones y análisis de posibles escenarios de incumplimiento normativo.

3. Planificación preventiva:

- Desarrollo de estrategias específicas para abordar riesgos emergentes antes de que se materialicen.

CRITERIO 35: RESPUESTA ANTE INVESTIGACIONES REGULATORIAS

Este criterio evalúa, si el programa está preparado para responder de manera efectiva a auditorías, inspecciones, o, investigaciones por parte de las autoridades regulatorias.

Dimensiones:

1. Capacidad de respuesta:

- Procedimientos claros para coordinar con los reguladores y responder de manera eficiente a sus solicitudes.

2. Documentación accesible:

- Mantener registros actualizados y organizados que faciliten la demostración del cumplimiento normativo.

3. Colaboración proactiva:

- Disposición para cooperar de manera transparente con los reguladores, mostrando buena fe y compromiso con las normativas.

CRITERIO 36: IMPACTO EN LOS PROCESOS DE CONTRATACIÓN Y RETENCIÓN

Un programa de Compliance debe influir positivamente en la atracción y retención de talento, así como en la identificación de candidatos alineados con los valores éticos de la organización.

Dimensiones:

1. Incorporación de principios éticos en la contratación:

- Evaluación de la integridad de los candidatos durante los procesos de selección.

2. Retención de talento ético:

- Promoción de un ambiente de trabajo donde el cumplimiento y la ética sean valores fundamentales.

3. Formación inicial para nuevos empleados:

- Inclusión del programa de Compliance en la formación de inducción para garantizar que todos los empleados comprendan sus responsabilidades desde el primer día.

CRITERIO 37: GESTIÓN DE LA PRIVACIDAD Y PROTECCIÓN DE DATOS

En un entorno cada vez más regulado en términos de privacidad, este criterio evalúa, si el programa incluye controles específicos para proteger la información personal y sensible.

Dimensiones:

1. Cumplimiento de normativas específicas:

- Adherencia a marcos regulatorios como el RGPD (Reglamento General de Protección de Datos) o la CCPA (California Consumer Privacy Act).

2. Controles tecnológicos:
   - Implementación de sistemas que garanticen la seguridad de los datos almacenados y procesados por la organización.
3. Gestión de derechos de los usuarios:
   - Procedimientos claros para responder a solicitudes de acceso, rectificación o eliminación de datos personales.

CRITERIO 38: INFLUENCIA SOBRE LA CADENA DE SUMINISTRO

Este criterio evalúa si el programa de Compliance incluye controles efectivos para garantizar que los socios, proveedores, y contratistas, cumplan con las normativas aplicables y los valores éticos de la organización.

Dimensiones:

1. Evaluación de terceros:
   - Procesos de debida diligencia para analizar la ética y el cumplimiento normativo de los proveedores.
2. Auditorías en la cadena de suministro:
   - Supervisión continua de los terceros a través de auditorías periódicas y revisiones documentales.
3. Incorporación de cláusulas contractuales:
   - Inclusión de compromisos de cumplimiento normativo en los contratos con proveedores y socios.

CRITERIO 39: USO DE TECNOLOGÍAS DE VANGUARDIA

La tecnología desempeña un papel clave en la modernización y mejora continua de los programas de Compliance. Este criterio evalúa la incorporación de herramientas tecnológicas avanzadas.

Dimensiones:

1. Automatización de procesos:

- Uso de software especializado para gestionar auditorías, monitorear riesgos y generar reportes automáticos.

2. Inteligencia artificial:

   - Aplicación de IA para identificar patrones de riesgo, predecir incumplimientos y optimizar la gestión de datos.

3. Ciberseguridad:

   - Controles robustos para proteger el programa de Compliance de amenazas externas como ataques informáticos.

CRITERIO 40: MONITOREO DE CUMPLIMIENTO EN TIEMPO REAL

El monitoreo en tiempo real permite detectar y abordar incumplimientos de manera inmediata, minimizando los riesgos asociados.

Dimensiones:

1. Sistemas de monitoreo continuo:

   - Herramientas que supervisen transacciones, flujos de datos y operaciones clave en tiempo real.

2. Alertas automatizadas:

   - Configuración de alertas para señalar posibles incumplimientos o irregularidades en tiempo real.

3. Seguimiento de métricas clave:

   - Medición constante de indicadores de desempeño relacionados con el cumplimiento normativo.

CRITERIO 41: IMPACTO SOBRE LA EQUIDAD Y LA DIVERSIDAD

Un programa de Compliance debe promover prácticas inclusivas, y, equitativas en todos los aspectos de la organización.

Dimensiones:

1. Igualdad de oportunidades:

- Garantizar que las políticas de Compliance refuercen la igualdad en la contratación, promoción y compensación.

2. Prevención de discriminación y acoso:
   - Inclusión de políticas específicas para abordar y prevenir conductas discriminatorias.
3. Promoción de la diversidad:
   - Incorporación de principios de diversidad en los procesos internos y en las relaciones con terceros.

CRITERIO 42: ADAPTACIÓN A REGULACIONES LOCALES Y SECTORIALES

Este criterio evalúa si el programa responde adecuadamente a las normativas específicas del sector y de las jurisdicciones donde opera la organización.

Dimensiones:

1. Cumplimiento sectorial:
   - Alineación con regulaciones específicas de la industria, como Basilea III en finanzas o normativas medioambientales en manufactura.
2. Normativas locales:
   - Incorporación de leyes locales y requisitos culturales específicos en las políticas del programa.
3. Supervisión regulatoria:
   - Monitoreo continuo para garantizar que las actividades cumplan con las expectativas de los reguladores locales.

CRITERIO 43: RENDIMIENTO COMPARATIVO

Este criterio mide, si el programa de Compliance está alineado con las mejores prácticas de la industria, y, cómo se compara con programas de otras organizaciones similares.

Dimensiones:

1. Benchmarking:

- Comparación con los estándares y métricas de la industria para identificar áreas de mejora.

2. Revisión por pares:

   - Evaluaciones independientes realizadas por expertos externos o instituciones del sector.

3. Adopción de prácticas líderes:

   - Implementación de enfoques innovadores basados en experiencias exitosas de otras organizaciones.

CRITERIO 44: PROPORCIONALIDAD DE LOS CONTROLES

Este criterio evalúa, si los controles y medidas implementadas por el programa son proporcionales a los riesgos inherentes y específicos de la organización, evitando tanto insuficiencias como sobrerregulación.

Dimensiones:

1. Evaluación basada en riesgos:

   - Los controles deben diseñarse para abordar los riesgos identificados, priorizando aquellos con mayor impacto potencial.

2. Evitar sobrerregulación:

   - Las políticas y procedimientos no deben ser tan complejos o rígidos que dificulten la operativa normal de la organización.

3. Escalabilidad de controles:

   - Los controles deben ajustarse al tamaño y complejidad de las operaciones, garantizando que no sean ni excesivos ni insuficientes.

CRITERIO 45: SOSTENIBILIDAD DEL PROGRAMA

Este criterio analiza, si el programa puede mantenerse de manera efectiva a lo largo del tiempo, considerando factores como recursos disponibles, adaptabilidad a nuevos desafíos, y, compromiso organizacional.

Dimensiones:

1. Continuidad operativa:

- Garantizar que el programa pueda seguir funcionando en escenarios adversos, como cambios en el liderazgo o crisis económicas.

2. Compromiso a largo plazo:
   - Asegurar que la organización invierta de manera constante en recursos humanos, tecnológicos y financieros para el programa.
3. Evaluación periódica:
   - Revisiones regulares para identificar y corregir cualquier desgaste o deficiencia en el programa.

CRITERIO 46: IMPACTO EN LA GESTIÓN DEL CAMBIO ORGANIZACIONAL

Este criterio evalúa, si el programa de Compliance puede influir positivamente en los procesos de transformación interna, y, en la adaptación de la organización a nuevos entornos.

Dimensiones:

1. Soporte en procesos de reestructuración:
   - Asegurar que el programa facilite los cambios organizativos, como fusiones, adquisiciones o reestructuraciones internas.
2. Flexibilidad ante la innovación:
   - Garantizar que el Compliance pueda ajustarse a la implementación de nuevas tecnologías o modelos de negocio.
3. Gestión de la transición normativa:
   - Proveer herramientas y procesos para ajustarse rápidamente a cambios legales o regulatorios significativos.

CRITERIO 47: IMPACTO SOBRE LA CULTURA ORGANIZACIONAL

Este criterio analiza, si el programa fomenta y refuerza una cultura de cumplimiento y ética en todos los niveles de la organización.

Dimensiones:

1. Influencia cultural:

- Evaluar si el programa está integrado en la cultura organizacional y es percibido como parte esencial de los valores de la empresa.

2. Compromiso de liderazgo:
   - Supervisar si los líderes de la organización refuerzan activamente el programa a través de su comportamiento y decisiones.
3. Encuestas de clima ético:
   - Realizar evaluaciones periódicas para medir la percepción de los empleados respecto a la ética y la integridad dentro de la organización.

CRITERIO 48: EFICACIA EN LA GESTIÓN MULTIJURISDICCIONAL

Este criterio evalúa, si el programa es capaz de gestionar eficazmente el cumplimiento normativo en múltiples jurisdicciones donde opera la organización.

Dimensiones:

1. Coordinación global:
   - Supervisión centralizada con adaptaciones locales para cumplir con regulaciones específicas de cada país o región.
2. Harmonización normativa:
   - Creación de políticas internas coherentes que sean compatibles con los marcos regulatorios locales.
3. Monitoreo multijurisdiccional:
   - Implementación de herramientas y procesos que permitan monitorear el cumplimiento en todas las jurisdicciones donde opera la empresa.

CRITERIO 49: DESEMPEÑO DE LOS RESPONSABLES DE COMPLIANCE

Este criterio mide la eficacia y profesionalismo de los responsables de Compliance, incluyendo el Compliance Officer y los equipos relacionados.

Dimensiones:

1. Competencias técnicas:

- Evaluar si el equipo de Compliance tiene la formación y experiencia necesarias para cumplir con sus responsabilidades.

2. Liderazgo e influencia:

   - Medir la capacidad del equipo para influir en la toma de decisiones estratégicas y promover el cumplimiento normativo.

3. Evaluación del desempeño:

   - Establecer indicadores claros para medir la eficacia del equipo de Compliance, como el cumplimiento de auditorías, la gestión de incidentes o la implementación de políticas.

CRITERIO 50: GESTIÓN DE LA REPUTACIÓN EN INCIDENTES

Este criterio analiza cómo el programa de Compliance gestiona el impacto reputacional de los incidentes de incumplimiento.

Dimensiones:

1. Gestión de crisis reputacional:

   - Implementación de estrategias específicas para mitigar el daño reputacional causado por incumplimientos.

2. Comunicación externa:

   - Garantizar que la empresa transmita de manera transparente las medidas adoptadas para corregir incidentes.

3. Monitoreo de percepción pública:

   - Supervisar regularmente cómo los stakeholders perciben la ética y el cumplimiento de la organización.

CRITERIO 51: IMPACTO EN LAS RELACIONES CON REGULADORES

Este criterio mide si el programa fortalece las relaciones con las autoridades regulatorias, promoviendo la confianza y la colaboración.

Dimensiones:

1. Transparencia regulatoria:

- Colaborar proactivamente con los reguladores, facilitando información cuando sea necesario.

2. Cumplimiento anticipado:

- Implementar medidas preventivas que superen los requisitos regulatorios mínimos.

3. Gestión de auditorías externas:

- Coordinación eficaz de inspecciones regulatorias o auditorías externas.

CRITERIO 52: ROBUSTEZ EN LA GESTIÓN DE SANCIONES

Este criterio evalúa, si el programa está diseñado para prevenir sanciones regulatorias y, en caso de ocurrir, mitigar sus impactos.

Dimensiones:

1. Prevención de sanciones:

- Diseño de controles específicos para minimizar la probabilidad de multas o sanciones.

2. Evaluación del impacto financiero:

- Capacidad del programa para reducir el costo económico y reputacional asociado a sanciones.

3. Gestión post-sanción:

- Implementación de medidas correctivas tras recibir sanciones, para prevenir reincidencias.

CRITERIO 53: SENSIBILIDAD ANTE TEMAS DE DERECHOS HUMANOS

Un programa robusto debe incorporar controles específicos relacionados con el respeto a los derechos humanos, especialmente, en sectores o regiones sensibles.

Dimensiones:

1. Políticas de derechos humanos:

- Integración de directrices claras sobre derechos humanos en los códigos de conducta.

2. Supervisión de terceros:

- Evaluación de proveedores y socios comerciales para garantizar el respeto a los derechos laborales y humanos.

3. Impacto social positivo:

- Monitoreo de las contribuciones de la organización al desarrollo social y la protección de derechos fundamentales.

CRITERIO 54: EVALUACIÓN COMPARATIVA (BENCHMARKING)

Este criterio mide cómo se compara el programa de Compliance con los estándares y mejores prácticas de otras organizaciones en la industria.

Dimensiones:

1. Identificación de estándares de la industria:

- Uso de benchmarks establecidos por reguladores, asociaciones sectoriales o estándares internacionales.

2. Comparación de resultados:

- Evaluar el desempeño del programa frente a organizaciones similares.

3. Incorporación de mejores prácticas:

- Adaptación de enfoques innovadores basados en las experiencias de otras empresas.

CRITERIO 55: SUPERVISIÓN ÉTICA INDEPENDIENTE

Este criterio analiza, si la organización cuenta con mecanismos sólidos para realizar una supervisión ética independiente del programa de Compliance, y, del comportamiento organizacional en general.

Dimensiones:

1. Creación de un Comité Ético:

- Existencia de un comité o consejo específico dedicado a supervisar los aspectos éticos del programa y tomar decisiones imparciales.

2. Independencia estructural:
   - Garantizar que los supervisores éticos no estén subordinados a intereses comerciales o de otras áreas funcionales que puedan generar conflictos.
3. Auditorías éticas:
   - Realización periódica de revisiones independientes para evaluar si las prácticas de la organización se alinean con sus valores éticos.

CRITERIO 56: EFICACIA EN LA GESTIÓN DE INNOVACIONES

La gestión de innovaciones evalúa, si el programa de Compliance es capaz de supervisar adecuadamente los riesgos asociados a nuevas tecnologías, procesos o productos que introduce la organización.

Dimensiones:

1. Evaluación de riesgos tecnológicos:
   - Implementación de procesos para analizar los riesgos legales y éticos de la adopción de nuevas tecnologías, como inteligencia artificial, blockchain o Big Data.
2. Innovación responsable:
   - Supervisión para garantizar que los desarrollos innovadores cumplan con estándares éticos y regulatorios.
3. Gestión de la transformación digital:
   - Capacidad para ajustar el programa a las nuevas dinámicas digitales y los riesgos asociados.

CRITERIO 57: TRANSPARENCIA FRENTE A LAS PARTES EXTERNAS

La transparencia externa evalúa, si la organización comunica de manera clara, precisa y proactiva sus políticas y logros en materia de cumplimiento normativo y ético a sus stakeholders externos.

Dimensiones:

1. Informes de cumplimiento público:

- Publicación regular de reportes de Compliance y sostenibilidad que reflejen el desempeño y los compromisos de la organización.

2. Comunicación proactiva:

   - Garantizar que los clientes, proveedores, accionistas y comunidades estén informados sobre los esfuerzos de cumplimiento de la organización.

3. Confianza externa:

   - Monitoreo del nivel de confianza que las partes interesadas externas tienen en el programa de Compliance.

CRITERIO 58: GESTIÓN DEL CIBERCOMPLIANCE

En un entorno digitalizado, este criterio analiza si el programa de Compliance cubre específicamente los riesgos y desafíos asociados a la seguridad cibernética y el cumplimiento en entornos digitales.

Dimensiones:

1. Protección de datos personales:

   - Cumplimiento estricto de normativas relacionadas con la privacidad y protección de datos en todas las operaciones digitales.

2. Resiliencia frente a ciberataques:

   - Existencia de medidas y protocolos robustos para prevenir, detectar y responder a ciberataques que puedan comprometer la integridad del programa de Compliance.

3. Seguridad de las operaciones digitales:

   - Supervisión de procesos que impliquen la gestión de datos sensibles, transacciones electrónicas y comunicación digital.

CRITERIO 59: IMPULSO AL BUEN GOBIERNO CORPORATIVO

Este criterio mide, si el programa de Compliance contribuye activamente al fortalecimiento del buen gobierno corporativo en la organización.

Dimensiones:

1. Supervisión por parte del consejo de administración:

- Asegurar que el consejo de administración participe activamente en la evaluación y supervisión del programa.

2. Alineación con los principios de gobernanza:
   - Integración del Compliance con estándares internacionales de buen gobierno, como los principios de la OCDE o los Códigos de Buen Gobierno Corporativo.
3. Participación activa de los stakeholders:
   - Fomentar la participación de los accionistas y otras partes interesadas en las decisiones estratégicas relacionadas con el cumplimiento normativo.

CRITERIO 60: COMPROMISO CON LA SOSTENIBILIDAD CORPORATIVA

El compromiso con la sostenibilidad evalúa, si el programa de Compliance está alineado con las metas de desarrollo sostenible y la responsabilidad social corporativa.

Dimensiones:

1. Integración con los Objetivos de Desarrollo Sostenible (ODS):
   - Asegurar que el programa promueva la sostenibilidad ambiental, social y económica dentro de la organización.
2. Supervisión de la huella social y ambiental:
   - Implementación de controles para garantizar que las operaciones de la organización tengan un impacto positivo en las comunidades y el medio ambiente.
3. Ética en la cadena de valor:
   - Supervisar que los proveedores y socios comerciales cumplan con estándares de sostenibilidad y responsabilidad social.

CRITERIO 61: ROBUSTEZ DEL SISTEMA DE GESTIÓN DE CRISIS

Este criterio evalúa, si el programa de Compliance incluye protocolos específicos y efectivos para responder a crisis internas o externas relacionadas con el incumplimiento normativo.

Dimensiones:

1. Planificación de contingencias:
   - Existencia de planes claros para gestionar crisis regulatorias, éticas o reputacionales.
2. Respuesta ante eventos críticos:
   - Capacidad para tomar decisiones rápidas y efectivas durante situaciones de crisis.
3. Aprendizaje post-crisis:
   - Evaluación y documentación de incidentes críticos para mejorar las capacidades del programa en el futuro.

CRITERIO 62: PROMOCIÓN DE LA INTEGRIDAD PERSONAL

Este criterio mide, si el programa promueve un enfoque en la integridad personal de los empleados y su compromiso con los valores éticos.

Dimensiones:

1. Sensibilización ética individual:
   - Programas de formación que fomenten la reflexión ética y la responsabilidad personal en el ámbito laboral.
2. Reconocimiento de conductas éticas:
   - Establecimiento de sistemas de reconocimiento para empleados que demuestren un alto nivel de integridad.
3. Fomento de la autorregulación:
   - Promoción de comportamientos éticos incluso en situaciones donde no exista una supervisión directa.

CRITERIO 63: CUMPLIMIENTO EN LA TERCERA LÍNEA DE DEFENSA

Este criterio evalúa, si el programa de Compliance se integra adecuadamente con el modelo de "Tres Líneas de Defensa" (operaciones, supervisión y auditoría) para reforzar su efectividad.

Dimensiones:

1. Colaboración entre líneas de defensa:
   - Asegurar que las funciones operativas, de supervisión y auditoría trabajen en conjunto para garantizar el cumplimiento normativo.
2. Supervisión efectiva por parte de la auditoría interna:
   - Verificar que la tercera línea de defensa tenga los recursos necesarios para evaluar la efectividad del programa.
3. Gestión de conflictos de interés:
   - Identificación y mitigación de conflictos entre las diferentes líneas de defensa.

CRITERIO 64: EVOLUCIÓN DEL PROGRAMA ANTE CAMBIOS NORMATIVOS

Este criterio mide la capacidad del programa para adaptarse rápidamente a nuevas normativas y regulaciones.

Dimensiones:

1. Monitoreo normativo continuo:
   - Implementación de procesos para identificar y evaluar nuevos marcos regulatorios.
2. Actualización rápida de políticas:
   - Capacidad para revisar y ajustar políticas internas en respuesta a cambios normativos.
3. Capacitación específica ante cambios:
   - Formación inmediata de los empleados sobre las nuevas normativas aplicables.

CRITERIO 65: IMPACTO EN LA INCLUSIÓN Y ACCESIBILIDAD

Este criterio evalúa, si el programa fomenta prácticas inclusivas y accesibles para todos los empleados, independientemente de su nivel, capacidades o ubicación.

Dimensiones:

1. Accesibilidad de la formación y las políticas:
   - Asegurar que los recursos del programa sean comprensibles y accesibles para toda la plantilla, incluyendo personas con discapacidades.
2. Inclusión en todos los niveles:
   - Garantizar que las políticas de Compliance sean aplicables y relevantes para todos los niveles jerárquicos.
3. Diversidad en la implementación:
   - Incorporar enfoques adaptados a las necesidades culturales y sociales de los empleados en diferentes regiones.

CRITERIO 66: INTEGRACIÓN CON EL PLAN ESTRATÉGICO DE LA ORGANIZACIÓN

Este criterio mide, si el programa de Compliance está totalmente integrado en la estrategia corporativa y si contribuye activamente a los objetivos estratégicos de la organización.

Dimensiones:

1. Alineación estratégica:
   - Verificar que el programa de Compliance no sea un esfuerzo aislado, sino que esté alineado con la visión, misión y objetivos estratégicos de la organización.
2. Contribución al éxito organizacional:
   - Medir cómo el programa de Compliance fomenta la sostenibilidad, la competitividad y la reputación a largo plazo.
3. Involucramiento en decisiones estratégicas:
   - Garantizar que el área de Compliance participe activamente en las decisiones clave de la empresa, como expansiones, inversiones o cambios operativos.

CRITERIO 67: GESTIÓN DE CONFLICTOS DE INTERÉS

Este criterio evalúa, si el programa tiene políticas, procedimientos y controles efectivos para prevenir, detectar y gestionar conflictos de interés dentro de la organización.

Dimensiones:

1. Políticas específicas sobre conflictos:
   - Existencia de políticas claras que definan qué constituye un conflicto de interés y cómo debe ser gestionado.
2. Declaración obligatoria:
   - Implementación de mecanismos para que los empleados, socios comerciales y directivos declaren posibles conflictos de interés.
3. Supervisión y resolución:
   - Establecimiento de procesos específicos para investigar y mitigar conflictos de interés cuando surjan.

CRITERIO 68: MEDICIÓN DEL COMPROMISO DE LOS EMPLEADOS

El compromiso de los empleados es un indicador clave para medir si el programa de Compliance está teniendo impacto en la cultura organizacional y en la adherencia a las políticas de la empresa.

Dimensiones:

1. Encuestas de percepción:
   - Realizar encuestas periódicas para medir el conocimiento, la aceptación y la confianza de los empleados en el programa de Compliance.
2. Participación en iniciativas:
   - Supervisar la participación activa de los empleados en formaciones, campañas éticas y reportes de incumplimientos.
3. Canales de retroalimentación:
   - Implementación de mecanismos que permitan a los empleados brindar sugerencias y opiniones sobre el programa.

CRITERIO 69: SUPERVISIÓN DE OPERACIONES INTERNACIONALES

Este criterio evalúa, si el programa tiene controles adecuados para gestionar riesgos específicos en operaciones internacionales, como el cumplimiento de regulaciones locales y la prevención de corrupción o prácticas desleales.

Dimensiones:

1. Cumplimiento normativo internacional:
   - Garantizar que las filiales y sucursales en el extranjero cumplan con las leyes locales, así como con estándares internacionales.
2. Riesgos transfronterizos:
   - Implementación de controles para abordar riesgos específicos de operaciones internacionales, como el blanqueo de capitales o el comercio con países sancionados.
3. Supervisión centralizada:
   - Coordinación desde la matriz para garantizar la alineación del cumplimiento en todas las jurisdicciones.

CRITERIO 70: INCORPORACIÓN DE ESTÁNDARES INTERNACIONALES

Este criterio mide, si el programa sigue las mejores prácticas y estándares internacionales reconocidos, como ISO 37301 (Sistemas de Gestión de Compliance), o, ISO 37001 (Sistemas de Gestión Antisoborno).

Dimensiones:

1. Certificación de estándares:
   - Evaluar si el programa cumple con estándares reconocidos y si se ha sometido a procesos de certificación externa.
2. Benchmarking internacional:
   - Comparar el programa con los estándares de otras organizaciones líderes en el sector.
3. Actualización continua:
   - Supervisión para garantizar que las políticas internas se mantengan alineadas con las mejores prácticas globales.

CRITERIO 71: INFLUENCIA EN LAS RELACIONES LABORALES

Este criterio analiza, si el programa promueve un entorno de trabajo justo, ético y basado en la igualdad de oportunidades.

Dimensiones:

1. Prevención de prácticas laborales indebidas:
   - Implementación de políticas para prevenir acoso, discriminación y represalias.
2. Fortalecimiento de la equidad:
   - Supervisión de procesos de contratación, promoción y compensación para garantizar que se rijan por principios de equidad y mérito.
3. Protección de denunciantes:
   - Políticas efectivas para garantizar que los empleados puedan reportar irregularidades sin temor a represalias.

CRITERIO 72: RESPUESTA EFECTIVA A CRISIS INTERNAS

Este criterio evalúa, si el programa está diseñado para abordar y gestionar crisis internas relacionadas con el incumplimiento normativo.

Dimensiones:

1. Capacidad de respuesta rápida:
   - Existencia de protocolos específicos para actuar ante incidentes críticos o emergencias internas.
2. Manejo integral de las crisis:
   - Garantizar que el programa cubra todos los aspectos de la gestión de crisis, incluyendo la comunicación interna, la investigación y las medidas correctivas.
3. Revisión post-crisis:
   - Evaluación de los eventos críticos para identificar lecciones aprendidas e implementar mejoras en el programa.

CRITERIO 73: CAPACIDAD DE PREVENCIÓN EN MATERIA DE CORRUPCIÓN

Este criterio evalúa la robustez del programa para prevenir y detectar casos de corrupción, soborno o prácticas indebidas, tanto internas como externas.

Dimensiones:

1. Políticas anticorrupción:
    - Inclusión de políticas específicas para prevenir y gestionar riesgos de corrupción en todas las áreas de la organización.
2. Canales de denuncia confiables:
    - Disponibilidad de mecanismos seguros y anónimos para que empleados y terceros puedan reportar prácticas corruptas.
3. Auditorías específicas:
    - Realización de auditorías focalizadas en áreas de alto riesgo de corrupción, como compras, ventas o licitaciones públicas.

CRITERIO 74: IMPACTO SOBRE LOS OBJETIVOS DE TRANSPARENCIA

Este criterio mide, si el programa contribuye a la transparencia organizacional, tanto hacia adentro como hacia afuera.

Dimensiones:

1. Divulgación de información:
    - Garantizar que los stakeholders tengan acceso a información clara y detallada sobre los procesos y controles del programa.
2. Estándares de reporte:
    - Adopción de prácticas de reporte alineadas con estándares internacionales, como los Principios de Transparencia de la OCDE.
3. Accesibilidad de documentos clave:
    - Hacer que los códigos de conducta, políticas de Compliance y reportes anuales estén fácilmente disponibles para empleados y terceros.

CRITERIO 75: INTEGRACIÓN DE LA CIBERSEGURIDAD EN EL COMPLIANCE

Este criterio evalúa, si el programa está preparado para gestionar riesgos asociados a la ciberseguridad y al manejo de datos confidenciales.

Dimensiones:

1. Protección frente a ciberataques:
   - Implementación de controles específicos para proteger la información crítica y prevenir accesos no autorizados.
2. Gestión de incidentes digitales:
   - Protocolos claros para actuar frente a brechas de seguridad, filtraciones de datos o ataques cibernéticos.
3. Cumplimiento de normativas digitales:
   - Supervisión del cumplimiento de normativas específicas de protección de datos, como el RGPD o la CCPA.

CRITERIO 76: ÉXITO EN LA INTEGRACIÓN DE TERCEROS

Este criterio evalúa, si el programa garantiza que terceros (proveedores, contratistas, socios comerciales) cumplan con las normativas aplicables y los valores éticos de la organización.

Dimensiones:

1. Evaluaciones de debida diligencia:
   - Realización de procesos de evaluación previa para asegurar que los terceros cumplen con estándares éticos y normativos.
2. Monitoreo continuo:
   - Supervisión constante de las actividades de terceros mediante auditorías y revisiones periódicas.
3. Cláusulas contractuales vinculantes:
   - Inclusión de términos de cumplimiento y ética en los acuerdos contractuales con terceros.

CRITERIO 77: CAPACIDAD DE ESCALAMIENTO INTERNACIONAL

Este criterio analiza, si el programa de Compliance está diseñado para expandirse y adaptarse a operaciones internacionales en diferentes jurisdicciones.

Dimensiones:

1. Adaptación a normativas locales:

- Capacidad del programa para alinearse con los requisitos legales de cada país o región donde opera la organización.

2. Estandarización global con flexibilidad local:
   - Equilibrio entre una política centralizada que mantenga estándares globales y la capacidad de adaptarse a las particularidades locales.
3. Gestión multicultural:
   - Sensibilidad cultural y capacidad de manejar diferencias normativas y sociales en las operaciones internacionales.

CRITERIO 78: SISTEMAS DE ALERTAS TEMPRANAS

Este criterio mide, si el programa cuenta con sistemas proactivos que identifiquen irregularidades antes de que se conviertan en problemas graves.

Dimensiones:

1. Monitoreo preventivo:
   - Implementación de herramientas y procesos que detecten patrones de riesgo en tiempo real.
2. Indicadores clave de riesgo (KRIs):
   - Desarrollo de métricas específicas que alerten sobre desviaciones o incumplimientos potenciales.
3. Protocolos de respuesta inmediata:
   - Procedimientos claros para actuar tan pronto como se detecten señales de alerta.

CRITERIO 79: COHERENCIA ENTRE LA TEORÍA Y LA PRÁCTICA

Este criterio evalúa, si el programa no solo está bien diseñado en papel, sino también si es efectivo en su aplicación práctica.

Dimensiones:

1. Aplicabilidad de las políticas:

- Las políticas del programa deben ser comprensibles y fáciles de implementar por los empleados.

2. Supervisión de implementación:
   - Evaluar si los empleados aplican correctamente las políticas y si existen mecanismos de seguimiento.
3. Reducción de la "brecha de ejecución":
   - Medir las diferencias entre lo que establece el programa y lo que realmente sucede en la práctica.

CRITERIO 80: MONITOREO DE LA INTEGRIDAD DE LOS PROCESOS DE NEGOCIO

Este criterio analiza, si el programa garantiza que todos los procesos clave de la organización (ventas, compras, recursos humanos, etc.) se desarrollen de forma ética y cumplan con las normativas aplicables.

Dimensiones:

1. Integración con los procesos internos:
   - El programa debe estar incorporado en la operativa diaria de cada área funcional.
2. Supervisión de transacciones sensibles:
   - Controles específicos en áreas de alto riesgo, como contrataciones, pagos y relaciones con terceros.
3. Evaluación de riesgos operativos:
   - Identificación y mitigación de riesgos éticos y normativos en procesos clave.

CRITERIO 81: APLICACIÓN DEL COMPLIANCE EN NUEVAS TECNOLOGÍAS

Este criterio evalúa cómo el programa gestiona los riesgos asociados al uso de nuevas tecnologías en las operaciones de la organización.

Dimensiones:

1. Supervisión de la inteligencia artificial (IA):

- Evaluación del cumplimiento normativo y ético en el uso de algoritmos y sistemas automatizados.

2. Gestión de riesgos tecnológicos:
   - Identificación y mitigación de riesgos asociados al Big Data, blockchain y otras tecnologías emergentes.
3. Ética en la innovación:
   - Asegurarse de que las iniciativas tecnológicas respeten principios éticos y normativos.

CRITERIO 82: IMPACTO EN LA CREDIBILIDAD CORPORATIVA

Este criterio analiza, si el programa contribuye a fortalecer la credibilidad de la organización frente a sus stakeholders internos y externos.

Dimensiones:

1. Construcción de confianza:
   - Medir cómo el programa fortalece la confianza de empleados, inversores, reguladores y clientes en la organización.
2. Gestión de reputación proactiva:
   - Identificación y gestión de riesgos reputacionales antes de que impacten negativamente.
3. Consistencia en la comunicación:
   - Garantizar que la comunicación externa refleje los valores éticos promovidos por el programa.

CRITERIO 83: PROMOCIÓN DE LA RESPONSABILIDAD INDIVIDUAL

Este criterio evalúa, si el programa fomenta la asunción de responsabilidades individuales respecto al cumplimiento normativo y ético.

Dimensiones:

1. Responsabilidad de los empleados:
   - Promoción de una cultura en la que cada empleado se sienta responsable de cumplir con las políticas de Compliance.

2. Evaluación de desempeño ético:
   - Integración de indicadores de comportamiento ético en las evaluaciones de desempeño.
3. Empoderamiento para la toma de decisiones éticas:
   - Capacitación para que los empleados puedan tomar decisiones responsables y alineadas con los valores organizacionales.

CRITERIO 84: EFECTIVIDAD EN LA PREVENCIÓN DEL LAVADO DE DINERO

Este criterio mide la capacidad del programa para prevenir y detectar actividades relacionadas con el lavado de dinero o financiamiento ilícito.

Dimensiones:

1. Controles en transacciones financieras:
   - Sistemas específicos para detectar transacciones sospechosas.
2. Cumplimiento de normativas internacionales:
   - Adherencia a marcos regulatorios como las recomendaciones del GAFI (Grupo de Acción Financiera Internacional).
3. Capacitación especializada:
   - Formación continua para los empleados en la detección de operaciones de lavado de dinero.

CRITERIO 85: EVALUACIÓN DEL IMPACTO SOCIAL DEL PROGRAMA

Este criterio mide cómo el programa contribuye al impacto positivo de la organización en la sociedad y en su entorno.

Dimensiones:

1. Contribución al bienestar social:
   - Supervisión de cómo el programa fomenta prácticas empresariales que beneficien a las comunidades.
2. Ética en la sostenibilidad:

- Evaluación del alineamiento del programa con los Objetivos de Desarrollo Sostenible (ODS).

3. Relaciones comunitarias:

   - Impacto del programa en la percepción de la organización por parte de las comunidades locales.

CRITERIO 86: GESTIÓN DE EMERGENCIAS NORMATIVAS

Este criterio evalúa, si el programa está preparado para responder de manera eficiente a cambios regulatorios inesperados.

Dimensiones:

1. Anticipación normativa:
   - Mecanismos para monitorear y prever posibles cambios legislativos o regulatorios.
2. Resiliencia ante cambios abruptos:
   - Capacidad de implementar nuevas políticas y procedimientos en respuesta a cambios normativos urgentes.
3. Colaboración con reguladores:
   - Establecimiento de relaciones proactivas con autoridades regulatorias para gestionar emergencias normativas.

CRITERIO 87: SUPERVISIÓN DEL BIENESTAR DIGITAL

Este criterio evalúa, si el programa abarca la ética y el cumplimiento en el uso de herramientas digitales dentro de la organización.

Dimensiones:

1. Protección frente al tecnoestrés:
   - Evaluar el impacto de las tecnologías en el bienestar de los empleados y tomar medidas para minimizar riesgos.
2. Uso responsable de herramientas digitales:
   - Definir políticas claras sobre el uso ético de software y plataformas digitales.
3. Cumplimiento en entornos de trabajo remoto:

- Garantizar que los empleados mantengan prácticas de cumplimiento incluso cuando trabajan fuera de las oficinas.

CRITERIO 88: DESEMPEÑO EN LA GESTIÓN DE CRÉDITOS Y FINANZAS

Este criterio evalúa, si el programa abarca riesgos relacionados con la gestión de créditos, finanzas y operaciones financieras.

Dimensiones:

1. Transparencia en la gestión financiera:
    - Supervisión de prácticas contables y financieras para garantizar su alineación con estándares internacionales.
2. Riesgos de financiamiento ilícito:
    - Detección de posibles riesgos relacionados con el uso indebido de recursos financieros.
3. Integración con auditorías financieras:
    - Coordinación entre el área de Compliance y los equipos financieros para garantizar la integridad de las operaciones.

CRITERIO 89: COORDINACIÓN INTERDEPARTAMENTAL

Este criterio evalú,a si el programa de Compliance fomenta la cooperación y la coordinación entre los distintos departamentos de la organización para garantizar un cumplimiento uniforme.

Dimensiones:

1. Interacción entre áreas:
    - Asegurar que áreas como Legal, Recursos Humanos, Finanzas y Operaciones trabajen de manera conjunta para implementar políticas de Compliance.
2. Flujo de información:
    - Verificar que la información relevante para el cumplimiento fluya de manera eficiente entre los departamentos.
3. Estandarización de procedimientos:

- Desarrollo de procedimientos compartidos que reduzcan duplicidades y aseguren un enfoque uniforme en toda la organización.

CRITERIO 90: TRANSPARENCIA EN LA TOMA DE DECISIONES

Este criterio analiza si, el programa fomenta la transparencia en los procesos de toma de decisiones a nivel operativo, táctico y estratégico.

Dimensiones:

1. Documentación de decisiones:
    - Implementación de políticas que requieran registrar y justificar las decisiones clave, especialmente en áreas de alto riesgo.
2. Acceso a información relevante:
    - Garantizar que las partes interesadas internas tengan acceso a la información necesaria para la toma de decisiones responsables.
3. Supervisión del proceso de decisión:
    - Creación de mecanismos de control para garantizar que las decisiones estén alineadas con las políticas éticas y normativas.

CRITERIO 91: EFECTIVIDAD EN LA GESTIÓN DE RIESGOS REPUTACIONALES

Este criterio evalúa si el programa tiene la capacidad de prever y gestionar riesgos reputacionales que puedan surgir por incumplimientos normativos, malas prácticas o crisis éticas.

Dimensiones:

1. Identificación de riesgos reputacionales:
    - Monitoreo continuo de las actividades internas y externas que puedan generar impactos negativos en la reputación.
2. Gestión proactiva de la reputación:
    - Implementación de estrategias preventivas para mitigar riesgos antes de que se materialicen.
3. Evaluación post-incidente:

- Análisis de eventos críticos para identificar aprendizajes y ajustar las políticas de Compliance.

CRITERIO 92: ÉTICA EN LAS RELACIONES COMERCIALES

Este criterio analiza si, el programa fomenta prácticas éticas en todas las relaciones comerciales, incluyendo proveedores, clientes y socios estratégicos.

Dimensiones:

1. Códigos de ética compartidos:
   - Asegurar que los socios comerciales estén alineados con los valores y estándares éticos de la organización.
2. Control de prácticas desleales:
   - Supervisión de actividades para prevenir prácticas como el soborno, el dumping o la colusión.
3. Auditorías éticas de terceros:
   - Realización de revisiones periódicas para garantizar que los socios cumplan con las normativas aplicables y las políticas de la organización.

CRITERIO 93: RESPONSABILIDAD DE LOS ALTOS EJECUTIVOS

Este criterio evalúa el grado de responsabilidad que los altos ejecutivos asumen en la implementación, supervisión y mejora del programa de Compliance.

Dimensiones:

1. Compromiso visible:
   - Verificar si los altos ejecutivos comunican y promueven activamente la importancia del cumplimiento normativo.
2. Participación en la toma de decisiones:
   - Evaluar si los líderes consideran los riesgos normativos y éticos en sus decisiones estratégicas.
3. Asunción de responsabilidades en incidentes:

- Análisis de cómo los altos ejecutivos gestionan su rol cuando se presentan incumplimientos o crisis.

CRITERIO 94: CUMPLIMIENTO EN OPERACIONES CON GOBIERNOS

Este criterio analiza, si el programa gestiona de manera adecuada las relaciones y transacciones con entidades gubernamentales, reduciendo riesgos de corrupción o conflictos de interés.

Dimensiones:

1. Políticas específicas para relaciones gubernamentales:
   - Implementación de directrices claras sobre cómo interactuar con funcionarios y entidades públicas.
2. Supervisión de licitaciones y contratos públicos:
   - Controles específicos para garantizar que las operaciones relacionadas con gobiernos sean transparentes y cumplan con las normativas.
3. Gestión de regalos y hospitalidad:
   - Reglas estrictas sobre la aceptación y entrega de regalos u obsequios a funcionarios públicos.

CRITERIO 95: GESTIÓN DE PROGRAMAS DE FORMACIÓN Y CAPACITACIÓN

Este criterio mide, si los programas de formación en Compliance son efectivos y están diseñados para cubrir las necesidades específicas de los empleados y socios comerciales.

Dimensiones:

1. Adaptación a roles y niveles:
   - Garantizar que los contenidos de formación sean relevantes para los distintos niveles jerárquicos y áreas de la organización.
2. Frecuencia y regularidad:
   - Asegurar que los programas de capacitación se realicen de manera continua y no solo como un evento único.

3. Evaluación del impacto de la formación:
    - Medir el nivel de comprensión y la aplicabilidad práctica del contenido aprendido.

CRITERIO 96: GESTIÓN DE LA COMPETENCIA LEAL

Este criterio evalúa, si el programa previene prácticas comerciales anticompetitivas y promueve una competencia justa en el mercado.

Dimensiones:

1. Prevención de acuerdos colusorios:
    - Supervisión de actividades para evitar acuerdos ilegales entre competidores.
2. Cumplimiento de leyes antimonopolio:
    - Implementación de políticas específicas para garantizar el respeto a las normativas de competencia.
3. Promoción de la equidad en el mercado:
    - Monitoreo de prácticas comerciales para asegurar condiciones equitativas en el mercado.

CRITERIO 97: GESTIÓN DE RIESGOS ESG (AMBIENTALES, SOCIALES Y DE GOBERNANZA)

Este criterio evalúa, si el programa de Compliance está alineado con los principios ESG y contribuye a la sostenibilidad empresarial.

Dimensiones:

1. Supervisión de impactos ambientales:
    - Asegurar que las actividades de la organización cumplan con las normativas ambientales y reduzcan su impacto negativo.
2. Promoción de la responsabilidad social:
    - Supervisar que las operaciones y relaciones comerciales fomenten el desarrollo social y el respeto por los derechos humanos.
3. Refuerzo de la gobernanza corporativa:

- Garantizar que las políticas de Compliance estén alineadas con los principios de gobernanza responsable.

CRITERIO 98: PROTECCIÓN FRENTE A FRAUDES INTERNOS

Este criterio analiza, si el programa incluye controles específicos para prevenir y detectar fraudes internos, como malversación de fondos o falsificación de documentos.

Dimensiones:

1. Identificación de áreas vulnerables:
   - Mapear los procesos internos con mayor riesgo de fraude.
2. Auditorías internas regulares:
   - Realización de revisiones específicas para detectar irregularidades en los procesos financieros y operativos.
3. Medidas disciplinarias claras:
   - Políticas estrictas para sancionar casos comprobados de fraude.

CRITERIO 99: DESEMPEÑO EN LA PREVENCIÓN DEL BLANQUEO DE CAPITALES

Este criterio mide la efectividad del programa para prevenir el uso de la organización como medio para actividades de lavado de dinero.

Dimensiones:

1. Controles sobre transacciones financieras:
   - Supervisión de transferencias y pagos para identificar operaciones sospechosas.
2. Cumplimiento de listas restrictivas:
   - Verificar que no se realicen transacciones con individuos o entidades sancionadas.
3. Colaboración con autoridades financieras:
   - Implementación de protocolos para reportar actividades sospechosas a las autoridades competentes.

CRITERIO 100: ROBUSTEZ EN LA GESTIÓN DE DOCUMENTACIÓN

Este criterio evalúa, si el programa tiene controles adecuados para garantizar la integridad, seguridad y disponibilidad de los documentos relacionados con el cumplimiento normativo.

Dimensiones:

1. Organización documental:
   - Desarrollo de sistemas centralizados para gestionar las políticas, manuales y reportes de Compliance.
2. Seguridad de la información:
   - Controles específicos para evitar accesos no autorizados o pérdida de documentación crítica.
3. Accesibilidad en auditorías:
   - Garantizar que los documentos estén disponibles de manera rápida y precisa durante auditorías internas o externas.

CRITERIO 101: ROBUSTEZ ANTE CAMBIOS REGULATORIOS GLOBALES

Este criterio mide, si el programa está preparado para responder de manera ágil y efectiva a cambios normativos importantes en múltiples jurisdicciones.

Dimensiones:

1. Monitoreo continuo de regulaciones internacionales:
   - Implementación de sistemas que rastreen y analicen cambios regulatorios en los países donde opera la organización.
2. Flexibilidad normativa:
   - Capacidad de ajustar rápidamente políticas y procedimientos internos para cumplir con nuevas leyes o estándares globales.
3. Capacitación ante nuevas normativas:
   - Programas de formación específicos para capacitar a los empleados sobre los impactos de los cambios regulatorios.

CRITERIO 102: FOCO EN DERECHOS HUMANOS Y LABORALES

Este criterio evalúa, si el programa incluye controles específicos para garantizar que las operaciones de la empresa respeten y promuevan los derechos humanos y laborales.

Dimensiones:

1. Debida diligencia en derechos humanos:
   - Implementación de procesos para evaluar el impacto de las actividades de la organización sobre los derechos humanos.
2. Prevención de prácticas laborales indebidas:
   - Controles para garantizar que no haya explotación laboral, trabajo infantil o discriminación en la organización ni en su cadena de suministro.
3. Transparencia en el impacto social:
   - Comunicación abierta sobre las medidas adoptadas para proteger y promover los derechos humanos.

CRITERIO 103: INTEGRACIÓN CON LA ESTRATEGIA DE TRANSFORMACIÓN DIGITAL

Este criterio mide, si el programa de Compliance está alineado con los objetivos de transformación digital de la organización.

Dimensiones:

1. Supervisión de riesgos tecnológicos:
   - Identificación y gestión de riesgos relacionados con la digitalización, como ciberseguridad, privacidad de datos y automatización.
2. Adaptación de políticas a entornos digitales:
   - Ajuste de los procedimientos de Compliance para garantizar que sean aplicables en entornos tecnológicos avanzados.
3. Fomento de la ética digital:
   - Promoción de principios éticos en el uso de nuevas tecnologías y datos personales.

CRITERIO 104: RESPONSABILIDAD EN LA INTEGRACIÓN DE LA INTELIGENCIA ARTIFICIAL

Este criterio analiza, si el programa supervisa adecuadamente los riesgos éticos y normativos asociados al uso de inteligencia artificial (IA) en las operaciones de la empresa.

Dimensiones:

1. Transparencia en algoritmos:
   - Supervisión para garantizar que los algoritmos utilizados por la organización sean justos, éticos y transparentes.
2. Prevención de sesgos en la IA:
   - Controles para evitar discriminación o desigualdad como resultado de decisiones automatizadas.
3. Cumplimiento de estándares éticos en IA:
   - Garantizar que el uso de IA cumpla con principios éticos reconocidos a nivel global.

CRITERIO 105: CAPACIDAD DE ADAPTACIÓN A RIESGOS GEOPOLÍTICOS

Este criterio evalúa, si el programa está diseñado para identificar y mitigar los riesgos relacionados con cambios en el entorno político y económico global.

Dimensiones:

1. Supervisión de riesgos globales:
   - Evaluación del impacto de sanciones económicas, conflictos geopolíticos o restricciones comerciales en las operaciones de la empresa.
2. Cumplimiento de sanciones internacionales:
   - Garantizar que la organización cumpla con las sanciones impuestas por entidades como la ONU, la UE o los Estados Unidos.
3. Planificación de contingencias:

- Desarrollo de estrategias para responder rápidamente a eventos geopolíticos que afecten las operaciones o el cumplimiento.

CRITERIO 106: GESTIÓN ÉTICA DE LA DIVERSIDAD E INCLUSIÓN

Este criterio analiza, si el programa promueve activamente la diversidad y la inclusión en las operaciones y prácticas organizacionales.

Dimensiones:

1. Políticas inclusivas:
   - Implementación de políticas que fomenten la igualdad de oportunidades y la representación de grupos diversos.
2. Prevención de discriminación:
   - Controles para evitar prácticas discriminatorias en contrataciones, promociones y actividades internas.
3. Sensibilización y formación:
   - Programas de formación para fomentar la conciencia sobre la importancia de la diversidad y la inclusión.

CRITERIO 107: FOCO EN GESTIÓN DE RIESGOS ESG (AMBIENTALES, SOCIALES Y DE GOBERNANZA)

Este criterio evalúa, si el programa incorpora los principios ESG en su diseño y supervisión.

Dimensiones:

1. Supervisión de impactos ambientales:
   - Controles para garantizar que las operaciones de la organización minimicen su impacto ambiental.
2. Compromiso social y comunitario:
   - Implementación de políticas que fortalezcan el impacto social positivo de la organización.
3. Ética en la gobernanza corporativa:

- Integración de principios de buena gobernanza en las operaciones y decisiones estratégicas.

CRITERIO 108: IMPACTO SOBRE LA CULTURA ORGANIZACIONAL

Este criterio analiza, si el programa contribuye a establecer y mantener una cultura de cumplimiento sólida dentro de la organización.

Dimensiones:

1. Sensibilización organizacional:
   - Evaluar si el programa logra que el cumplimiento y la ética se perciban como valores esenciales.
2. Compromiso transversal:
   - Supervisión para garantizar que todos los niveles jerárquicos adopten y promuevan el cumplimiento.
3. Cultura de responsabilidad:
   - Fomentar que los empleados asuman responsabilidad personal por sus acciones y decisiones.

CRITERIO 109: CONTROL SOBRE LAS OPERACIONES DE FUSIONES Y ADQUISICIONES

Este criterio evalúa, si el programa supervisa y gestiona los riesgos normativos y éticos asociados a procesos de fusiones y adquisiciones.

Dimensiones:

1. Debida diligencia preadquisición:
   - Implementación de revisiones exhaustivas para identificar riesgos de cumplimiento antes de cerrar acuerdos.
2. Integración post-adquisición:
   - Asegurar que las políticas de Compliance se apliquen a las entidades adquiridas.
3. Mitigación de riesgos heredados:

- Supervisión para abordar posibles incumplimientos previos en las empresas adquiridas.

CRITERIO 110: GESTIÓN DE RIESGOS EN CADENAS DE SUMINISTRO COMPLEJAS

Este criterio evalúa, si el programa está diseñado para supervisar riesgos en cadenas de suministro globales, especialmente aquellas que involucran terceros en regiones de alto riesgo.

Dimensiones:

1. Debida diligencia en proveedores:
   - Procesos para evaluar la capacidad de los proveedores de cumplir con las normativas y estándares éticos.
2. Monitoreo continuo:
   - Supervisión regular de las actividades de los proveedores para identificar y mitigar riesgos.
3. Auditorías en regiones críticas:
   - Controles específicos en áreas geográficas con mayor riesgo normativo o ético.

CRITERIO 111: SUPERVISIÓN DE CANALES DIGITALES Y REDES SOCIALES

Este criterio analiza, si el programa incluye controles para garantizar que las actividades digitales de la organización cumplan con las normativas aplicables y mantengan su reputación.

Dimensiones:

1. Gestión de contenido en redes sociales:
   - Controles para evitar publicaciones que puedan afectar la reputación de la organización o infringir normativas.
2. Supervisión de marketing digital:
   - Garantizar que las campañas publicitarias digitales cumplan con las normativas de protección al consumidor.
3. Protección de la reputación digital:

- Políticas para prevenir y gestionar incidentes relacionados con la percepción pública en el entorno digital.

CRITERIO 112: CAPACIDAD DE RECUPERACIÓN TRAS CRISIS ÉTICAS O NORMATIVAS

Este criterio evalúa la capacidad del programa para ayudar a la organización a recuperarse de incidentes que comprometan su cumplimiento normativo o su ética empresarial.

Dimensiones:

1. Planificación de recuperación:
   - Implementación de estrategias para restaurar la confianza interna y externa tras una crisis.
2. Remediación estructural:
   - Asegurar que las lecciones aprendidas se traduzcan en mejoras tangibles en las políticas y procedimientos.
3. Reputación post-crisis:
   - Medidas para reparar el daño reputacional y fortalecer la confianza de los stakeholders.

CRITERIO 113: ADOPCIÓN DE UN ENFOQUE DE COMPLIANCE POR SECTOR

Este criterio evalúa, si el programa está personalizado según las normativas, regulaciones y estándares específicos del sector en el que opera la organización.

Dimensiones:

1. Adaptación a riesgos sectoriales:
   - Incorporación de controles y políticas específicas según los riesgos inherentes del sector (financiero, farmacéutico, energético, etc.).
2. Cumplimiento de estándares sectoriales:

- Adherencia a normas específicas, como PCI DSS (en pagos), GMP (en industria farmacéutica) o ISO 14001 (en medio ambiente).

3. Colaboración con asociaciones sectoriales:

   - Participación activa en foros y organismos del sector para garantizar el cumplimiento de mejores prácticas.

CRITERIO 114: GESTIÓN DE LA CIBERRESILIENCIA

Este criterio evalúa, si el programa abarca la capacidad de prevenir, resistir y recuperarse de incidentes cibernéticos que puedan comprometer el cumplimiento normativo.

Dimensiones:

1. Evaluación de riesgos cibernéticos:

   - Identificación de riesgos relacionados con la seguridad de la información y los datos personales.

2. Planes de recuperación de datos:

   - Implementación de protocolos claros para restaurar datos y operaciones tras un ciberataque.

3. Monitoreo continuo de ciberseguridad:

   - Supervisión proactiva de las redes y sistemas para detectar y neutralizar amenazas.

CRITERIO 115: IMPACTO EN EL BENCHMARKING DE COMPLIANCE

Este criterio mide, si el programa está alineado con las mejores prácticas de la industria y cómo se compara con programas de organizaciones similares.

Dimensiones:

1. Comparación con estándares líderes:

   - Evaluar si el programa adopta estándares internacionales reconocidos como ISO 37301, ISO 37001 o directrices de la OCDE.

2. Análisis de la competitividad ética:

- Identificar si el programa fortalece la reputación y competitividad ética frente a otras empresas del sector.

3. Incorporación de mejores prácticas:
   - Ajustar y actualizar el programa según innovaciones y tendencias observadas en el mercado.

CRITERIO 116: FOCO EN LA SALUD Y SEGURIDAD EN EL TRABAJO

Este criterio evalúa, si el programa de Compliance abarca específicamente las regulaciones y buenas prácticas relacionadas con la salud y seguridad de los empleados.

Dimensiones:

1. Cumplimiento de normativas laborales:
   - Supervisión del cumplimiento de estándares internacionales como OHSAS 18001 o ISO 45001.
2. Prevención de riesgos laborales:
   - Controles para mitigar riesgos físicos, psicológicos y organizativos que puedan afectar a los empleados.
3. Evaluación del impacto en el bienestar:
   - Monitoreo de indicadores relacionados con la satisfacción y el bienestar de los empleados.

CRITERIO 117: EVALUACIÓN DE LA ÉTICA EN LA INNOVACIÓN

Este criterio mide, si el programa aborda de manera ética las innovaciones tecnológicas, científicas o de procesos implementadas por la organización.

Dimensiones:

1. Supervisión de riesgos éticos:
   - Identificación de riesgos derivados de la innovación, como el uso indebido de datos personales o implicaciones éticas de nuevas tecnologías.

2. Consulta a expertos externos:
   - Involucrar a especialistas en ética e innovación para evaluar el impacto de los desarrollos tecnológicos.
3. Transparencia en el proceso de innovación:
   - Comunicación clara sobre los objetivos, riesgos y beneficios de los proyectos innovadores.

CRITERIO 118: SUPERVISIÓN DE PROGRAMAS DE RESPONSABILIDAD SOCIAL CORPORATIVA (RSC)

Este criterio evalúa, si el programa de Compliance está integrado con los objetivos y actividades de responsabilidad social de la organización.

Dimensiones:

1. Alineación con los Objetivos de Desarrollo Sostenible (ODS):
   - Supervisar que las actividades de RSC cumplan con los principios de sostenibilidad global.
2. Evaluación del impacto social:
   - Monitorear cómo las iniciativas de RSC afectan positivamente a las comunidades y al entorno.
3. Supervisión de cumplimiento en proyectos sociales:
   - Garantizar que las iniciativas de RSC respeten las normativas aplicables y los principios éticos de la empresa.

CRITERIO 119: FOCO EN LA INTEGRIDAD EN EL MARKETING Y LA PUBLICIDAD

Este criterio analiza, si el programa supervisa y regula las prácticas de marketing y publicidad para garantizar su alineación con principios éticos y normativos.

Dimensiones:

1. Cumplimiento de regulaciones publicitarias:
   - Supervisión del cumplimiento de normativas relacionadas con la publicidad veraz, ética y no engañosa.

2. Transparencia con los consumidores:
   - Políticas que garanticen que las afirmaciones de marketing sean claras, precisas y verificables.
3. Supervisión de la publicidad digital:
   - Controles específicos para garantizar el cumplimiento normativo en entornos digitales y redes sociales.

CRITERIO 120: PROMOCIÓN DE UNA CULTURA DE DENUNCIA

Este criterio evalúa, si el programa fomenta activamente una cultura donde los empleados se sientan seguros para reportar irregularidades.

Dimensiones:

1. Accesibilidad de los canales de denuncia:
   - Verificar que existan múltiples medios seguros y accesibles para que los empleados denuncien problemas.
2. Protección contra represalias:
   - Políticas claras para garantizar que los denunciantes no enfrenten represalias por reportar incidentes.
3. Promoción de la confianza en los sistemas de denuncia:
   - Campañas internas para sensibilizar a los empleados sobre la importancia y seguridad de los canales de denuncia.

CRITERIO 121: RESPUESTA A CAMBIOS TECNOLÓGICOS DISRUPTIVOS

Este criterio mide, si el programa está diseñado para adaptarse y responder a la introducción de tecnologías disruptivas en la organización.

Dimensiones:

1. Supervisión de tecnologías emergentes:
   - Evaluar el impacto del uso de blockchain, IoT, big data u otras tecnologías disruptivas en el cumplimiento normativo.
2. Evaluación ética de tecnologías disruptivas:

- Análisis del impacto social, ético y ambiental de estas tecnologías.

3. Capacitación específica en nuevas tecnologías:

    - Formación de empleados y directivos para garantizar el cumplimiento normativo en el uso de nuevas herramientas tecnológicas.

CRITERIO 122: GESTIÓN DE IMPACTOS LEGALES EN RELACIONES INTERNACIONALES

Este criterio evalúa, si el programa aborda los riesgos normativos y éticos de las relaciones internacionales, como tratados comerciales, acuerdos bilaterales o participación en mercados emergentes.

Dimensiones:

1. Cumplimiento de acuerdos internacionales:

    - Supervisión para garantizar que la organización respete tratados y acuerdos internacionales en sus operaciones.

2. Evaluación de riesgos regulatorios internacionales:

    - Identificación de riesgos normativos específicos en mercados internacionales.

3. Prevención de conflictos legales transfronterizos:

    - Políticas para mitigar posibles disputas legales en operaciones internacionales.

CRITERIO 123: PROMOCIÓN DE LA SOSTENIBILIDAD EN LA CADENA DE VALOR

Este criterio evalúa, si el programa fomenta prácticas sostenibles en todos los eslabones de la cadena de valor de la organización.

Dimensiones:

1. Supervisión de proveedores y socios:

    - Garantizar que los proveedores cumplan con normativas ambientales, sociales y laborales.

2. Reducción del impacto ambiental:

- Controles para garantizar que la organización reduzca su huella ambiental en la producción y distribución.

3. Promoción de estándares éticos en la cadena:

- Incorporar cláusulas éticas en los contratos con socios y proveedores.

CRITERIO 124: GESTIÓN DE LOS DERECHOS DE LOS CONSUMIDORES

Este criterio evalúa, si el programa protege adecuadamente los derechos de los consumidores y garantiza que las operaciones comerciales cumplan con las normativas de protección al consumidor.

Dimensiones:

1. Cumplimiento con normativas de protección al consumidor:

- Supervisión de las leyes locales e internacionales que regulan las relaciones con los consumidores.

2. Transparencia en las prácticas comerciales:

- Asegurar que los productos, servicios y contratos sean claros y no engañosos.

3. Gestión de reclamaciones y quejas:

- Implementación de un sistema eficiente para atender las quejas de los consumidores y resolverlas en tiempo y forma.

CRITERIO 125: EVALUACIÓN DE LOS IMPACTOS ÉTICOS DE LAS DECISIONES CORPORATIVAS

Este criterio analiza, si el programa evalúa sistemáticamente el impacto ético de las decisiones estratégicas y operativas.

Dimensiones:

1. Comités de evaluación ética:

- Creación de órganos internos dedicados a analizar el impacto ético de las decisiones importantes.

2. Evaluación de dilemas éticos:

- Procedimientos claros para abordar conflictos o dilemas éticos en la toma de decisiones.

3. Supervisión de impacto a largo plazo:

   - Asegurar que las decisiones estratégicas no solo sean legales, sino también alineadas con los valores éticos de la organización.

CRITERIO 126: IMPACTO EN LA REDUCCIÓN DE SANCIONES Y MULTAS

Este criterio mide, si el programa ha reducido efectivamente la exposición de la organización a sanciones regulatorias y multas económicas.

Dimensiones:

1. Evolución histórica de sanciones:

   - Análisis de cómo las sanciones y multas se han reducido desde la implementación del programa.

2. Prevención de sanciones recurrentes:

   - Implementación de medidas correctivas y preventivas para evitar reincidencias.

3. Colaboración con autoridades:

   - Fomentar la cooperación proactiva con los reguladores para mitigar posibles sanciones.

CRITERIO 127: CAPACIDAD DE INTEGRACIÓN CON LA SOSTENIBILIDAD FINANCIERA

Este criterio analiza, si el programa de Compliance contribuye a la sostenibilidad financiera de la organización, equilibrando los costos de cumplimiento con los beneficios obtenidos.

Dimensiones:

1. Gestión de costos del programa:

   - Supervisión de que los costos del programa sean proporcionales a los riesgos mitigados.

2. Generación de valor añadido:

- Evaluar cómo el cumplimiento contribuye a la generación de confianza y valor para los stakeholders.

3. Prevención de pérdidas económicas:

   - Capacidad del programa para evitar pérdidas financieras relacionadas con incumplimientos normativos.

CRITERIO 128: RESPUESTA A INCIDENTES DE ALTO IMPACTO

Este criterio evalúa, la capacidad del programa para gestionar incidentes críticos relacionados con el cumplimiento normativo, minimizando sus impactos legales, reputacionales y financieros.

Dimensiones:

1. Planes de respuesta ante incidentes:

   - Implementación de protocolos claros para actuar de manera inmediata frente a incidentes graves.

2. Investigación post-incidente:

   - Procedimientos para analizar las causas de los incidentes y evitar que se repitan.

3. Evaluación de la comunicación durante la crisis:

   - Análisis de cómo se manejó la comunicación interna y externa en momentos críticos.

CRITERIO 129: INTEGRACIÓN CON LA GESTIÓN DE RIESGOS CORPORATIVOS

Este criterio mide, si el programa está alineado e integrado con el sistema general de gestión de riesgos de la organización.

Dimensiones:

1. Identificación conjunta de riesgos:

   - Asegurar que los riesgos de cumplimiento sean parte del marco general de gestión de riesgos de la organización.

2. Supervisión de interdependencias:

- Monitoreo de cómo los riesgos normativos pueden impactar otras áreas de riesgo (operativo, financiero, estratégico, etc.).

3. Informes consolidados de riesgo:

   - Integración de los hallazgos del Compliance en los reportes generales de riesgos.

CRITERIO 130: IMPACTO SOBRE LAS RELACIONES CON LOS INVERSIONISTAS

Este criterio evalúa, si el programa de Compliance fortalece la confianza de los inversionistas al demostrar un compromiso con el cumplimiento y la ética.

Dimensiones:

1. Informes para inversionistas:

   - Generación de reportes claros y transparentes sobre el estado del cumplimiento normativo.

2. Reducción de riesgos reputacionales:

   - Capacidad del programa para fortalecer la confianza de los accionistas mediante la prevención de crisis éticas.

3. Cumplimiento de expectativas de ESG:

   - Alineación con los criterios ambientales, sociales y de gobernanza que son clave para los inversionistas actuales.

CRITERIO 131: GESTIÓN DE CONDUCTAS FRAUDULENTAS

Este criterio analiza, si el programa tiene políticas específicas y eficaces para prevenir y detectar conductas fraudulentas dentro de la organización.

Dimensiones:

1. Supervisión de transacciones sospechosas:

   - Implementación de sistemas que detecten y analicen operaciones potencialmente fraudulentas.

2. Canales de denuncia específicos para fraude:

   - Creación de mecanismos dedicados exclusivamente a la detección y reporte de fraudes internos o externos.

3. Medidas disciplinarias firmes:
   - Políticas claras para sancionar comportamientos fraudulentos.

CRITERIO 132: PROMOCIÓN DE LA INTEGRIDAD EN LA CADENA DE SUMINISTRO

Este criterio evalúa, si el programa promueve prácticas éticas y normativas a lo largo de toda la cadena de suministro de la organización.

Dimensiones:

1. Políticas de compliance para proveedores:
   - Inclusión de cláusulas de cumplimiento en los contratos con proveedores y socios comerciales.
2. Auditorías en la cadena de suministro:
   - Realización de evaluaciones periódicas para garantizar el cumplimiento normativo.
3. Fomento de prácticas éticas entre terceros:
   - Promoción activa de los principios de ética y sostenibilidad en los proveedores.

CRITERIO 133: INTEGRACIÓN DEL COMPLIANCE CON LOS OBJETIVOS DE DIVERSIDAD

Este criterio analiza, si el programa fomenta la inclusión y diversidad en la organización, asegurando el cumplimiento de normativas y mejores prácticas en esta área.

Dimensiones:

1. Prevención de discriminación:
   - Controles para garantizar que no existan prácticas discriminatorias en las operaciones de la organización.
2. Políticas de inclusión activa:
   - Desarrollo de medidas específicas para fomentar la participación de grupos diversos en todos los niveles.
3. Cumplimiento de normativas de igualdad:

- Supervisión de leyes locales e internacionales relacionadas con diversidad e inclusión.

CRITERIO 134: SUPERVISIÓN DE CONVENIOS Y ASOCIACIONES ESTRATÉGICAS

Este criterio evalúa, si el programa regula las relaciones y asociaciones estratégicas para evitar riesgos normativos o reputacionales.

Dimensiones:

1. Debida diligencia en socios estratégicos:
   - Evaluación exhaustiva de los riesgos asociados a los socios comerciales antes de formalizar alianzas.
2. Cláusulas contractuales de cumplimiento:
   - Inclusión de compromisos éticos y normativos en los acuerdos de asociación.
3. Supervisión continua de alianzas:
   - Monitoreo del cumplimiento de las políticas por parte de los socios estratégicos.

CRITERIO 135: EFICACIA EN LA PROTECCIÓN DE DENUNCIANTES

Este criterio mide, si el programa garantiza la protección efectiva de los denunciantes y fomenta una cultura de reporte.

Dimensiones:

1. Canales seguros de denuncia:
   - Disponibilidad de plataformas anónimas y protegidas para reportar irregularidades.
2. Confianza en el anonimato:
   - Asegurar que los empleados confíen en que sus reportes no serán rastreados o utilizados en su contra.
3. Protección frente a represalias:

- Medidas claras para evitar que los denunciantes enfrenten represalias dentro de la organización.

CRITERIO 136: TRANSPARENCIA EN LAS OPERACIONES FINANCIERAS

Este criterio evalúa, si el programa de Compliance asegura que todas las operaciones financieras de la organización sean realizadas de manera transparente, ética y alineada con las normativas locales e internacionales.

Dimensiones:

1. Supervisión de transacciones financieras:
    - Controles para evitar operaciones opacas, como transferencias injustificadas, pagos indebidos o cuentas fuera de balance.
2. Auditorías financieras internas:
    - Realización periódica de auditorías para detectar posibles irregularidades o desviaciones.
3. Cumplimiento de normativas internacionales:
    - Asegurar el cumplimiento de regulaciones financieras internacionales como SOX, AML o FATCA.

CRITERIO 137: GESTIÓN DE RELACIONES CON PARTES INTERESADAS

Este criterio analiza, si el programa fomenta relaciones éticas y normativas con todas las partes interesadas internas y externas, como empleados, clientes, proveedores, comunidades y reguladores.

Dimensiones:

1. Diálogo activo con stakeholders:
    - Promoción de la comunicación transparente y regular con todas las partes interesadas.
2. Supervisión de compromisos éticos:
    - Asegurar que las relaciones con terceros se alineen con los valores y principios de la organización.
3. Gestión de expectativas y confianza:

- Implementación de medidas para atender las expectativas de las partes interesadas, evitando riesgos reputacionales.

CRITERIO 138: CONTRIBUCIÓN AL DESARROLLO DE CAPACIDADES INTERNAS

Este criterio evalúa, si el programa de Compliance fomenta el desarrollo de habilidades y competencias internas relacionadas con la ética y el cumplimiento normativo.

Dimensiones:

1. Programas de formación especializada:
   - Formación continua para empleados y directivos sobre temas avanzados de cumplimiento normativo.
2. Promoción de líderes éticos:
   - Identificación y desarrollo de líderes internos que actúen como referentes en ética y cumplimiento.
3. Capacitación para la gestión de riesgos:
   - Desarrollo de capacidades internas para identificar, analizar y mitigar riesgos normativos y éticos.

CRITERIO 139: SUPERVISIÓN DE PRÁCTICAS DE GESTIÓN DE DATOS

Este criterio mide, si el programa garantiza que las prácticas de gestión de datos personales y corporativos sean éticas, legales y seguras.

Dimensiones:

1. Cumplimiento de normativas de protección de datos:
   - Supervisión del cumplimiento de leyes como el RGPD (Reglamento General de Protección de Datos) y la CCPA (California Consumer Privacy Act).
2. Controles de acceso y seguridad:
   - Implementación de políticas para garantizar que solo las personas autorizadas accedan a datos sensibles.
3. Gestión del ciclo de vida de los datos:

- Supervisión para asegurar que los datos sean almacenados, utilizados y eliminados de manera ética y conforme a las normativas.

CRITERIO 140: PROMOCIÓN DE LA TRANSPARENCIA EN LA GESTIÓN DEL TALENTO

Este criterio evalúa, si el programa fomenta prácticas éticas y transparentes en la gestión de talento, incluyendo contrataciones, promociones y desvinculaciones.

Dimensiones:

1. Selección y contratación ética:
   - Supervisión de los procesos de selección para evitar discriminación, favoritismos o prácticas injustas.
2. Transparencia en las promociones:
   - Implementación de criterios claros y objetivos para promociones y evaluaciones de desempeño.
3. Gestión ética de desvinculaciones:
   - Asegurar que las desvinculaciones laborales se realicen de manera justa y respetando los derechos de los empleados.

CRITERIO 141: SUPERVISIÓN DE PROGRAMAS DE FILANTROPÍA Y DONACIONES

Este criterio analiza, si el programa asegura que las actividades filantrópicas y las donaciones realizadas por la organización sean éticas y legales.

Dimensiones:

1. Evaluación de riesgos en donaciones:
   - Asegurar que las donaciones no sean utilizadas para prácticas indebidas, como el soborno o la influencia indebida.
2. Transparencia en las contribuciones:
   - Registro detallado de todas las donaciones y actividades filantrópicas realizadas por la organización.
3. Supervisión del impacto social:

- Medir el impacto positivo de las actividades filantrópicas y garantizar que cumplan con los valores de la empresa.

CRITERIO 142: GESTIÓN DE RIESGOS RELACIONADOS CON EL CAMBIO CLIMÁTICO

Este criterio evalúa, si el programa de Compliance aborda los riesgos legales y reputacionales asociados al impacto ambiental de la organización.

Dimensiones:

1. Supervisión del cumplimiento ambiental:
   - Controles para garantizar que la organización cumpla con las normativas ambientales aplicables.
2. Gestión de riesgos climáticos:
   - Identificación y mitigación de riesgos relacionados con el cambio climático en las operaciones de la organización.
3. Reporte de impacto ambiental:
   - Transparencia en la comunicación de las políticas y resultados ambientales.

CRITERIO 143: IMPLEMENTACIÓN DE MECANISMOS DE INNOVACIÓN ÉTICA

Este criterio analiza, si el programa fomenta la innovación dentro de la organización, asegurándose de que esté alineada con principios éticos y normativos.

Dimensiones:

1. Evaluación ética de innovaciones:
   - Supervisión de nuevos productos, procesos y servicios para garantizar que respeten principios éticos.
2. Innovación responsable:
   - Promoción de desarrollos tecnológicos y comerciales que beneficien tanto a la empresa como a la sociedad.
3. Supervisión de riesgos en innovación disruptiva:

- Controles específicos para mitigar los riesgos asociados a la adopción de tecnologías emergentes.

CRITERIO 144: EFECTIVIDAD EN LA GESTIÓN DE CONTRATOS

Este criterio evalúa, si el programa regula la elaboración, ejecución y supervisión de los contratos para garantizar su alineación con las normativas y valores de la organización.

Dimensiones:

1. Cláusulas de cumplimiento normativo:
   - Inclusión de disposiciones específicas de Compliance en los contratos con terceros.
2. Supervisión de la ejecución contractual:
   - Monitoreo continuo para asegurar que ambas partes cumplan con los términos acordados.
3. Gestión de riesgos contractuales:
   - Identificación de posibles incumplimientos y medidas preventivas.

CRITERIO 145: FOMENTO DE UNA CULTURA ANTISOBORNO

Este criterio analiza, si el programa implementa políticas efectivas para prevenir y detectar actos de soborno en todas las actividades de la organización.

Dimensiones:

1. Formación en prevención de sobornos:
   - Capacitación específica para empleados y socios comerciales sobre la prevención del soborno.
2. Auditorías y monitoreo continuo:
   - Supervisión regular de áreas de alto riesgo, como compras y ventas.
3. Denuncia de intentos de soborno:

- Canales seguros para reportar intentos de soborno, tanto internos como externos.

CRITERIO 146: RESILIENCIA ANTE CAMBIOS MACROECONÓMICOS

Este criterio mide, si el programa está preparado para adaptarse y responder a los impactos de cambios macroeconómicos en las operaciones de la organización.

Dimensiones:

1. Supervisión de riesgos económicos:
   - Evaluar cómo las condiciones económicas pueden afectar el cumplimiento normativo.
2. Capacidad de ajuste rápido:
   - Flexibilidad del programa para adaptarse a recesiones, cambios en el mercado o fluctuaciones cambiarias.
3. Evaluación de impactos financieros:
   - Análisis de cómo los cambios macroeconómicos afectan la sostenibilidad financiera del programa.

CRITERIO 147: PROMOCIÓN DE BUENAS PRÁCTICAS EN SUBCONTRATACIÓN

Este criterio analiza, si el programa regula adecuadamente las actividades de subcontratación, asegurando que se cumplan las normativas y estándares éticos.

Dimensiones:

1. Supervisión de la selección de subcontratistas:
   - Implementación de procesos de debida diligencia para evaluar a los subcontratistas.
2. Control sobre las operaciones subcontratadas:
   - Monitoreo de las actividades realizadas por los subcontratistas para asegurar que cumplan con las políticas de la organización.
3. Prevención de riesgos laborales y éticos:

- Controles para evitar violaciones a derechos laborales y éticos en las operaciones subcontratadas.

CRITERIO 148: SUPERVISIÓN DE LA ÉTICA EN LA INTELIGENCIA ARTIFICIAL

El criterio de supervisión de la ética en la inteligencia artificial, evalúa si una organización implementa políticas, controles y estructuras adecuadas para garantizar el uso ético y responsable de la IA en sus operaciones y decisiones. Este criterio asegura que las aplicaciones de IA estén alineadas con principios éticos, normativas aplicables y los valores corporativos, evitando impactos negativos en los derechos humanos, la privacidad, la equidad y la transparencia.

Dimensiones:

- Transparencia en el diseño y uso de la IA: Garantizar que los sistemas de IA sean comprensibles para los usuarios y las partes interesadas, explicando cómo operan y tomando decisiones.
- Mitigación de sesgos: Implementar procedimientos para identificar y corregir sesgos en los datos y algoritmos, promoviendo decisiones imparciales y justas.
- Protección de la privacidad: Asegurar que los sistemas de IA cumplan con las normativas de protección de datos y privacidad, evitando la recolección y uso indebido de información personal.
- Supervisión humana: Garantizar que las decisiones críticas derivadas del uso de IA estén sujetas a supervisión y revisión por personas, especialmente en áreas de alto impacto ético o regulatorio.
- Auditoría y evaluación continua: Establecer mecanismos para auditar regularmente los sistemas de IA, evaluando su impacto ético y normativo, y adoptando mejoras continuas.

CRITERIO 149. EVALUACIÓN DE LAS RELACIONES CON LOBBIES

El criterio de evaluación de las relaciones con lobbies examina, si una organización gestiona de manera ética y transparente sus interacciones con grupos de presión, asegurando que estas relaciones estén alineadas con los valores corporativos, normativas aplicables y principios de integridad. Este criterio busca prevenir conflictos de interés, promover la transparencia en las actividades de incidencia política y garantizar que dichas interacciones no comprometan la reputación o los objetivos de Compliance de la organización.

Dimensiones:

- Transparencia en las interacciones: Documentar y comunicar claramente las actividades realizadas con lobbies, incluyendo los temas tratados, objetivos perseguidos y recursos invertidos.
- Cumplimiento normativo: Asegurar que todas las actividades relacionadas con lobbies se ajusten a las normativas locales e internacionales aplicables, como registros obligatorios o restricciones en contribuciones políticas.
- Gestión de conflictos de interés: Implementar controles para identificar y mitigar posibles conflictos de interés en las relaciones con grupos de presión.
- Alineación con los valores corporativos: Garantizar que las actividades de lobby reflejen los principios éticos y los objetivos estratégicos de la organización, evitando prácticas que puedan percibirse como indebidas o contrarias al interés público.
- Supervisión y auditoría: Establecer mecanismos para supervisar las actividades de lobby, evaluar su impacto y realizar ajustes necesarios para garantizar la coherencia con el programa de Compliance y las expectativas de las partes interesadas.

CRITERIO 150. LA GESTIÓN DE RIESGOS RELIGIOSOS O CULTURALES

El criterio de gestión de riesgos religiosos o culturales evalúa, si una organización identifica, aborda y mitiga riesgos asociados a diferencias culturales o religiosas que puedan surgir en sus operaciones, relaciones laborales o comerciales. Este criterio garantiza el respeto por la diversidad y la prevención de conflictos, discriminación o impactos negativos en la reputación derivados de insensibilidades culturales o religiosas.

Dimensiones:

- Identificación de riesgos culturales y religiosos: Realizar un análisis que detecte áreas sensibles relacionadas con creencias religiosas o prácticas culturales en los entornos donde opera la organización.

- Políticas inclusivas: Implementar políticas y directrices que promuevan el respeto por la diversidad religiosa y cultural, estableciendo estándares claros para evitar conductas discriminatorias.
- Capacitación y sensibilización: Ofrecer formación continua al personal sobre competencias interculturales y la importancia del respeto a las diferencias culturales y religiosas.
- Adaptación de las prácticas empresariales: Ajustar procedimientos, como horarios laborales, códigos de vestimenta o políticas alimentarias, para respetar las necesidades culturales o religiosas de empleados, socios comerciales y comunidades locales.
- Supervisión y resolución de conflictos: Establecer mecanismos para monitorear posibles conflictos relacionados con temas culturales o religiosos y proporcionar vías efectivas para su resolución, asegurando un enfoque justo y respetuoso.

CRITERIO 151. RESPUESTA A INCIDENTES DE DATOS COMPROMETIDOS

El criterio de respuesta a incidentes de datos comprometidos evalúa, si una organización cuenta con políticas, procedimientos y recursos adecuados para gestionar de manera efectiva los eventos en los que la seguridad de los datos ha sido vulnerada. Este criterio busca minimizar el impacto en los derechos de los titulares de los datos, proteger la reputación corporativa y cumplir con las normativas aplicables en protección de datos y ciberseguridad.

Dimensiones:

- Detección y notificación temprana: Implementar sistemas que permitan identificar rápidamente incidentes de seguridad y establecer procedimientos para notificar a las partes afectadas y autoridades competentes dentro de los plazos requeridos por la normativa aplicable.
- Planes de respuesta a incidentes: Diseñar e implementar planes específicos que detallen los pasos a seguir en caso de un incidente de datos, incluyendo la contención, mitigación, análisis forense y recuperación.
- Cumplimiento normativo: Garantizar que las acciones de respuesta se alineen con marcos legales aplicables, como el RGPD, la CCPA

u otras regulaciones locales e internacionales, incluyendo la documentación y reporte obligatorio de los incidentes.

- Gestión de la comunicación: Establecer protocolos claros para la comunicación con las partes interesadas, incluyendo titulares de datos, socios comerciales y reguladores, asegurando transparencia y consistencia en la información proporcionada.
- Mejora continua: Evaluar y documentar cada incidente para identificar lecciones aprendidas, ajustar controles de seguridad y actualizar los planes de respuesta, reduciendo la probabilidad de futuros incidentes.

CRITERIO 152. PROMOCIÓN DE LA JUSTICIA ORGANIZACIONAL

El criterio de promoción de la justicia organizacional evalúa, si una organización fomenta prácticas que garanticen la equidad, la imparcialidad y el respeto en la toma de decisiones, el tratamiento de los empleados y la gestión de los recursos humanos. Este criterio busca fortalecer la confianza interna, prevenir conflictos y promover un entorno laboral ético y transparente.

Dimensiones:

- Equidad en las políticas y procedimientos: Diseñar y aplicar políticas consistentes y justas en áreas como contratación, promoción, remuneración y despido, asegurando la igualdad de oportunidades para todos los empleados.
- Transparencia en la toma de decisiones: Garantizar que los procesos organizacionales relevantes sean claros, comprensibles y comunicados adecuadamente a todas las partes interesadas.
- Mecanismos de resolución de conflictos: Establecer sistemas accesibles y eficaces para que los empleados puedan expresar preocupaciones o denuncias de manera confidencial y recibir respuestas justas y oportunas.
- Reconocimiento y recompensa: Implementar esquemas de reconocimiento que valoren el desempeño y las contribuciones de manera objetiva, promoviendo un sentido de justicia distributiva en la organización.

- Fomento de la confianza y la inclusión: Adoptar medidas que refuercen una cultura organizacional basada en el respeto, la colaboración y el apoyo mutuo, asegurando que todos los empleados se sientan valorados y respetados.

CRITERIO 153. EFICACIA EN LA MITIGACIÓN DE RIESGOS DE DEUDA

El criterio de eficacia en la mitigación de riesgos de deuda evalúa, si una organización implementa estrategias y controles adecuados para identificar, gestionar y reducir los riesgos asociados al endeudamiento excesivo o no sostenible, protegiendo su estabilidad financiera y reputación. Este criterio garantiza una gestión responsable de las obligaciones financieras en coherencia con los objetivos estratégicos y regulatorios de la organización.

Dimensiones:

- Identificación y evaluación de riesgos: Realizar análisis exhaustivos para identificar factores de riesgo asociados a la deuda, como niveles excesivos de apalancamiento, vencimientos inadecuados o exposición a fluctuaciones en tasas de interés y tipo de cambio.
- Políticas de endeudamiento responsable: Establecer límites claros y estrategias de financiación que promuevan la sostenibilidad financiera, evitando la acumulación de deuda que comprometa la solvencia organizacional.
- Supervisión y cumplimiento normativo: Asegurar que la gestión de la deuda cumpla con las normativas legales y regulatorias aplicables, como límites de apalancamiento establecidos por autoridades financieras.
- Monitoreo continuo: Implementar sistemas para supervisar de manera constante los indicadores clave de deuda, como la relación deuda/capital, la capacidad de pago y el cumplimiento de los términos de los contratos financieros.
- Planes de contingencia: Diseñar estrategias para mitigar el impacto de escenarios adversos, como reducción de ingresos, aumento en tasas de interés o cambios regulatorios, que puedan afectar la capacidad de cumplir con las obligaciones de deuda.

CRITERIO 154. GESTIÓN DE LOS DERECHOS DIGITALES

El criterio de gestión de los derechos digitales evalúa, si una organización implementa políticas, controles y procedimientos adecuados para proteger los derechos digitales de sus empleados, clientes y otras partes interesadas, garantizando la privacidad, el acceso equitativo, la seguridad y la transparencia en el entorno digital. Este criterio busca alinear las prácticas de la organización con principios éticos y normativas aplicables, fomentando la confianza y la sostenibilidad digital.

Dimensiones:

- Protección de la privacidad y los datos personales: Asegurar el cumplimiento de regulaciones como el RGPD y otras normativas locales, estableciendo controles sólidos para recopilar, procesar y almacenar datos personales de manera segura y ética.
- Acceso equitativo a recursos digitales: Garantizar que todas las partes interesadas tengan igualdad de acceso a las herramientas y servicios digitales ofrecidos por la organización, eliminando barreras tecnológicas o de exclusión social.
- Transparencia en el uso de datos: Comunicar de manera clara cómo se recopilan, usan, comparten y protegen los datos digitales, proporcionando a los usuarios opciones para gestionar sus derechos sobre la información.
- Gestión de la ciberseguridad: Implementar medidas para proteger los sistemas digitales contra amenazas, como ciberataques o accesos no autorizados, asegurando la integridad de los derechos digitales de todas las partes interesadas.
- Fomento de la educación digital: Desarrollar programas de formación y sensibilización para empleados y socios comerciales sobre la importancia de los derechos digitales y cómo protegerlos, alineando las prácticas organizativas con principios éticos y sostenibles.

CRITERIO 155. SUPERVISIÓN DE LAS RELACIONES CON SINDICATOS

El criterio de supervisión de las relaciones con sindicatos evalúa, si una organización gestiona de manera ética, transparente y constructiva sus interacciones con las organizaciones sindicales, garantizando el respeto a los derechos laborales, la negociación colectiva y la prevención de conflictos.

Este criterio busca fomentar un entorno laboral colaborativo y conforme a las normativas aplicables.

Dimensiones:

- Cumplimiento normativo: Asegurar que las relaciones con los sindicatos se ajusten a las leyes y reglamentos laborales, incluyendo el reconocimiento de los derechos de asociación y negociación colectiva.
- Transparencia en las negociaciones: Promover prácticas abiertas y claras en las discusiones con sindicatos, evitando prácticas que puedan percibirse como coercitivas o desleales.
- Prevención y resolución de conflictos: Establecer mecanismos efectivos para prevenir y gestionar disputas laborales de manera justa y equitativa, minimizando el impacto en las operaciones de la organización.
- Comunicación efectiva: Fomentar un diálogo continuo y constructivo con los sindicatos, asegurando que las inquietudes de los trabajadores sean escuchadas y consideradas en la toma de decisiones.
- Alineación con los objetivos organizacionales: Integrar las relaciones sindicales en la estrategia laboral y de cumplimiento, asegurando que las prácticas sean coherentes con los valores éticos y los objetivos de la organización.

CRITERIO 156. GESTIÓN DE RIESGOS EN ENTORNOS DE ECONOMÍA COLABORATIVA

El criterio de gestión de riesgos en entornos de economía colaborativa evalúa, si una organización identifica, mitiga y gestiona los riesgos asociados a este modelo económico, como los relacionados con el cumplimiento normativo, la responsabilidad laboral, la protección de datos y la sostenibilidad operativa. Este criterio busca garantizar que las operaciones en plataformas de economía colaborativa sean éticas, legales y sostenibles, alineadas con las expectativas de las partes interesadas y las regulaciones aplicables.

Dimensiones:

- Cumplimiento normativo y contractual: Asegurar que las relaciones entre la organización, los trabajadores y los usuarios cumplan con las normativas laborales, fiscales y de consumo, evitando lagunas legales o disputas contractuales.

- Responsabilidad laboral: Establecer políticas claras para definir la naturaleza de las relaciones laborales, garantizando derechos básicos a los trabajadores en plataformas, como seguridad social, condiciones laborales dignas y acceso a mecanismos de resolución de conflictos.
- Protección de datos y privacidad: Implementar medidas sólidas para garantizar la seguridad de los datos personales de los usuarios y trabajadores, cumpliendo con normativas como el RGPD u otras leyes locales.
- Gestión de la reputación: Identificar y mitigar riesgos reputacionales derivados de prácticas controvertidas, como explotación laboral, incumplimientos normativos o falta de transparencia en las operaciones.
- Sostenibilidad y equidad: Promover prácticas de economía colaborativa que sean ambientalmente responsables, socialmente inclusivas y que contribuyan a una distribución equitativa de los beneficios entre los participantes del ecosistema.

CRITERIO 157. SUPERVISIÓN DEL IMPACTO DE TECNOLOGÍAS WEARABLE

El criterio de supervisión del impacto de tecnologías *wearable* evalúa, si una organización implementa controles y políticas para gestionar de manera ética y segura el uso de dispositivos portátiles en sus operaciones, garantizando la privacidad, la seguridad de los datos y el respeto a los derechos de los usuarios. Este criterio busca prevenir riesgos asociados a la recopilación y uso de información sensible, promoviendo prácticas alineadas con normativas y valores organizativos.

Dimensiones:

- Protección de datos personales: Establecer medidas para garantizar que la información recopilada por los dispositivos *wearable* se maneje de acuerdo con normativas de privacidad como el RGPD, asegurando la confidencialidad y el consentimiento informado de los usuarios.

- Transparencia en el uso de datos: Comunicar claramente a los usuarios cómo se recopilan, procesan y utilizan los datos generados por los *wearable*, proporcionando opciones para gestionar su información.
- Evaluación de riesgos tecnológicos: Identificar y mitigar riesgos asociados a la implementación de *wearable*, como vulnerabilidades de ciberseguridad o uso indebido de los datos.
- Impacto en la salud y el bienestar: Supervisar el uso de *wearable* para garantizar que no generen efectos adversos en la salud física o mental de los usuarios, y promover beneficios relacionados con el bienestar.
- Cumplimiento normativo y ético: Asegurar que el uso de tecnologías *wearable* esté alineado con principios éticos y legales, respetando los derechos de los empleados y usuarios en todos los contextos operativos.

CRITERIO 158. MITIGACIÓN DE RIESGOS EN PROCESOS AUTOMATIZADOS

El criterio de mitigación de riesgos en procesos automatizados evalúa, si una organización implementa controles y estrategias adecuadas para identificar, gestionar y reducir los riesgos asociados a la automatización de tareas y decisiones. Este criterio busca garantizar que los sistemas automatizados operen de manera segura, ética y conforme a las normativas aplicables, minimizando impactos negativos en la calidad, la equidad y la seguridad.

Dimensiones:

- Evaluación de riesgos tecnológicos: Identificar posibles fallos, sesgos o vulnerabilidades en los procesos automatizados, especialmente en tareas críticas como la toma de decisiones o la gestión de datos sensibles.
- Supervisión humana: Garantizar que los sistemas automatizados cuenten con revisiones periódicas y mecanismos de intervención humana para corregir errores y evitar decisiones inadecuadas.
- Cumplimiento normativo y ético: Asegurar que los procesos automatizados cumplan con las regulaciones aplicables, como la protección de datos y la transparencia, y que respeten principios éticos fundamentales.

- Transparencia operativa: Documentar y comunicar cómo funcionan los procesos automatizados, asegurando que las partes interesadas puedan entender sus efectos y aportar retroalimentación.
- Monitoreo y mejora continua: Implementar sistemas de monitoreo para evaluar el desempeño de los procesos automatizados, identificar áreas de mejora y actualizar los sistemas según avances tecnológicos y lecciones aprendidas.

CRITERIO 159. GESTIÓN DEL RIESGO DE EXTERNALIZACIÓN DE FUNCIONES CRÍTICAS

El criterio de gestión del riesgo de externalización de funciones críticas evalúa, si una organización implementa políticas y controles adecuados para supervisar y mitigar los riesgos asociados a la subcontratación de actividades esenciales para su operativa. Este criterio busca garantizar que los proveedores externos cumplan con los estándares de calidad, seguridad, normatividad y continuidad requeridos, protegiendo los intereses estratégicos y reputacionales de la organización.

Dimensiones:

- Evaluación de riesgos previos a la externalización: Identificar los riesgos inherentes a la subcontratación de funciones críticas, como pérdida de control, incumplimientos normativos o impacto en la continuidad del negocio.
- Selección y evaluación de proveedores: Establecer criterios claros para la selección de terceros, incluyendo su solvencia, capacidad técnica, cumplimiento normativo y reputación.
- Monitoreo y supervisión continuos: Implementar mecanismos para evaluar de forma regular el desempeño de los proveedores externos, asegurando que cumplan con los términos contractuales y los estándares establecidos.
- Gestión de la continuidad operativa: Garantizar que los proveedores dispongan de planes de contingencia para mitigar interrupciones en la prestación de servicios críticos.
- Cumplimiento normativo y contractual: Asegurar que los acuerdos de externalización cumplan con las normativas aplicables y que incluyan cláusulas específicas para proteger la información sensible y los derechos de la organización.

CRITERIO 160. SUPERVISIÓN DEL USO DE BIOTECNOLOGÍA

El criterio de supervisión del uso de biotecnología evalúa, si una organización implementa controles, políticas y procedimientos para gestionar de manera ética, segura y conforme a la normativa la aplicación de tecnologías biológicas en sus operaciones. Este criterio busca garantizar que el uso de la biotecnología respete principios éticos, proteja la salud humana y el medio ambiente, y cumpla con los estándares regulatorios aplicables.

Dimensiones:

- Cumplimiento normativo y ético: Garantizar que todas las actividades relacionadas con biotecnología cumplan con las regulaciones locales e internacionales y se alineen con principios éticos reconocidos, como el respeto a la biodiversidad y los derechos humanos.
- Evaluación de riesgos biológicos: Identificar y mitigar riesgos asociados al uso de biotecnología, como impactos en la salud pública, el medio ambiente o la seguridad alimentaria.
- Transparencia y trazabilidad: Implementar sistemas para documentar y comunicar el desarrollo, la aplicación y los efectos de las tecnologías biológicas utilizadas, permitiendo el seguimiento y la supervisión adecuados.
- Innovación responsable: Fomentar el uso de biotecnología para fines sostenibles y beneficios sociales, asegurando que las aplicaciones tengan un impacto positivo en la comunidad y el medio ambiente.
- Monitoreo y control continuo: Establecer mecanismos para evaluar de manera constante el desempeño y los riesgos de las biotecnologías utilizadas, incluyendo revisiones periódicas y actualización de prácticas basadas en avances científicos y normativos.

CRITERIO 161. EFICACIA EN EL MANEJO DE POLÍTICAS DE HUELGA

El criterio de supervisión del uso de biotecnología evalúa, si una organización implementa controles, políticas y procedimientos para gestionar de manera ética, segura y conforme a la normativa la aplicación de tecnologías biológicas en sus operaciones. Este criterio busca garantizar que el uso de la biotecnología respete principios éticos, proteja la salud humana y el medio ambiente, y cumpla con los estándares regulatorios aplicables.

Dimensiones:

- Cumplimiento normativo y ético: Garantizar que todas las actividades relacionadas con biotecnología cumplan con las regulaciones locales e internacionales y se alineen con principios éticos reconocidos, como el respeto a la biodiversidad y los derechos humanos.
- Evaluación de riesgos biológicos: Identificar y mitigar riesgos asociados al uso de biotecnología, como impactos en la salud pública, el medio ambiente o la seguridad alimentaria.
- Transparencia y trazabilidad: Implementar sistemas para documentar y comunicar el desarrollo, la aplicación y los efectos de las tecnologías biológicas utilizadas, permitiendo el seguimiento y la supervisión adecuados.
- Innovación responsable: Fomentar el uso de biotecnología para fines sostenibles y beneficios sociales, asegurando que las aplicaciones tengan un impacto positivo en la comunidad y el medio ambiente.
- Monitoreo y control continuo: Establecer mecanismos para evaluar de manera constante el desempeño y los riesgos de las biotecnologías utilizadas, incluyendo revisiones periódicas y actualización de prácticas basadas en avances científicos y normativos.

CRITERIO 162. GESTIÓN DE DERECHOS DE PROPIEDAD INTELECTUAL

El criterio de gestión de derechos de propiedad intelectual evalúa, si una organización protege y gestiona de manera efectiva sus activos intangibles, como patentes, marcas, derechos de autor y secretos comerciales, garantizando el cumplimiento normativo, la explotación adecuada de sus derechos y la prevención de conflictos legales. Este criterio busca maximizar el valor de la propiedad intelectual mientras se respetan los derechos de terceros.

Dimensiones:

- Protección y registro: Asegurar el registro oportuno de los derechos de propiedad intelectual en las jurisdicciones relevantes para salvaguardar los activos intangibles de la organización.
- Cumplimiento normativo: Garantizar que todas las actividades relacionadas con la propiedad intelectual cumplan con las leyes y regulaciones aplicables a nivel local e internacional.

- Prevención de infracciones: Implementar mecanismos para identificar y prevenir el uso no autorizado de los activos de propiedad intelectual por parte de terceros, incluyendo monitoreo regular y acciones legales cuando sea necesario.
- Gestión de licencias y contratos: Establecer y supervisar acuerdos de licencia, transferencia y uso de derechos de propiedad intelectual, asegurando que sean claros, justos y respeten los intereses de las partes.
- Innovación y sostenibilidad: Fomentar la creación y protección de nuevos activos de propiedad intelectual que contribuyan al crecimiento estratégico de la organización, garantizando su alineación con objetivos éticos y de sostenibilidad.

CRITERIO 163. SUPERVISIÓN DE NORMAS INTERNAS SOBRE TELETRABAJO

El criterio de supervisión de normas internas sobre teletrabajo evalúa, si una organización establece, aplica y monitorea políticas efectivas para regular el trabajo remoto, garantizando la productividad, el cumplimiento normativo, el bienestar de los empleados y la protección de los recursos organizacionales. Este criterio busca equilibrar las necesidades operativas con los derechos y condiciones laborales de los trabajadores en un entorno flexible.

Dimensiones:

- Definición de políticas claras: Establecer normas internas que regulen el teletrabajo, incluyendo horarios, expectativas de desempeño, criterios de elegibilidad y condiciones laborales específicas.
- Cumplimiento normativo: Asegurar que las políticas de teletrabajo cumplan con las leyes laborales, de seguridad social y de protección de datos aplicables en las jurisdicciones donde opera la organización.
- Gestión de la ciberseguridad: Implementar medidas para proteger la información y los recursos tecnológicos utilizados en el teletrabajo, previniendo accesos no autorizados y garantizando la integridad de los sistemas.
- Monitoreo de la productividad: Diseñar mecanismos justos y transparentes para medir el desempeño de los empleados en modalidad

remota, asegurando que las evaluaciones sean objetivas y respeten la privacidad.

- Fomento del bienestar y la inclusión: Promover un entorno de teletrabajo que respete el equilibrio entre la vida laboral y personal, proporcionando apoyo emocional, herramientas adecuadas y formación sobre mejores prácticas para trabajar de forma remota.

CRITERIO 164. GESTIÓN DE RELACIONES CON STARTUPS Y SOCIOS INNOVADORES

El criterio de gestión de relaciones con startups y socios innovadores evalúa, si una organización establece y supervisa de manera efectiva las colaboraciones con empresas emergentes y socios tecnológicos, garantizando el cumplimiento normativo, el aprovechamiento mutuo de recursos y la integración ética de las innovaciones en sus operaciones. Este criterio busca maximizar el valor estratégico de estas alianzas, promoviendo la innovación responsable y sostenible.

Dimensiones:

- Selección y evaluación de socios: Implementar criterios claros para identificar startups y socios innovadores alineados con los valores, objetivos y necesidades estratégicas de la organización.
- Cumplimiento normativo y contractual: Garantizar que las relaciones estén respaldadas por acuerdos contractuales sólidos que cumplan con las normativas aplicables y protejan los derechos de ambas partes, incluyendo la propiedad intelectual.
- Gestión de riesgos conjuntos: Identificar y mitigar riesgos asociados a la colaboración, como incumplimientos regulatorios, desafíos operativos o conflictos de intereses.
- Fomento de la innovación responsable: Promover prácticas éticas en el desarrollo e implementación de tecnologías o productos innovadores, asegurando que respeten principios de sostenibilidad, privacidad y equidad.
- Monitoreo del desempeño: Establecer mecanismos para evaluar periódicamente el progreso, impacto y valor generado por las alianzas, ajustando las estrategias según las necesidades y oportunidades emergentes.

CRITERIO 165. PROMOCIÓN DE TRANSPARENCIA EN PROYECTOS DE INFRAESTRUCTURA

El criterio de promoción de transparencia en proyectos de infraestructura evalúa, si una organización implementa políticas y prácticas para garantizar la apertura y claridad en todas las etapas de planificación, ejecución y monitoreo de estos proyectos. Este criterio busca prevenir la corrupción, fomentar la rendición de cuentas y asegurar que los proyectos cumplan con los estándares éticos, legales y de sostenibilidad.

Dimensiones:

- Transparencia en la contratación: Establecer procesos abiertos y competitivos para la selección de contratistas y proveedores, asegurando que las decisiones se basen en criterios objetivos y verificables.
- Divulgación de información: Publicar detalles clave sobre el proyecto, como costos, plazos, contratistas involucrados y objetivos, permitiendo el acceso a las partes interesadas y la sociedad.
- Cumplimiento normativo y ético: Asegurar que todas las actividades relacionadas con el proyecto cumplan con las leyes aplicables y se alineen con estándares éticos internacionales, como los principios de la OCDE o las guías del Banco Mundial.
- Monitoreo y auditoría: Implementar sistemas para supervisar el progreso del proyecto, identificar desviaciones y garantizar el uso eficiente y responsable de los recursos asignados.
- Participación de las partes interesadas: Fomentar la inclusión de comunidades locales, reguladores y otros actores relevantes en la toma de decisiones y en el monitoreo del impacto social, ambiental y económico del proyecto.

CRITERIO 166. CONTROL DE RIESGOS RELACIONADOS CON PROGRAMAS DE LEALTAD

El criterio de control de riesgos relacionados con programas de lealtad evalúa, si una organización identifica, gestiona y mitiga los riesgos asociados a la implementación y operación de estos programas, garantizando su conformidad con normativas aplicables, la protección de los derechos de los clientes y la sostenibilidad financiera. Este criterio busca asegurar que los programas sean transparentes, éticos y beneficiosos para la organización y sus participantes.

Dimensiones:

- Cumplimiento normativo: Asegurar que los programas de lealtad cumplan con las leyes de protección al consumidor, competencia, privacidad de datos y cualquier normativa específica aplicable en las jurisdicciones donde se operan.
- Transparencia en las condiciones: Garantizar que los términos y condiciones del programa sean claros, comprensibles y accesibles para los usuarios, evitando cláusulas abusivas o confusas.
- Protección de datos personales: Implementar medidas robustas para salvaguardar la información personal de los clientes recopilada a través del programa, cumpliendo con regulaciones como el RGPD.
- Sostenibilidad financiera: Evaluar y gestionar el impacto económico del programa, asegurando que sea rentable y que los incentivos ofrecidos no comprometan la viabilidad financiera de la organización.
- Prevención de fraudes y abusos: Establecer controles efectivos para detectar y mitigar prácticas fraudulentas o abusos por parte de clientes, empleados o terceros en el marco del programa.

CRITERIO 167. GESTIÓN DE REPUTACIÓN EN MERCADOS EMERGENTES

El criterio de gestión de reputación en mercados emergentes evalúa, si una organización implementa estrategias y controles adecuados para proteger y fortalecer su imagen en estos entornos, considerando los riesgos asociados a la inestabilidad normativa, cultural y económica. Este criterio busca garantizar que las operaciones en mercados emergentes estén alineadas con los valores corporativos, normativas locales e internacionales, y las expectativas de las partes interesadas.

Dimensiones:

- Cumplimiento normativo local e internacional: Asegurar que las operaciones respeten las leyes locales y se alineen con estándares internacionales en áreas como derechos humanos, anticorrupción y sostenibilidad.

- Sensibilidad cultural y social: Adaptar las estrategias corporativas a las dinámicas culturales, sociales y políticas del mercado, demostrando respeto y compromiso con las comunidades locales.
- Gestión de riesgos reputacionales: Identificar y mitigar riesgos específicos que puedan dañar la percepción pública de la organización, como conflictos éticos, ambientales o laborales.
- Transparencia en las operaciones: Comunicar de manera clara y accesible las actividades, logros y compromisos de la organización en el mercado, promoviendo la confianza de los clientes, reguladores y comunidades.
- Colaboración con partes interesadas: Establecer relaciones positivas con gobiernos locales, socios comerciales, comunidades y ONG para fomentar una reputación basada en el impacto positivo y la responsabilidad corporativa.

CRITERIO 168. RESPUESTA A INVESTIGACIONES DE AUTORIDADES REGULATORIAS

El criterio de respuesta a investigaciones de autoridades regulatorias evalúa, si una organización cuenta con procedimientos, recursos y controles adecuados para gestionar de manera eficiente y transparente los requerimientos de investigación por parte de organismos reguladores. Este criterio busca minimizar riesgos legales, proteger la reputación corporativa y asegurar el cumplimiento normativo durante todo el proceso investigativo.

Dimensiones:

- Cumplimiento y preparación: Establecer políticas claras para garantizar que la organización esté preparada para responder a investigaciones regulatorias, incluyendo documentación adecuada y procedimientos internos que cumplan con las normativas aplicables.
- Colaboración proactiva: Diseñar estrategias para cooperar de manera efectiva con las autoridades, proporcionando información precisa y en los tiempos requeridos, mientras se protege la confidencialidad de los datos sensibles.
- Gestión de riesgos legales y reputacionales: Implementar controles para identificar y mitigar posibles impactos derivados de la investigación, como sanciones legales o daños a la imagen pública.

- Transparencia y comunicación interna: Asegurar que los empleados relevantes estén informados sobre el alcance y los procedimientos de la investigación, promoviendo un entorno de colaboración y confidencialidad.
- Lecciones aprendidas y mejora continua: Evaluar los resultados de cada investigación para identificar áreas de mejora en los sistemas de cumplimiento, previniendo futuros incidentes y fortaleciendo las políticas internas.

CRITERIO 169. SUPERVISIÓN DE LA PUBLICIDAD INFLUENCER

El criterio de supervisión de la publicidad *influencer* evalúa, si una organización implementa políticas y controles adecuados para gestionar el uso de creadores de contenido en la promoción de sus productos o servicios, asegurando el cumplimiento normativo, la transparencia y la ética publicitaria. Este criterio busca minimizar riesgos legales y reputacionales, garantizando que las campañas cumplan con las expectativas regulatorias y de las partes interesadas.

Dimensiones:

- Cumplimiento normativo: Garantizar que las campañas publicitarias a través de *influencers* cumplan con las leyes de publicidad aplicables, como la divulgación obligatoria de colaboraciones pagadas y el respeto a normativas de protección al consumidor.
- Selección de *influencers*: Establecer criterios claros para elegir creadores de contenido que se alineen con los valores corporativos y la imagen de la marca, evitando asociaciones con figuras controvertidas o con antecedentes de conductas inapropiadas.
- Transparencia y divulgación: Implementar políticas que aseguren que los *influencers* divulguen de manera clara y visible cualquier relación comercial con la organización, promoviendo prácticas honestas con los consumidores.
- Monitoreo y control de contenido: Supervisar las publicaciones de los *influencers* para verificar que se ajusten a los acuerdos, respeten las normativas y reflejen con precisión la calidad y características del producto o servicio.

- Evaluación del impacto y mitigación de riesgos: Analizar el desempeño de las campañas con *influencers* para identificar oportunidades de mejora, monitorear posibles impactos negativos en la reputación y gestionar de manera proactiva cualquier incumplimiento o controversia.

CRITERIO 170. EFICACIA EN LA GESTIÓN DE CONFLICTOS TRANSFRONTERIZOS

El criterio de eficacia en la gestión de conflictos transfronterizos evalúa, si una organización implementa estrategias, políticas y controles adecuados para resolver disputas que surjan en contextos internacionales, garantizando el cumplimiento normativo, la protección de intereses corporativos y el mantenimiento de relaciones positivas con las partes involucradas. Este criterio busca minimizar impactos legales, financieros y reputacionales derivados de conflictos entre jurisdicciones o culturas.

Dimensiones:

- Cumplimiento normativo multinacional: Asegurar que las políticas y procedimientos de resolución de conflictos cumplan con las normativas legales aplicables en todas las jurisdicciones implicadas, incluyendo tratados internacionales y leyes locales.
- Capacitación intercultural: Desarrollar habilidades en el equipo para gestionar conflictos en contextos culturales diversos, evitando malentendidos y promoviendo el respeto mutuo.
- Negociación y mediación: Fomentar el uso de mecanismos alternativos de resolución de disputas, como la mediación o el arbitraje, para resolver conflictos de manera ágil, confidencial y menos costosa.
- Protección de intereses corporativos: Implementar estrategias que defiendan los derechos e intereses de la organización sin comprometer las relaciones comerciales o reputacionales en los mercados involucrados.
- Monitoreo y mejora continua: Evaluar los resultados de los conflictos transfronterizos gestionados para identificar lecciones aprendidas, ajustar estrategias y fortalecer la capacidad de respuesta frente a futuras disputas.

CRITERIO 171. INTEGRACIÓN DE PRINCIPIOS DE ECONOMÍA CIRCULAR

El criterio de integración de principios de economía circular evalúa, si una organización aplica estrategias y prácticas que fomenten la reutilización, reciclaje y reducción de recursos en sus operaciones, productos y servicios. Este criterio busca garantizar la sostenibilidad ambiental, económica y social, alineándose con los valores corporativos y las expectativas regulatorias y de las partes interesadas.

Dimensiones:

- Diseño sostenible de productos y servicios: Implementar prácticas que permitan desarrollar productos duraderos, reutilizables o reciclables, minimizando el uso de materiales no renovables y el desperdicio.
- Gestión eficiente de recursos: Establecer sistemas para optimizar el uso de materiales y energía en los procesos operativos, reduciendo costos y la huella ambiental de la organización.
- Fomento de la reutilización y reciclaje: Diseñar políticas internas y externas que promuevan la reintroducción de materiales y productos en el ciclo productivo, evitando el desecho innecesario.
- Colaboración con socios y proveedores: Incorporar principios de economía circular en la cadena de suministro, trabajando con aliados comprometidos con la sostenibilidad y la innovación responsable.
- Medición y comunicación de impactos: Monitorear los resultados de las iniciativas de economía circular, divulgando información transparente sobre los logros en sostenibilidad y estableciendo objetivos de mejora continua.

CRITERIO 172. PREVENCIÓN DEL ABUSO DE POSICIÓN DOMINANTE

El criterio de prevención del abuso de posición dominante evalúa, si una organización implementa políticas, controles y estrategias para garantizar que sus prácticas comerciales respeten las normativas de competencia, evitando conductas que puedan explotar o reforzar indebidamente su posición de poder en el mercado. Este criterio busca proteger la equidad en la competencia, prevenir sanciones regulatorias y mantener relaciones éticas con clientes, proveedores y competidores.

Dimensiones:

- Cumplimiento normativo: Asegurar que las operaciones de la organización cumplan con las leyes de competencia aplicables en cada jurisdicción, evitando prácticas anticompetitivas como precios predatorios, discriminación en precios o acuerdos exclusivos injustificados.
- Capacitación y sensibilización: Formar a los empleados, especialmente a los de áreas clave como ventas, marketing y compras, sobre los riesgos y las implicaciones legales del abuso de posición dominante.
- Supervisión de las prácticas comerciales: Implementar mecanismos para monitorear y evaluar las políticas de fijación de precios, términos de contratos y estrategias de mercado, identificando y corrigiendo posibles ricsgos de abuso.
- Gestión de relaciones con partes interesadas: Garantizar que las interacciones con proveedores, distribuidores y clientes sean equitativas y basadas en principios de transparencia y negociación justa.
- Evaluación de riesgos competitivos: Analizar continuamente la posición de la organización en el mercado y el impacto de sus estrategias comerciales para garantizar que fomenten una competencia sana y sostenible.

CRITERIO 173. PROMOCIÓN DE LA TRANSPARENCIA EN RELACIONES GUBERNAMENTALES

El criterio de promoción de la transparencia en relaciones gubernamentales evalúa, si una organización gestiona de manera ética, clara y conforme a la normativa sus interacciones con instituciones públicas y funcionarios gubernamentales. Este criterio busca prevenir conflictos de interés, corrupción o prácticas indebidas, asegurando que las relaciones con entidades gubernamentales se desarrollen en un marco de integridad y rendición de cuentas.

Dimensiones:

- Cumplimiento normativo: Asegurar que todas las actividades relacionadas con instituciones gubernamentales cumplan con las leyes y regulaciones aplicables, incluyendo normativas anticorrupción, de transparencia y de financiamiento político.

- Documentación y trazabilidad: Establecer procedimientos para registrar y supervisar todas las interacciones con funcionarios y entidades gubernamentales, garantizando la trazabilidad de las decisiones y acuerdos alcanzados.
- Políticas de regalos y contribuciones: Implementar normas claras sobre la entrega de regalos, donaciones o contribuciones a funcionarios públicos, asegurando que cumplan con límites legales y éticos.
- Transparencia en la comunicación: Divulgar de manera proactiva información sobre las relaciones de la organización con gobiernos, incluyendo objetivos, resultados y posibles impactos, cuando sea relevante para las partes interesadas.
- Capacitación y sensibilización: Formar a los empleados y representantes sobre los riesgos asociados a las relaciones gubernamentales, fomentando prácticas alineadas con los principios de integridad y ética profesional.

CRITERIO 174. EFECTIVIDAD EN LA PROTECCIÓN DE INFORMACIÓN FINANCIERA

El criterio de efectividad en la protección de información financiera evalúa, si una organización implementa medidas adecuadas para salvaguardar la confidencialidad, integridad y disponibilidad de sus datos financieros, previniendo accesos no autorizados, errores o manipulaciones indebidas. Este criterio busca garantizar el cumplimiento normativo, proteger la reputación corporativa y mantener la confianza de las partes interesadas.

Dimensiones:

- Cumplimiento normativo: Asegurar que la gestión de la información financiera cumpla con normativas aplicables, como las relacionadas con la protección de datos, la contabilidad y los estándares de reporte financiero.
- Ciberseguridad: Implementar controles tecnológicos robustos para prevenir ciberataques, accesos no autorizados y pérdidas de información financiera crítica.

- Segregación de funciones: Establecer mecanismos que eviten conflictos de interés y reduzcan el riesgo de fraude mediante la separación de responsabilidades en la gestión de datos financieros.
- Monitoreo y auditorías: Realizar auditorías regulares y supervisión continua para identificar posibles vulnerabilidades o irregularidades en la protección de la información financiera.
- Capacitación del personal: Sensibilizar y formar a los empleados sobre la importancia de la protección de la información financiera y las mejores prácticas para garantizar su manejo seguro y ético.

CRITERIO 175. SUPERVISIÓN DE COMERCIO TRANSFRONTERIZO

El criterio de supervisión de comercio transfronterizo evalúa, si una organización gestiona eficazmente los riesgos y obligaciones asociados a las actividades comerciales internacionales, asegurando el cumplimiento normativo, la seguridad operativa y la sostenibilidad de sus transacciones en distintos mercados. Este criterio busca proteger los intereses de la organización, prevenir sanciones y promover prácticas comerciales éticas.

Dimensiones:

- Cumplimiento de regulaciones internacionales: Garantizar que todas las transacciones comerciales cumplan con normativas de exportación, importación, aranceles y sanciones comerciales aplicables en las jurisdicciones relevantes.
- Gestión de riesgos aduaneros: Implementar controles para manejar de manera adecuada la documentación, clasificación arancelaria y valoración de mercancías, previniendo errores que puedan generar sanciones o retrasos.
- Prevención de prácticas ilícitas: Establecer medidas para identificar y evitar actividades ilegales como contrabando, evasión de impuestos y comercio de bienes restringidos o sancionados.
- Transparencia en las cadenas de suministro: Supervisar las relaciones con socios comerciales y proveedores, asegurando que cumplan con los estándares éticos, legales y de sostenibilidad aplicables.
- Capacitación y monitoreo continuo: Formar al personal involucrado en el comercio internacional sobre regulaciones y mejores prác-

ticas, y realizar auditorías regulares para identificar y corregir posibles incumplimientos o riesgos.

CRITERIO 176. EFICACIA EN LA MITIGACIÓN DE RIESGOS EN BLOCKCHAIN

El criterio de eficacia en la mitigación de riesgos en *blockchain* evalúa, si una organización identifica, gestiona y minimiza los riesgos asociados al uso de esta tecnología, garantizando la seguridad, el cumplimiento normativo y la sostenibilidad operativa. Este criterio busca optimizar el uso del *blockchain* al tiempo que protege los intereses corporativos y de las partes interesadas.

Dimensiones:

- Ciberseguridad y protección de datos: Implementar medidas para garantizar la integridad de las transacciones y la seguridad de la información en las redes de *blockchain*, previniendo ataques, accesos no autorizados o fugas de datos.
- Cumplimiento normativo: Asegurar que las actividades relacionadas con el *blockchain* cumplan con leyes aplicables, como regulaciones de protección de datos, anti-lavado de dinero (AML) y cumplimiento fiscal en las jurisdicciones pertinentes.
- Prevención de fraudes y errores: Diseñar controles que detecten y mitiguen riesgos de manipulación, doble gasto o errores en los contratos inteligentes (*smart contracts*).
- Evaluación de socios tecnológicos: Supervisar y auditar a los proveedores y plataformas de *blockchain* para garantizar que cumplan con estándares de seguridad, transparencia y confiabilidad.
- Monitorización y mejora continua: Establecer mecanismos de monitoreo para evaluar continuamente el desempeño del *blockchain* y sus riesgos asociados, incorporando avances tecnológicos y lecciones aprendidas para fortalecer su implementación.

CRITERIO 177. PROMOCIÓN DE UNA CULTURA DE TRANSPARENCIA FISCAL

El criterio de promoción de una cultura de transparencia fiscal evalúa, si una organización adopta políticas, procedimientos y prácticas que fomenten la honestidad, claridad y ética en la gestión de sus asuntos fiscales, asegurando el cumplimiento normativo y fortaleciendo la confianza de las partes interesadas. Este criterio busca prevenir riesgos legales y reputacionales, contribuyendo a una gestión financiera responsable y sostenible.

Dimensiones:

- Cumplimiento tributario riguroso: Asegurar que todas las obligaciones fiscales se cumplan de manera oportuna y precisa, respetando las normativas locales e internacionales aplicables.
- Transparencia en la planificación fiscal: Diseñar y divulgar estrategias fiscales éticas y alineadas con los principios de integridad, evitando esquemas que puedan interpretarse como evasión o elusión fiscal.
- Divulgación accesible de políticas fiscales: Comunicar de manera clara y proactiva a las partes interesadas, incluyendo accionistas y reguladores, información sobre las políticas fiscales y el impacto de las contribuciones tributarias de la organización.
- Capacitación en responsabilidad fiscal: Formar a los empleados y directivos en temas de transparencia fiscal, enfatizando la importancia de la ética tributaria en la sostenibilidad organizacional.
- Auditorías y monitoreo fiscal: Implementar sistemas internos de control y auditoría para supervisar las prácticas fiscales, identificar riesgos y establecer planes de acción para garantizar una gestión conforme y responsable.

CRITERIO 178. GESTIÓN DE RELACIONES CON CONTRATISTAS INDEPENDIENTES

El criterio de gestión de relaciones con contratistas independientes evalúa, si una organización implementa políticas y controles adecuados para supervisar y garantizar que las relaciones con estos profesionales se desarrollen de manera ética, conforme a la normativa y alineadas con los objetivos estratégicos. Este criterio busca minimizar riesgos legales, proteger los intereses corporativos y promover una colaboración efectiva y justa.

Dimensiones:

- Cumplimiento normativo y contractual: Asegurar que las relaciones con contratistas independientes cumplan con las leyes laborales, fiscales y de seguridad social aplicables, y que los contratos reflejen términos claros y justos para ambas partes.

- Selección y evaluación de contratistas: Establecer criterios para seleccionar profesionales calificados y realizar evaluaciones periódicas de su desempeño, asegurando que cumplan con los estándares de la organización.
- Protección de la información y activos: Implementar medidas para garantizar que los contratistas manejen con confidencialidad la información de la organización y utilicen adecuadamente sus recursos.
- Integración en las operaciones: Diseñar mecanismos para coordinar y supervisar el trabajo de los contratistas, asegurando su alineación con los objetivos y políticas de la organización, sin confusión respecto a su estatus independiente.
- Gestión de riesgos y resolución de conflictos: Identificar y mitigar riesgos asociados a la contratación independiente, como incumplimientos contractuales o conflictos laborales, estableciendo procedimientos claros para resolver disputas.

CRITERIO 179. EVALUACIÓN DE PRÁCTICAS DE OUTSOURCING

El criterio de evaluación de prácticas de *outsourcing* analiza, si una organización implementa políticas y controles para garantizar que la externalización de funciones se gestione de manera eficiente, ética y conforme a la normativa aplicable. Este criterio busca minimizar riesgos operativos, legales y reputacionales asociados a la subcontratación, asegurando la sostenibilidad y calidad de los servicios tercerizados.

Dimensiones:

- Cumplimiento normativo y contractual: Asegurar que los acuerdos de *outsourcing* cumplan con las leyes locales e internacionales, incluyendo regulaciones laborales, fiscales y de protección de datos, y que los contratos reflejen obligaciones claras para ambas partes.
- Selección y evaluación de proveedores: Implementar criterios para seleccionar socios externos confiables y realizar evaluaciones periódicas de su desempeño, garantizando que cumplan con los estándares operativos y éticos de la organización.

- Gestión de riesgos asociados: Identificar y mitigar riesgos derivados de la externalización, como pérdida de control sobre procesos críticos, incumplimientos normativos o impactos en la calidad del servicio.
- Protección de datos y confidencialidad: Establecer medidas para asegurar que los proveedores manejen adecuadamente la información sensible de la organización, respetando la privacidad y la seguridad de los datos.
- Monitoreo y control continuo: Diseñar sistemas para supervisar las actividades de los proveedores, medir su desempeño frente a indicadores clave y garantizar que los servicios contratados contribuyan a los objetivos estratégicos de la organización.

CRITERIO 180. TRANSPARENCIA EN EL USO DE TECNOLOGÍAS EN LA MONITORIZACIÓN DE EMPLEADOS

El criterio de transparencia en el uso de tecnologías en la monitorización de empleados evalúa, si una organización implementa prácticas claras, éticas y conforme a la normativa para supervisar a sus trabajadores mediante herramientas tecnológicas. Este criterio busca equilibrar la necesidad de monitoreo con el respeto a la privacidad, los derechos laborales y la confianza en el entorno laboral.

Dimensiones:

- Cumplimiento normativo y ético: Asegurar que las prácticas de monitorización cumplan con leyes de privacidad, protección de datos y derechos laborales, y se alineen con principios éticos reconocidos.
- Transparencia y comunicación: Informar a los empleados de manera clara y previa sobre las herramientas de monitorización utilizadas, los datos recopilados, los fines específicos y las políticas aplicables.
- Limitación y proporcionalidad: Garantizar que el monitoreo se limite a lo estrictamente necesario para los fines definidos, evitando la recopilación excesiva o invasiva de datos personales.
- Protección de datos recopilados: Implementar medidas robustas para garantizar la seguridad, confidencialidad y manejo adecuado de los datos obtenidos, previniendo accesos no autorizados o usos indebidos.

- Supervisión y evaluación continua: Monitorear regularmente las prácticas de supervisión tecnológica para identificar y corregir posibles excesos, asegurando que se mantengan alineadas con los derechos de los empleados y los objetivos organizacionales.

CRITERIO 181. SUPERVISIÓN DE LAS PRÁCTICAS DE MERCADEO EN ENTORNOS DIGITALES

El criterio de supervisión de las prácticas de mercadeo en entornos digitales evalúa, si una organización implementa políticas y controles adecuados para gestionar campañas y actividades promocionales en plataformas digitales, asegurando el cumplimiento normativo, la ética publicitaria y la protección de los derechos de los consumidores. Este criterio busca prevenir riesgos legales, proteger la reputación corporativa y garantizar que las estrategias digitales sean transparentes y responsables.

Dimensiones:

- Cumplimiento normativo y ético: Garantizar que las prácticas de mercadeo digital cumplan con leyes de protección al consumidor, privacidad de datos y normativas publicitarias, evitando contenidos engañosos o abusivos.
- Protección de datos personales: Asegurar que la recopilación y el uso de datos en campañas digitales respeten regulaciones como el RGPD, implementando medidas para salvaguardar la privacidad de los usuarios.
- Transparencia en la comunicación: Diseñar estrategias de mercadeo que proporcionen información clara, precisa y completa sobre los productos o servicios promovidos, evitando prácticas que puedan generar confusión o malentendidos.
- Gestión de relaciones con plataformas y proveedores: Supervisar las interacciones con plataformas digitales y terceros involucrados en las campañas para garantizar que operen conforme a los estándares éticos y legales de la organización.
- Monitoreo y medición de impacto: Establecer indicadores clave de desempeño para evaluar la efectividad y el impacto ético de las campañas digitales, identificando áreas de mejora y corrigiendo posibles desviaciones.

CRITERIO 182. IMPLEMENTACIÓN DE POLÍTICAS DE CERO DISCRIMINACIÓN

El criterio de implementación de políticas de cero discriminación evalúa, si una organización desarrolla, aplica y supervisa medidas para garantizar un entorno inclusivo y respetuoso, libre de cualquier forma de discriminación por motivos de género, raza, religión, orientación sexual, discapacidad, edad u otras condiciones protegidas. Este criterio busca promover la igualdad de oportunidades, proteger los derechos de los empleados y cumplir con las normativas aplicables.

Dimensiones:

- Diseño de políticas inclusivas: Establecer normativas claras y detalladas que prohíban la discriminación en todos los procesos organizacionales, como contratación, promoción, remuneración y despido.
- Sensibilización y formación: Implementar programas de capacitación para empleados y líderes sobre diversidad, inclusión y la importancia de prevenir comportamientos discriminatorios.
- Canales de denuncia y resolución de conflictos: Crear mecanismos confidenciales y accesibles para que los empleados puedan reportar incidentes de discriminación, garantizando una investigación imparcial y una resolución adecuada.
- Monitoreo y evaluación continua: Realizar auditorías y evaluaciones periódicas para identificar posibles prácticas discriminatorias y medir la efectividad de las políticas implementadas.
- Promoción de la diversidad: Fomentar la representación equitativa de grupos diversos en todos los niveles de la organización, asegurando que las prácticas reflejen un compromiso real con la inclusión.

CRITERIO 183. PREVENCIÓN DE PRÁCTICAS DE EXPLOTACIÓN EN LA CADENA DE SUMINISTRO

El criterio de prevención de prácticas de explotación en la cadena de suministro evalúa, si una organización implementa políticas y controles para identificar, mitigar y erradicar situaciones de explotación laboral, trabajo infantil, condiciones inseguras o cualquier forma de abuso en las operaciones de sus proveedores y subcontratistas. Este criterio busca garantizar el cumplimiento de estándares éticos y normativos, proteger los derechos humanos y promover prácticas responsables a lo largo de la cadena de suministro.

Dimensiones:

- Cumplimiento normativo y estándares internacionales: Asegurar que la cadena de suministro cumpla con leyes locales e internacionales en materia de derechos laborales, además de adherirse a estándares como los Principios Rectores de la ONU sobre Empresas y Derechos Humanos.
- Evaluación de proveedores: Establecer procedimientos para evaluar y seleccionar proveedores en base a criterios éticos, incluyendo auditorías regulares para detectar posibles prácticas de explotación.
- Políticas de contratación ética: Implementar directrices claras para prevenir situaciones de explotación laboral, trabajo forzoso o infantil en todas las etapas de la cadena de suministro.
- Capacitación y sensibilización: Ofrecer formación a empleados y proveedores sobre los riesgos de prácticas de explotación y las obligaciones éticas y legales en la cadena de suministro.
- Mecanismos de denuncia y corrección: Establecer canales accesibles y confidenciales para que los trabajadores de los proveedores puedan reportar prácticas abusivas, así como medidas claras para corregir y prevenir estas situaciones.

CRITERIO 184. GESTIÓN DE RIESGOS EN LAS OPERACIONES DE FINTECH

El criterio de gestión de riesgos en las operaciones de *fintech* evalúa, si una organización identifica, mitiga y supervisa los riesgos inherentes a la tecnología financiera, como los relacionados con ciberseguridad, cumplimiento normativo, protección de datos y estabilidad operativa. Este criterio busca garantizar que las operaciones de *fintech* sean seguras, conformes a la normativa y alineadas con los objetivos estratégicos de la organización, protegiendo tanto a los usuarios como a los inversores.

Dimensiones:

- Cumplimiento regulatorio: Asegurar que las operaciones cumplan con las normativas locales e internacionales aplicables, incluyendo regulaciones financieras, de protección de datos y contra el lavado de dinero (AML).

- Ciberseguridad y protección de datos: Implementar controles robustos para prevenir ciberataques, proteger la información sensible de los usuarios y garantizar la integridad de las plataformas tecnológicas utilizadas.
- Gestión de riesgos tecnológicos: Identificar y mitigar riesgos asociados al desarrollo y uso de tecnologías innovadoras, como fallos en sistemas automatizados, interrupciones operativas o vulnerabilidades en contratos inteligentes.
- Transparencia y comunicación: Establecer políticas que aseguren la divulgación clara y oportuna de información a los usuarios y partes interesadas sobre riesgos, costos y términos de uso de los servicios financieros ofrecidos.
- Monitoreo y mejora continua: Diseñar mecanismos para evaluar regularmente el desempeño de las operaciones *fintech*, adaptándose a cambios regulatorios, avances tecnológicos y retroalimentación de los usuarios.

CRITERIO 185. FOMENTO DE UNA CULTURA DE INTEGRIDAD CORPORATIVA

El criterio de fomento de una cultura de integridad corporativa evalúa, si una organización promueve valores éticos y prácticas transparentes en todas sus operaciones y relaciones, integrando principios de honestidad, responsabilidad y cumplimiento normativo. Este criterio busca fortalecer la confianza de las partes interesadas, prevenir conductas indebidas y alinear las actividades de la organización con estándares éticos elevados.

Dimensiones:

- Establecimiento de valores éticos: Definir y comunicar principios claros de integridad y ética que guíen el comportamiento organizacional, integrándolos en políticas, códigos de conducta y prácticas operativas.
- Liderazgo ejemplar: Garantizar que los líderes de la organización actúen como modelos de conducta ética, promoviendo una cultura de integridad desde los niveles más altos.
- Capacitación y sensibilización: Diseñar programas formativos continuos para educar a los empleados sobre la importancia de la integridad y cómo identificar y manejar dilemas éticos en su trabajo diario.

- Canales de denuncia y protección: Implementar mecanismos confidenciales y accesibles para que los empleados puedan reportar violaciones éticas sin temor a represalias, garantizando investigaciones justas y oportunas.
- Monitoreo y evaluación: Supervisar regularmente las prácticas organizacionales para identificar áreas de mejora en el fomento de la integridad y medir el impacto de las iniciativas éticas implementadas.

CRITERIO 186. CONTROL DE LA GESTIÓN DE DESPERDICIOS

El criterio de control de la gestión de desperdicios evalúa, si una organización implementa políticas, procedimientos y controles adecuados para gestionar de manera responsable los residuos generados por sus operaciones. Este criterio busca garantizar el cumplimiento normativo, minimizar impactos ambientales y fomentar prácticas sostenibles que contribuyan a la economía circular y a la protección del entorno.

Dimensiones:

- Cumplimiento normativo: Asegurar que la gestión de desperdicios cumpla con las regulaciones locales e internacionales aplicables, incluyendo normativas ambientales y de manejo de residuos peligrosos.
- Clasificación y segregación de residuos: Establecer sistemas para separar y clasificar los residuos en función de su tipo (orgánicos, reciclables, peligrosos) desde su generación, facilitando su tratamiento adecuado.
- Reducción y reutilización: Implementar estrategias para minimizar la generación de residuos mediante prácticas operativas eficientes y fomentar la reutilización de materiales dentro de los procesos productivos.
- Disposición y tratamiento responsable: Garantizar que los residuos sean tratados y eliminados de manera segura, colaborando con proveedores certificados y utilizando tecnologías que reduzcan su impacto ambiental.
- Monitoreo y mejora continua: Diseñar sistemas para supervisar y evaluar regularmente los procesos de gestión de desperdicios, iden-

tificando áreas de mejora y adoptando innovaciones que fortalezcan la sostenibilidad organizacional.

CRITERIO 187. EFICACIA EN LA IDENTIFICACIÓN DE CONFLICTOS ÉTICOS

El criterio de eficacia en la identificación de conflictos éticos evalúa, si una organización cuenta con mecanismos para detectar de manera oportuna situaciones que puedan representar dilemas éticos o violaciones a sus principios, normativas internas o estándares legales. Este criterio busca prevenir riesgos legales y reputacionales, fomentar una cultura ética y fortalecer la confianza de las partes interesadas.

Dimensiones:

- Capacitación y sensibilización: Formar a los empleados y líderes en la identificación de conflictos éticos, promoviendo el conocimiento de los valores organizacionales y habilidades para analizar dilemas éticos en el contexto laboral.
- Definición clara de estándares éticos: Establecer códigos de conducta y políticas internas que detallen principios éticos y ejemplos prácticos para facilitar la detección de conflictos en las actividades diarias.
- Canales de comunicación confidenciales: Implementar mecanismos accesibles y seguros para que los empleados puedan reportar posibles conflictos éticos, garantizando la confidencialidad y la protección contra represalias.
- Supervisión y monitoreo continuo: Desarrollar procesos para evaluar las operaciones, contratos y decisiones estratégicas, identificando riesgos éticos potenciales antes de que se materialicen.
- Resolución y aprendizaje: Establecer protocolos claros para gestionar los conflictos éticos identificados, promoviendo soluciones que respeten los valores corporativos, y documentar las lecciones aprendidas para prevenir futuros incidentes.

CRITERIO 188. PROTECCIÓN DEL BIENESTAR PSICOSOCIAL DE LOS EMPLEADOS

El criterio de protección del bienestar psicosocial de los empleados evalúa, si una organización implementa políticas, prácticas y controles para identificar, prevenir y gestionar riesgos psicosociales en el entorno laboral. Este criterio busca garantizar un ambiente de trabajo saludable, minimizar el impacto del estrés laboral y fomentar el equilibrio entre la vida personal y profesional, contribuyendo a la productividad y al compromiso de los empleados.

Dimensiones:

- Identificación de riesgos psicosociales: Realizar evaluaciones periódicas para detectar factores como cargas de trabajo excesivas, acoso laboral, conflictos interpersonales y falta de autonomía que puedan afectar el bienestar emocional de los empleados.
- Prevención y promoción de la salud mental: Implementar programas que promuevan prácticas saludables, como talleres de manejo del estrés, formación en inteligencia emocional y actividades que fortalezcan la resiliencia psicológica.
- Políticas de equilibrio trabajo-vida: Establecer medidas para garantizar horarios laborales razonables, fomentar la desconexión digital fuera de las horas de trabajo y ofrecer opciones de teletrabajo o flexibilidad cuando sea posible.
- Canales de apoyo y denuncia: Proporcionar acceso a servicios de apoyo psicológico, como líneas de ayuda confidenciales, y habilitar mecanismos seguros para que los empleados denuncien situaciones que afecten su bienestar psicosocial.
- Monitoreo y mejora continua: Diseñar sistemas para evaluar regularmente el impacto de las iniciativas en el bienestar psicosocial, ajustando estrategias según las necesidades identificadas y promoviendo una cultura organizacional centrada en el respeto y el apoyo mutuo.

CRITERIO 189. GESTIÓN DE LOS DERECHOS DE LOS CLIENTES EN PROCESOS DE RECOBRO

El criterio de gestión de los derechos de los clientes en procesos de recobro evalúa, si una organización establece políticas y controles que garanticen un tratamiento ético, transparente y conforme a la normativa aplicable en la recuperación de deudas. Este criterio busca proteger los derechos de los clientes, prevenir abusos y mantener relaciones comerciales basadas en la confianza y el respeto.

Dimensiones:

- Cumplimiento normativo: Asegurar que los procesos de recobro cumplan con las leyes y regulaciones aplicables, como las relacionadas con la protección al consumidor, privacidad de datos y prácticas justas de cobro.
- Transparencia y comunicación clara: Proveer información precisa y comprensible al cliente sobre el estado de su deuda, los términos del recobro y las opciones disponibles, evitando términos confusos o prácticas engañosas.
- Trato ético y respetuoso: Implementar protocolos que garanticen que los empleados y agentes de recobro actúen con respeto, sin ejercer presiones indebidas, acoso o prácticas intimidatorias hacia los clientes.
- Mecanismos de resolución de disputas: Establecer canales accesibles para que los clientes puedan plantear inquietudes o disputas relacionadas con los procesos de recobro, asegurando una resolución justa y eficiente.
- Monitoreo y auditoría: Supervisar regularmente las prácticas de recobro para identificar posibles incumplimientos, mitigar riesgos y mejorar continuamente los procedimientos en beneficio de los clientes y la organización.

CRITERIO 190. SUPERVISIÓN DE RIESGOS RELACIONADOS CON DONACIONES POLÍTICAS

El criterio de supervisión de riesgos relacionados con donaciones políticas evalúa, si una organización establece controles y políticas claras para gestionar sus contribuciones a partidos, candidatos o actividades políticas, garantizando el cumplimiento normativo, la transparencia y la alineación con los valores corporativos. Este criterio busca prevenir conflictos de interés, corrupción y riesgos reputacionales asociados a estas actividades.

Dimensiones:

- Cumplimiento normativo: Asegurar que todas las donaciones políticas cumplan con las leyes y regulaciones aplicables en las jurisdicciones relevantes, incluyendo límites de contribución y requisitos de divulgación.

- Transparencia en las contribuciones: Documentar y comunicar públicamente las donaciones realizadas, indicando los montos, destinatarios y motivos, para garantizar la claridad y la rendición de cuentas.
- Prevención de conflictos de interés: Implementar medidas que eviten que las donaciones políticas influyan indebidamente en decisiones corporativas o en relaciones comerciales con entidades públicas.
- Evaluación ética: Establecer un marco para analizar la coherencia de las donaciones con los valores y objetivos éticos de la organización, evitando apoyar actividades contrarias a estos principios.
- Monitoreo y control continuo: Supervisar regularmente las actividades relacionadas con las donaciones políticas para identificar posibles riesgos, corregir irregularidades y garantizar que las políticas sean actualizadas según cambios regulatorios o contextuales.

CRITERIO 191. GESTIÓN DE RELACIONES CON SOCIOS DE MERCADOS REGULADOS

El criterio de gestión de relaciones con socios de mercados regulados evalúa, si una organización implementa políticas y controles para supervisar sus interacciones con socios comerciales en sectores sometidos a estrictas regulaciones. Este criterio busca garantizar el cumplimiento normativo, la ética en las relaciones comerciales y la protección de la reputación corporativa en entornos regulatorios exigentes.

Dimensiones:

- Cumplimiento normativo: Asegurar que las relaciones con socios en mercados regulados se desarrollen de acuerdo con las normativas específicas del sector, como las relativas a protección al consumidor, competencia, protección de datos y medio ambiente.
- Evaluación y selección de socios: Implementar procedimientos rigurosos para seleccionar socios comerciales confiables que compartan los valores éticos de la organización y cumplan con las regulaciones aplicables.
- Transparencia contractual: Establecer acuerdos claros y detallados que definan las responsabilidades, expectativas y estándares de cumplimiento para ambas partes en la relación comercial.

- Supervisión y monitoreo: Diseñar sistemas para supervisar las actividades y el desempeño de los socios en mercados regulados, asegurando que operen conforme a las políticas de la organización y las leyes del sector.
- Gestión de riesgos reputacionales: Identificar y mitigar riesgos potenciales derivados de las relaciones comerciales, como incumplimientos normativos, malas prácticas o conflictos éticos, protegiendo la integridad de la organización en mercados regulados.

CRITERIO 192. MONITOREO DE OPERACIONES EN SECTORES DE ALTO RIESGO

El criterio de monitoreo de operaciones en sectores de alto riesgo evalúa, si una organización implementa controles y estrategias para supervisar eficazmente sus actividades en industrias con elevados riesgos regulatorios, ambientales, éticos o de seguridad. Este criterio busca garantizar el cumplimiento normativo, la mitigación de riesgos y la sostenibilidad de las operaciones en contextos complejos.

Dimensiones:

- Identificación de riesgos específicos del sector: Realizar un análisis detallado de los riesgos inherentes a las operaciones en sectores de alto riesgo, como violaciones regulatorias, impactos ambientales o vulnerabilidades a corrupción y lavado de dinero.
- Cumplimiento normativo estricto: Asegurar que las actividades cumplan con las leyes y regulaciones aplicables, incluyendo estándares internacionales y locales específicos del sector.
- Supervisión continua y auditorías: Diseñar sistemas de monitoreo para evaluar en tiempo real el desempeño y los riesgos asociados a las operaciones, complementados con auditorías regulares para garantizar conformidad y transparencia.
- Capacitación especializada: Proporcionar formación a los empleados y socios involucrados en las operaciones de alto riesgo, asegurando que comprendan las normativas y mejores prácticas aplicables al sector.
- Gestión de impactos y comunicación: Implementar medidas para mitigar impactos negativos en comunidades y el medio ambiente, asegurando una comunicación transparente con las partes interesadas sobre los esfuerzos de la organización para gestionar los riesgos del sector.

CRITERIO 193. CONTROL DE LA UTILIZACIÓN DE MATERIAS PRIMAS CRÍTICAS

El criterio de control de la utilización de materias primas críticas evalúa, si una organización implementa estrategias y controles para gestionar de manera eficiente, ética y sostenible el uso de recursos escasos o estratégicos, reduciendo riesgos asociados a su disponibilidad, costos y origen. Este criterio busca garantizar la sostenibilidad operativa, el cumplimiento normativo y la protección de los derechos humanos y del medio ambiente.

Dimensiones:

- Identificación y evaluación de riesgos: Analizar la cadena de suministro para identificar riesgos asociados a materias primas críticas, como interrupciones en el abastecimiento, fluctuaciones de precios o dependencia de proveedores en zonas de conflicto.
- Cumplimiento normativo y estándares éticos: Garantizar que la adquisición y el uso de materias primas críticas cumplan con normativas locales e internacionales, como las relacionadas con minerales en zonas de conflicto, además de respetar principios éticos y derechos humanos.
- Optimización y eficiencia: Implementar prácticas que reduzcan el consumo de materias primas críticas, fomentando el uso eficiente, la reutilización y la búsqueda de alternativas sostenibles.
- Transparencia y trazabilidad: Establecer sistemas para monitorear y documentar el origen, transporte y transformación de materias primas críticas, asegurando la transparencia en toda la cadena de suministro.
- Colaboración con partes interesadas: Trabajar con proveedores, gobiernos y organizaciones internacionales para promover prácticas responsables en la extracción y comercio de materias primas críticas, apoyando el desarrollo sostenible de las comunidades afectadas.

CRITERIO 194. SUPERVISIÓN DE CONTRATOS CON ORGANISMOS INTERNACIONALES

El criterio de supervisión de contratos con organismos internacionales evalúa, si una organización implementa políticas y controles adecuados para gestionar de manera transparente, ética y conforme a la normativa los acuerdos y relaciones contractuales con instituciones internacionales.

Este criterio busca garantizar el cumplimiento de las obligaciones contractuales, proteger la reputación de la organización y maximizar el valor de dichas colaboraciones.

Dimensiones:

- Cumplimiento normativo y contractual: Asegurar que los contratos con organismos internacionales cumplan con las regulaciones aplicables, incluyendo estándares internacionales, y que reflejen términos claros, precisos y ejecutables.
- Transparencia y rendición de cuentas: Documentar y reportar de manera clara las actividades relacionadas con estos contratos, garantizando la trazabilidad y la rendición de cuentas ante las partes interesadas.
- Gestión de riesgos asociados: Identificar y mitigar riesgos específicos, como incumplimientos de cláusulas, conflictos de interés o problemas relacionados con el financiamiento y la gobernanza.
- Supervisión y monitoreo continuo: Implementar mecanismos para supervisar el cumplimiento de las obligaciones contractuales y evaluar periódicamente el desempeño de las actividades derivadas del contrato.
- Colaboración y comunicación: Establecer canales efectivos de comunicación con los organismos internacionales para facilitar la resolución de conflictos, la alineación de objetivos y la adaptación a cambios en los términos o condiciones contractuales.

CRITERIO 195. PREVENCIÓN DE RIESGOS EN PROCESOS DE LICITACIÓN

El criterio de prevención de riesgos en procesos de licitación evalúa, si una organización implementa políticas y controles para garantizar que la participación en concursos y adjudicaciones públicas o privadas se realice de manera transparente, ética y conforme a la normativa. Este criterio busca minimizar riesgos legales, operativos y reputacionales asociados a irregularidades o incumplimientos en estos procesos.

Dimensiones:

- Cumplimiento normativo: Asegurar que las prácticas de licitación cumplan con las leyes aplicables, como regulaciones anticorrupción, de competencia y requisitos específicos de los pliegos de condiciones.

- Transparencia y trazabilidad: Diseñar procedimientos que garanticen la claridad y el registro detallado de cada etapa del proceso de licitación, incluyendo la preparación de ofertas, evaluaciones y adjudicaciones.
- Identificación y gestión de conflictos de interés: Implementar medidas para detectar y mitigar posibles conflictos de interés entre los participantes, asegurando decisiones imparciales y objetivas.
- Capacitación en procesos de licitación: Formar a los empleados involucrados en las licitaciones sobre normativas relevantes, riesgos comunes y mejores prácticas para elaborar propuestas éticas y competitivas.
- Supervisión y auditorías internas: Establecer mecanismos de monitoreo y revisión para identificar irregularidades o incumplimientos durante el proceso de licitación, aplicando medidas correctivas cuando sea necesario y garantizando la mejora continua.

CRITERIO 196. MONITORIZACIÓN DEL USO DE TECNOLOGÍAS DE RASTREO

El criterio de monitorización del uso de tecnologías de rastreo evalúa, si una organización implementa controles y políticas claras para gestionar el empleo de dispositivos o software destinados al seguimiento de activos, empleados, clientes u otras partes interesadas. Este criterio busca garantizar que dichas tecnologías se utilicen de manera ética, transparente y conforme a las normativas aplicables, protegiendo la privacidad y los derechos de los involucrados.

Dimensiones:

- Cumplimiento normativo: Asegurar que el uso de tecnologías de rastreo cumpla con regulaciones de protección de datos, privacidad y cualquier normativa específica aplicable en las jurisdicciones correspondientes.
- Transparencia en la implementación: Informar a las partes afectadas sobre el propósito, alcance y duración del rastreo, incluyendo la recopilación, almacenamiento y uso de los datos obtenidos, promoviendo prácticas claras y comprensibles.

- Protección de datos recopilados: Implementar medidas para salvaguardar la seguridad de la información recolectada, previniendo accesos no autorizados, usos indebidos o fugas de datos.
- Limitación y proporcionalidad: Garantizar que el rastreo se limite a los fines legítimos previamente definidos y que sea proporcional a los objetivos establecidos, evitando la invasión innecesaria de la privacidad.
- Supervisión y auditoría continua: Establecer sistemas para monitorear y evaluar el uso de tecnologías de rastreo, detectando posibles irregularidades, garantizando la conformidad y ajustando prácticas en función de cambios regulatorios o tecnológicos.

CRITERIO 197. EFICACIA EN LA GESTIÓN DE POLÍTICAS ANTICOMPETITIVAS

El criterio de eficacia en la gestión de políticas anticompetitivas evalúa, si una organización implementa mecanismos para prevenir, identificar y abordar prácticas que puedan restringir la competencia, como acuerdos colusorios, abuso de posición dominante o fijación indebida de precios. Este criterio busca garantizar el cumplimiento normativo, proteger la reputación corporativa y promover una competencia leal y ética en el mercado.

Dimensiones:

- Cumplimiento normativo y sensibilización: Asegurar que las operaciones cumplan con las leyes de competencia aplicables en todas las jurisdicciones donde opera la organización, e informar a los empleados y socios sobre las implicaciones legales de las prácticas anticompetitivas.
- Detección de riesgos y prevención: Implementar controles internos para identificar y mitigar riesgos relacionados con conductas anticompetitivas, incluyendo auditorías, evaluaciones de riesgos y revisión de prácticas comerciales.
- Políticas claras y accesibles: Establecer y comunicar políticas internas que prohíban expresamente las prácticas contrarias a la competencia, acompañadas de ejemplos claros para facilitar su comprensión y aplicación.
- Mecanismos de denuncia y supervisión: Crear canales de denuncia confidenciales para que empleados y terceros puedan reportar sos-

pechas de prácticas anticompetitivas, complementados con monitoreo y auditorías periódicas para asegurar el cumplimiento.

- Gestión de incidentes y aprendizaje continuo: Diseñar procedimientos para abordar y corregir incidentes relacionados con conductas anticompetitivas, utilizando las lecciones aprendidas para fortalecer las políticas y prevenir futuras violaciones.

CRITERIO 198. TRANSPARENCIA EN LA GESTIÓN DE INVERSIONES

El criterio de transparencia en la gestión de inversiones evalúa, si una organización implementa políticas y controles para garantizar que sus decisiones de inversión sean claras, éticas y estén alineadas con los intereses de las partes interesadas y las normativas aplicables. Este criterio busca fomentar la confianza, prevenir conflictos de interés y asegurar la rendición de cuentas en las actividades de inversión.

Dimensiones:

- Divulgación de información: Proveer a las partes interesadas información completa y comprensible sobre los objetivos, riesgos, criterios y resultados de las inversiones realizadas por la organización.
- Cumplimiento normativo: Garantizar que todas las actividades de inversión cumplan con las leyes y regulaciones aplicables, incluyendo normativas de mercados financieros, transparencia y protección al inversor.
- Gestión de conflictos de interés: Establecer controles internos para identificar y mitigar posibles conflictos de interés en las decisiones de inversión, asegurando que estas se realicen de manera imparcial y ética.
- Evaluación y monitoreo continuo: Implementar sistemas para supervisar y evaluar el desempeño de las inversiones, verificando que se ajusten a los objetivos financieros, sociales o ambientales establecidos.
- Incorporación de criterios ESG (ambientales, sociales y de gobernanza): Integrar principios de sostenibilidad y responsabilidad corporativa en la estrategia de inversión, promoviendo un impacto positivo en las comunidades y el medio ambiente.

CRITERIO 199. PROMOCIÓN DE LA EQUIDAD SALARIAL

El criterio de promoción de la equidad salarial evalúa, si una organización implementa políticas, procedimientos y controles para garantizar que los empleados reciban una compensación justa y equitativa, sin discriminación por género, edad, raza, etnia, discapacidad o cualquier otra condición protegida. Este criterio busca promover un entorno laboral inclusivo y justo, alineado con principios éticos y normativos.

Dimensiones:

- Cumplimiento normativo: Asegurar que las prácticas de compensación cumplan con las leyes y regulaciones aplicables sobre igualdad salarial y no discriminación en las jurisdicciones donde opera la organización.
- Análisis de brechas salariales: Realizar estudios regulares para identificar y abordar discrepancias salariales injustificadas entre empleados que desempeñan funciones similares con igual nivel de responsabilidad y experiencia.
- Transparencia en las políticas de compensación: Establecer y comunicar políticas claras sobre los criterios de determinación salarial, garantizando que sean comprensibles y accesibles para todos los empleados.
- Establecimiento de estándares justos: Implementar sistemas de evaluación de puestos y desempeño que aseguren que las compensaciones estén alineadas con las competencias, responsabilidades y contribuciones reales de los empleados.
- Monitoreo y mejora continua: Supervisar de manera regular las prácticas salariales para garantizar su equidad, adaptándolas a cambios normativos, sociales o internos, y fortaleciendo la cultura de equidad e inclusión en la organización.

CRITERIO 200. EFICACIA EN LA GESTIÓN DE DATOS DE CLIENTES EN PROCESOS DE SUBCONTRATACIÓN

El criterio de eficacia en la gestión de datos de clientes en procesos de subcontratación evalúa, si una organización implementa controles y políticas para garantizar que los datos personales de los clientes manejados por terceros sean protegidos de manera adecuada, conforme a las normativas aplicables y los estándares éticos. Este criterio busca minimizar riesgos relacionados con la privacidad, la seguridad y el cumplimiento normativo, asegurando la confianza de los clientes y la sostenibilidad de las operaciones.

Dimensiones:

- Cumplimiento normativo: Asegurar que el manejo de datos por terceros cumpla con normativas de protección de datos aplicables, como el RGPD, la CCPA u otras leyes locales, incluyendo acuerdos claros de procesamiento de datos.
- Evaluación y selección de proveedores: Establecer procedimientos para seleccionar subcontratistas que demuestren prácticas sólidas de protección de datos, incluyendo certificaciones relevantes y auditorías previas.
- Contratos con cláusulas de protección de datos: Formalizar acuerdos que incluyan cláusulas específicas sobre confidencialidad, medidas de seguridad, uso permitido de los datos y responsabilidades en caso de incidentes.
- Supervisión y monitoreo continuo: Implementar sistemas para supervisar las prácticas de los subcontratistas en relación con la gestión de datos de clientes, realizando auditorías periódicas para verificar el cumplimiento de los acuerdos.
- Planes de respuesta ante incidentes: Diseñar y exigir a los subcontratistas la implementación de planes efectivos para la gestión de violaciones de seguridad, asegurando la notificación oportuna y la mitigación de daños en caso de incidentes.

CRITERIO 201. MONITOREO DE RIESGOS EN OPERACIONES DE VENTA DIRECTA

El criterio de monitoreo de riesgos en operaciones de venta directa evalúa, si una organización implementa controles y políticas para identificar, gestionar y mitigar los riesgos asociados a este modelo de negocio, como incumplimientos normativos, prácticas comerciales engañosas, conflictos con consumidores y problemas en la gestión de redes de vendedores. Este criterio busca garantizar operaciones éticas, sostenibles y alineadas con la normativa aplicable, protegiendo la reputación corporativa y los derechos de los clientes.

Dimensiones:

- Cumplimiento normativo: Asegurar que las operaciones de venta directa cumplan con las regulaciones locales e internacionales aplicables, incluyendo normativas de protección al consumidor, competencia leal y contratos comerciales.
- Prevención de prácticas engañosas: Establecer controles para evitar estrategias de marketing que puedan ser consideradas fraudulentas o engañosas, como exageraciones en las expectativas de ingresos o beneficios del producto.

- Gestión de redes de vendedores: Implementar mecanismos para supervisar la actividad de los vendedores independientes, garantizando que actúen conforme a las políticas corporativas y principios éticos.
- Protección de derechos del consumidor: Diseñar procedimientos claros para atender quejas y resolver disputas de los clientes de manera rápida y justa, fortaleciendo la confianza en el modelo de negocio.
- Supervisión y mejora continua: Monitorear de manera regular los procesos y resultados de las operaciones de venta directa, identificando riesgos emergentes y ajustando las estrategias para prevenir futuros problemas.

CRITERIO 202. PROMOCIÓN DE LA TRANSPARENCIA EN EL DISEÑO DE PRODUCTOS

El criterio de promoción de la transparencia en el diseño de productos evalúa, si una organización implementa prácticas y políticas para garantizar que el proceso de creación y desarrollo de productos sea claro, ético y conforme a las normativas aplicables. Este criterio busca fortalecer la confianza de los consumidores, prevenir reclamaciones y garantizar que los productos cumplan con los estándares de calidad, seguridad y sostenibilidad.

Dimensiones:

- Cumplimiento normativo y ético: Asegurar que el diseño de productos cumpla con las leyes y regulaciones aplicables en términos de seguridad, calidad, sostenibilidad y etiquetado, además de alinearse con principios éticos.
- Divulgación de información clara: Proporcionar a los consumidores y partes interesadas información comprensible y detallada sobre los componentes, funcionalidades, riesgos y beneficios del producto.
- Sostenibilidad en el diseño: Incorporar criterios de sostenibilidad, como el uso eficiente de materiales, reciclabilidad y reducción del impacto ambiental, y comunicar estas características de forma transparente.
- Gestión de reclamaciones y retroalimentación: Establecer mecanismos para recibir, analizar y responder a las opiniones y quejas de

los consumidores relacionadas con el diseño y funcionalidad del producto, utilizando esta información para mejoras continuas.

- Auditorías y supervisión del proceso: Implementar sistemas para monitorear y auditar el diseño de productos en todas sus etapas, garantizando que los procesos sean consistentes con las políticas de transparencia y calidad de la organización.

CRITERIO 203. CONTROL DE RIESGOS RELACIONADOS CON EL USO DE TECNOLOGÍAS EMERGENTES

El criterio de control de riesgos relacionados con el uso de tecnologías emergentes evalúa, si una organización identifica, gestiona y mitiga los riesgos inherentes a la implementación de tecnologías innovadoras, como inteligencia artificial, *blockchain*, realidad aumentada o el Internet de las Cosas (IoT). Este criterio busca garantizar la seguridad, el cumplimiento normativo y la sostenibilidad, al tiempo que se aprovechan las oportunidades que estas tecnologías ofrecen.

Dimensiones:

- Evaluación de riesgos tecnológicos: Realizar análisis previos a la implementación para identificar posibles riesgos asociados, como vulnerabilidades en ciberseguridad, errores en el diseño de algoritmos o impactos operativos.
- Cumplimiento normativo y ético: Asegurar que el uso de tecnologías emergentes respete las normativas aplicables, incluyendo regulaciones de protección de datos, privacidad y derechos humanos, además de alinearse con principios éticos.
- Protección de datos y ciberseguridad: Implementar medidas robustas para proteger la integridad, confidencialidad y disponibilidad de los datos procesados por estas tecnologías, previniendo accesos no autorizados o fugas de información.
- Capacitación y sensibilización: Proporcionar formación a empleados y socios sobre los riesgos y beneficios de las tecnologías emergentes, promoviendo un uso consciente y responsable.
- Supervisión y actualización continua: Monitorear el desempeño y los riesgos asociados a estas tecnologías después de su implementación, ajustando políticas y prácticas para incorporar avances regulatorios y técnicos.

CRITERIO 204. FORTALECIMIENTO DE LOS MECANISMOS DE DIVERSIDAD E INCLUSIÓN

El criterio de fortalecimiento de los mecanismos de diversidad e inclusión evalúa, si una organización implementa políticas, prácticas y estructuras para promover la equidad, la representación de grupos diversos y un entorno laboral inclusivo. Este criterio busca garantizar la eliminación de barreras estructurales, el cumplimiento normativo y la creación de una cultura organizacional que valore y respete la diversidad.

Dimensiones:

- Políticas inclusivas: Diseñar y aplicar normativas claras que fomenten la diversidad y la inclusión en todos los procesos, desde la contratación hasta la promoción, garantizando la igualdad de oportunidades.
- Capacitación y sensibilización: Implementar programas de formación continua para empleados y líderes sobre temas de diversidad, inclusión y la prevención de conductas discriminatorias.
- Representación equitativa: Establecer metas y estrategias para mejorar la representación de grupos históricamente subrepresentados en todos los niveles de la organización, asegurando la igualdad de participación.
- Mecanismos de denuncia y resolución: Crear canales confidenciales y accesibles para reportar incidentes de discriminación o exclusión, con procedimientos justos y transparentes para su resolución.
- Monitoreo y medición del impacto: Desarrollar sistemas para evaluar periódicamente la efectividad de las iniciativas de diversidad e inclusión, ajustando estrategias basadas en resultados y retroalimentación de los empleados.

CRITERIO 205. SUPERVISIÓN DEL CUMPLIMIENTO DE ACUERDOS DE CONFIDENCIALIDAD

El criterio de supervisión del cumplimiento de acuerdos de confidencialidad evalúa, si una organización implementa controles y procedimientos para garantizar que los compromisos de protección de información confidencial se respeten por todas las partes involucradas. Este criterio busca prevenir filtraciones de información, minimizar riesgos legales y proteger los activos intangibles de la organización.

Dimensiones:

- Definición y claridad en los acuerdos: Asegurar que los acuerdos de confidencialidad (NDAs) sean claros, específicos y reflejen adecuadamente los términos de protección de información, incluyendo las obligaciones y restricciones aplicables a cada parte.
- Identificación de información confidencial: Establecer directrices internas para clasificar y proteger la información que debe considerarse confidencial, asegurando que todos los involucrados comprendan su alcance.
- Monitoreo y control del acceso: Implementar sistemas para restringir y monitorear el acceso a la información protegida, garantizando que solo las personas autorizadas tengan acceso a la misma.
- Capacitación en confidencialidad: Proporcionar formación regular a empleados y socios sobre la importancia de los acuerdos de confidencialidad y las consecuencias del incumplimiento.
- Auditorías y mecanismos de supervisión: Realizar auditorías periódicas para verificar el cumplimiento de los acuerdos, identificar posibles incumplimientos y aplicar medidas correctivas o sanciones según corresponda.

CRITERIO 206. MONITORIZACIÓN DE LAS PRÁCTICAS DE COMPENSACIÓN VARIABLE

El criterio de monitorización de las prácticas de compensación variable evalúa, si una organización supervisa y gestiona eficazmente los esquemas de remuneración basados en el desempeño, asegurando que estén alineados con los objetivos corporativos, sean éticos y cumplan con las normativas aplicables. Este criterio busca prevenir desequilibrios, incentivar conductas responsables y mantener la equidad en la estructura de compensación.

Dimensiones:

- Cumplimiento normativo: Garantizar que los planes de compensación variable cumplan con las leyes laborales, fiscales y regulaciones sectoriales aplicables, evitando conflictos legales y sanciones.
- Alineación con los objetivos corporativos: Diseñar sistemas de compensación que incentiven el logro de metas organizacionales sostenibles, promoviendo resultados a largo plazo y evitando comportamientos de alto riesgo.

- Transparencia y comunicación: Informar claramente a los empleados sobre los criterios de evaluación, los indicadores clave de desempeño y el cálculo de las compensaciones variables, fomentando la confianza y el entendimiento.
- Equidad y no discriminación: Supervisar que las prácticas de compensación variable sean justas y no generen diferencias injustificadas entre empleados en posiciones similares o con responsabilidades comparables.
- Monitoreo y evaluación continua: Implementar sistemas para revisar periódicamente los esquemas de compensación variable, asegurando su efectividad, ajustándolos según necesidades organizacionales y regulaciones, y previniendo riesgos financieros o éticos.

CRITERIO 207. GESTIÓN DE RIESGOS EN PROCESOS DE FUSIONES Y ADQUISICIONES TRANSFRONTERIZAS

El criterio de gestión de riesgos en procesos de fusiones y adquisiciones transfronterizas evalúa, si una organización identifica, analiza y mitiga los riesgos asociados a la integración de empresas en diferentes jurisdicciones. Este criterio busca garantizar el cumplimiento normativo, la viabilidad financiera, la integración cultural y la sostenibilidad operativa en un entorno internacional.

Dimensiones:

- Cumplimiento normativo multinacional: Asegurar que las transacciones cumplan con las leyes locales e internacionales aplicables, incluyendo regulaciones fiscales, de competencia y de protección de datos.
- Evaluación de riesgos financieros: Realizar una debida diligencia exhaustiva para identificar riesgos financieros, como la sobrevaloración de activos, deudas no declaradas o problemas de liquidez en la empresa objetivo.
- Análisis cultural y organizacional: Identificar y gestionar diferencias culturales, prácticas laborales y estructuras organizacionales que puedan afectar la integración y la productividad post-fusión o adquisición.
- Gestión de la reputación: Evaluar el impacto reputacional de la transacción, considerando factores como el historial ético de la em-

presa objetivo, su posición en el mercado y su relación con las partes interesadas locales.

- Supervisión y monitoreo post-transacción: Implementar controles para evaluar la eficacia de la integración, monitorear el cumplimiento de los objetivos estratégicos y gestionar problemas emergentes en las operaciones transfronterizas.

CRITERIO 208. EFICACIA EN LA MITIGACIÓN DE RIESGOS EN FRANQUICIAS

El criterio de eficacia en la mitigación de riesgos en franquicias evalúa, si una organización implementa controles, políticas y estrategias para identificar, gestionar y minimizar los riesgos asociados a la relación con franquiciados, asegurando el cumplimiento normativo, la protección de la marca y la sostenibilidad del modelo de negocio. Este criterio busca fortalecer la colaboración entre la empresa matriz y sus franquicias, promoviendo prácticas éticas y operativas coherentes.

Dimensiones:

- Cumplimiento normativo: Garantizar que las operaciones de la franquicia cumplan con las leyes locales e internacionales aplicables, incluyendo normativas de competencia, laborales y de protección al consumidor.
- Protección de la marca: Establecer estándares claros para el uso de la marca, garantizando que los franquiciados mantengan su reputación y calidad, y prevenir conductas que puedan dañarla.
- Supervisión operativa: Implementar mecanismos de monitoreo para evaluar el desempeño de las franquicias y asegurar que cumplan con los estándares operativos y éticos de la organización.
- Gestión de riesgos financieros: Diseñar estructuras contractuales que equilibren los riesgos financieros entre la empresa matriz y los franquiciados, mitigando problemas como incumplimientos de pago o quiebras.
- Capacitación y soporte continuo: Proveer formación y recursos a los franquiciados para fomentar el cumplimiento de las normativas, la alineación con los valores de la marca y la gestión efectiva de los riesgos locales.

CRITERIO 209. SUPERVISIÓN DE POLÍTICAS DE RETIRADA DE PRODUCTOS

El criterio de supervisión de políticas de retirada de productos evalúa, si una organización implementa procedimientos eficaces y controles adecuados para gestionar la retirada de productos del mercado en caso de defectos, riesgos para la salud o el incumplimiento de normativas. Este criterio busca proteger a los consumidores, minimizar impactos legales y reputacionales, y asegurar el cumplimiento normativo.

Dimensiones:

- Cumplimiento normativo: Garantizar que las políticas de retirada cumplan con las regulaciones locales e internacionales aplicables, incluidas las relacionadas con seguridad del consumidor y etiquetado.
- Identificación y evaluación de riesgos: Implementar sistemas para detectar de manera temprana defectos o problemas en los productos que puedan requerir su retirada del mercado, evaluando el impacto en la salud, seguridad y reputación.
- Procedimientos claros y eficientes: Diseñar procesos específicos para la ejecución de la retirada, desde la comunicación con los distribuidores hasta la recuperación de los productos y su disposición adecuada.
- Comunicación con las partes interesadas: Establecer canales efectivos para informar rápidamente a consumidores, reguladores y socios comerciales sobre la retirada, asegurando transparencia y accesibilidad.
- Monitoreo y mejora continua: Supervisar la eficacia de las políticas de retirada a través de revisiones post-evento, identificando áreas de mejora y ajustando los protocolos para futuros incidentes.

CRITERIO 210. MONITOREO DE IMPACTOS RELACIONADOS CON LA MIGRACIÓN LABORAL

El criterio de monitoreo de impactos relacionados con la migración laboral evalúa, si una organización identifica, gestiona y mitiga los efectos sociales, económicos y regulatorios derivados de la contratación o el empleo de trabajadores migrantes. Este criterio busca garantizar el cumplimiento normativo, el respeto a los derechos humanos y la integración responsable de los trabajadores migrantes en las operaciones de la organización.

Dimensiones:

- Cumplimiento normativo y de derechos laborales: Asegurar que las políticas y prácticas relacionadas con la migración laboral cumplan con las leyes locales e internacionales, así como con convenios de la OIT y principios de derechos humanos.
- Prevención de la explotación laboral: Implementar controles para prevenir prácticas abusivas, como salarios injustos, condiciones laborales inseguras o retención indebida de documentos, y garantizar la equidad en el trato a los trabajadores migrantes.
- Facilitación de la integración social y cultural: Diseñar programas que promuevan la inclusión de los trabajadores migrantes, fomentando el respeto por las diferencias culturales y facilitando su adaptación al entorno laboral.
- Monitoreo de riesgos reputacionales: Evaluar el impacto de la migración laboral en la percepción pública de la organización, asegurando que las prácticas laborales sean éticas y responsables.
- Supervisión y mejora continua: Implementar sistemas para revisar periódicamente las políticas y prácticas de migración laboral, garantizando su alineación con los valores organizacionales y estándares internacionales, e introduciendo mejoras basadas en evaluaciones y retroalimentación.

CRITERIO 211. SUPERVISIÓN DEL CUMPLIMIENTO EN PROGRAMAS DE SOSTENIBILIDAD

El criterio de supervisión del cumplimiento en programas de sostenibilidad evalúa, si una organización implementa políticas, procedimientos y controles para garantizar que sus iniciativas sostenibles se desarrollen de manera ética, transparente y conforme a las normativas aplicables. Este criterio busca maximizar el impacto positivo en el medio ambiente, la sociedad y la economía, asegurando la alineación con los objetivos corporativos y las expectativas de las partes interesadas.

Dimensiones:

- Cumplimiento normativo y de estándares internacionales: Asegurar que los programas de sostenibilidad cumplan con leyes locales e internacionales, así como con estándares globales como los Objetivos de Desarrollo Sostenible (ODS) y los principios del Pacto Mundial de las Naciones Unidas.

- Medición de impacto: Implementar sistemas para evaluar y monitorear los resultados de las iniciativas sostenibles, cuantificando el impacto ambiental, social y económico de las actividades realizadas.
- Transparencia y rendición de cuentas: Diseñar mecanismos para comunicar de manera clara y accesible los objetivos, avances y resultados de los programas de sostenibilidad a las partes interesadas, fomentando la confianza y la participación.
- Integración en la estrategia corporativa: Garantizar que los programas de sostenibilidad estén alineados con los objetivos estratégicos de la organización, promoviendo su adopción en todas las áreas operativas.
- Mejora continua: Supervisar de manera regular los programas para identificar áreas de mejora, incorporar innovaciones y adaptarse a cambios normativos, tecnológicos o de expectativas sociales.

CRITERIO 212. EFICACIA EN LA PREVENCIÓN DE RIESGOS EN CRIPTOMONEDAS

El criterio de eficacia en la prevención de riesgos en criptomonedas evalúa, si una organización implementa políticas, controles y estrategias para gestionar los riesgos asociados al uso, comercio o aceptación de criptomonedas, garantizando el cumplimiento normativo, la seguridad financiera y la protección de los intereses de las partes involucradas. Este criterio busca minimizar la exposición a actividades ilícitas, ciberataques y volatilidad, fomentando un manejo responsable y transparente de estos activos digitales.

Dimensiones:

- Cumplimiento normativo y antifraude: Asegurar que las actividades relacionadas con criptomonedas cumplan con las leyes locales e internacionales, como normativas de prevención de lavado de dinero (AML), financiamiento al terrorismo (CFT) y requisitos de registro ante las autoridades competentes.
- Gestión de la volatilidad: Implementar estrategias para mitigar los riesgos asociados a la fluctuación de los valores de las criptomone-

das, protegiendo los activos y la estabilidad financiera de la organización.

- Ciberseguridad: Establecer controles robustos para proteger los monederos digitales, claves privadas y plataformas de intercambio frente a ciberataques y accesos no autorizados.
- Evaluación de contrapartes y transacciones: Diseñar procedimientos para analizar y validar la legitimidad de las contrapartes y las transacciones realizadas con criptomonedas, reduciendo el riesgo de involucrarse en actividades ilícitas.
- Educación y sensibilización: Formar a los empleados y socios comerciales sobre los riesgos, beneficios y regulaciones relacionadas con las criptomonedas, promoviendo un enfoque ético y estratégico en su uso.

CRITERIO 213. CONTROL DE LA SEGURIDAD EN ENTORNOS DE CLOUD COMPUTING

El criterio de control de la seguridad en entornos de *cloud computing* evalúa, si una organización implementa políticas, controles y tecnologías para proteger la confidencialidad, integridad y disponibilidad de los datos y servicios alojados en la nube. Este criterio busca mitigar riesgos como accesos no autorizados, pérdida de datos o interrupciones operativas, asegurando el cumplimiento normativo y la confianza de las partes interesadas.

Dimensiones:

- Cumplimiento normativo y contractual: Garantizar que los servicios en la nube cumplan con las regulaciones aplicables, como el RGPD o leyes sectoriales, e incluir cláusulas claras sobre seguridad y privacidad en los contratos con proveedores.
- Gestión de accesos y autenticación: Implementar controles de acceso robustos, como autenticación multifactor, para proteger los datos y aplicaciones contra accesos no autorizados.
- Protección de datos sensibles: Establecer prácticas como cifrado en tránsito y en reposo, junto con políticas de clasificación y gestión de datos, para evitar fugas de información confidencial.
- Monitoreo y detección de amenazas: Desplegar sistemas para supervisar la actividad en la nube, detectar anomalías en tiempo real y responder a incidentes de seguridad de manera oportuna.

- Evaluación y auditorías periódicas: Realizar auditorías regulares del entorno de *cloud computing* y de los proveedores para verificar el cumplimiento de estándares de seguridad, actualizando las políticas según sea necesario.

CRITERIO 214. GESTIÓN DE LOS DERECHOS DE LOS EMPLEADOS EN MERCADOS EMERGENTES

El criterio de gestión de los derechos de los empleados en mercados emergentes evalúa, si una organización implementa políticas, controles y prácticas que garanticen el respeto y la promoción de los derechos laborales en contextos donde las regulaciones locales pueden ser menos estrictas o estar en desarrollo. Este criterio busca prevenir abusos, promover condiciones laborales justas y alinear las operaciones con estándares internacionales de derechos humanos.

Dimensiones:

- Cumplimiento normativo local e internacional: Asegurar que las prácticas laborales respeten las leyes locales y se alineen con normas internacionales como los convenios de la OIT y los Principios Rectores de la ONU sobre Empresas y Derechos Humanos.
- Prevención de prácticas abusivas: Establecer controles para evitar explotación laboral, trabajo infantil o forzoso, asegurando condiciones laborales dignas y salarios justos para todos los empleados.
- Promoción de la seguridad y salud en el trabajo: Implementar medidas para garantizar ambientes laborales seguros y saludables, minimizando riesgos inherentes a las operaciones en mercados emergentes.
- Capacitación y sensibilización: Formar a los empleados sobre sus derechos laborales y ofrecer oportunidades de desarrollo profesional, promoviendo la igualdad de oportunidades y el respeto mutuo.
- Monitoreo y auditoría continua: Diseñar sistemas para supervisar las condiciones laborales en mercados emergentes, realizando auditorías periódicas y asegurando que los hallazgos se traduzcan en acciones correctivas efectivas.

CRITERIO 215. PROMOCIÓN DE TRANSPARENCIA EN LAS POLÍTICAS DE INCENTIVOS

El criterio de promoción de transparencia en las políticas de incentivos evalúa, si una organización establece, comunica y supervisa sus sistemas de incentivos de manera clara y ética, garantizando que sean justos, alineados con los objetivos corporativos y conformes a la normativa aplicable. Este criterio busca fomentar la confianza de los empleados y partes interesadas, prevenir conductas indebidas y asegurar una distribución equitativa de los beneficios.

Dimensiones:

- Definición clara de los criterios: Establecer y comunicar los objetivos, métricas de desempeño y condiciones bajo las cuales se otorgan los incentivos, asegurando que sean comprensibles y accesibles para todos los empleados.
- Cumplimiento normativo: Garantizar que las políticas de incentivos cumplan con las leyes laborales y fiscales aplicables, evitando prácticas que puedan derivar en sanciones legales o conflictos laborales.
- Alineación con los objetivos organizacionales: Diseñar los incentivos de manera que refuercen el logro de metas estratégicas y fomenten conductas éticas y responsables en el desempeño laboral.
- Prevención de desigualdades: Supervisar que los incentivos se otorguen de manera equitativa y sin discriminación, asegurando que las diferencias estén basadas únicamente en criterios objetivos y verificables.
- Monitoreo y mejora continua: Implementar sistemas de seguimiento para evaluar la efectividad de las políticas de incentivos, ajustándolas según las necesidades del negocio y las expectativas de los empleados y otras partes interesadas.

CRITERIO 216. MONITORIZACIÓN DE LA PUBLICIDAD DIGITAL AUTOMATIZADA

El criterio de monitorización de la publicidad digital automatizada evalúa, si una organización implementa controles y estrategias para supervisar el uso de herramientas y plataformas de compra programática y otros medios automatizados de difusión publicitaria. Este criterio busca garantizar que las campañas sean efectivas, transparentes, alineadas con los valores corporativos y conformes a la normativa aplicable, minimizando riesgos éticos, legales y reputacionales.

Dimensiones:

- Cumplimiento normativo: Asegurar que las campañas automatizadas cumplan con regulaciones aplicables sobre privacidad de datos, protección al consumidor y publicidad engañosa, como el RGPD o la CCPA.
- Selección de audiencias y contenido: Supervisar que las herramientas de segmentación respeten los derechos de los usuarios, evitando sesgos discriminatorios y asegurando la calidad y relevancia del contenido publicitario.
- Prevención de fraudes publicitarios: Implementar controles para detectar y mitigar prácticas fraudulentas, como la generación de clics falsos o la difusión de anuncios en plataformas inapropiadas o no autorizadas.
- Transparencia en las métricas de desempeño: Garantizar que los resultados de las campañas sean medidos y reportados de manera clara, precisa y verificable, permitiendo una evaluación realista de su impacto y efectividad.
- Supervisión de alianzas con terceros: Monitorear el desempeño de agencias y plataformas encargadas de la publicidad digital automatizada, asegurando que operen conforme a los estándares éticos y normativos de la organización.

CRITERIO 217. SUPERVISIÓN DE LA IMPLEMENTACIÓN DE CRITERIOS ESG EN INVERSIONES

El criterio de supervisión de la implementación de criterios ESG (ambientales, sociales y de gobernanza) en inversiones evalúa, si una organización aplica y monitorea principios de sostenibilidad y responsabilidad en sus decisiones de inversión. Este criterio busca garantizar que las inversiones promuevan un impacto positivo en el medio ambiente y la sociedad, respetando altos estándares de gobernanza, al tiempo que se maximizan los rendimientos financieros de manera ética.

Dimensiones:

- Evaluación de riesgos y oportunidades ESG: Realizar un análisis exhaustivo de los riesgos y oportunidades asociados a factores ESG en las posibles inversiones, asegurando que estos se integren en los procesos de toma de decisiones.

- Definición de estándares ESG claros: Establecer criterios específicos y medibles para evaluar el desempeño ambiental, social y de gobernanza de los activos o proyectos en los que se invierte.
- Supervisión y monitoreo continuo: Implementar sistemas para monitorear regularmente el cumplimiento de los criterios ESG por parte de las inversiones, detectando desviaciones y exigiendo mejoras cuando sea necesario.
- Transparencia y divulgación: Comunicar de manera clara a las partes interesadas los objetivos, métricas y resultados asociados a la integración de criterios ESG en las inversiones, fomentando la rendición de cuentas.
- Alineación con estándares internacionales: Asegurar que la implementación de criterios ESG esté en línea con marcos reconocidos, como los Principios de Inversión Responsable (PRI) o los Objetivos de Desarrollo Sostenible (ODS).

CRITERIO 218. GESTIÓN DE RIESGOS RELACIONADOS CON EL USO DE ROBÓTICA

El criterio de gestión de riesgos relacionados con el uso de robótica evalúa, si una organización identifica, analiza y mitiga los riesgos asociados a la implementación y operación de tecnologías robóticas en sus procesos. Este criterio busca garantizar la seguridad, el cumplimiento normativo, la eficiencia operativa y la alineación con principios éticos, minimizando impactos negativos en el entorno laboral y social.

Dimensiones:

- Cumplimiento normativo: Asegurar que el uso de robots y sistemas automatizados cumpla con regulaciones aplicables, incluidas normativas de seguridad laboral, protección de datos y estándares específicos de la industria.
- Seguridad operativa: Implementar medidas para prevenir accidentes, errores o fallos en los sistemas robóticos que puedan afectar la seguridad de los empleados, los bienes y las instalaciones.
- Impacto laboral y social: Evaluar y gestionar los efectos del uso de robótica en la fuerza laboral, incluyendo la posibilidad de reasignar empleados afectados por la automatización a roles compatibles con sus habilidades.

- Ciberseguridad: Establecer controles robustos para proteger los sistemas robóticos contra accesos no autorizados, manipulaciones o ciberataques que puedan comprometer su funcionalidad o la seguridad de los datos manejados.
- Monitoreo y evaluación continua: Diseñar procesos para supervisar el desempeño y los riesgos asociados a los sistemas robóticos, ajustando políticas y prácticas según avances tecnológicos, cambios normativos o necesidades operativas emergentes.

CRITERIO 219. MONITORIZACIÓN DEL IMPACTO DE LAS PRÁCTICAS DE OFFSHORING

El criterio de monitorización del impacto de las prácticas de *offshoring* evalúa, si una organización supervisa y gestiona las consecuencias sociales, económicas, legales y operativas de trasladar procesos o funciones a ubicaciones en el extranjero. Este criterio busca garantizar que estas prácticas sean sostenibles, éticas y alineadas con los objetivos estratégicos de la organización, mitigando riesgos y optimizando beneficios.

Dimensiones:

- Cumplimiento normativo y ético: Asegurar que las operaciones de *offshoring* cumplan con las leyes locales e internacionales, incluyendo regulaciones laborales, fiscales y de derechos humanos, respetando estándares éticos reconocidos.
- Evaluación del impacto económico: Analizar las implicaciones financieras de las prácticas de *offshoring*, incluyendo ahorros potenciales, costos indirectos y riesgos asociados a fluctuaciones cambiarias o inestabilidad económica en las regiones seleccionadas.
- Impacto en la fuerza laboral local y extranjera: Evaluar cómo afecta el *offshoring* a los empleados de la organización en las localidades de origen y destino, asegurando prácticas justas y mitigando posibles tensiones laborales.
- Riesgos operativos y de continuidad: Identificar y gestionar riesgos relacionados con la calidad del servicio, diferencias culturales, barreras lingüísticas o problemas logísticos que puedan surgir en las operaciones *offshore*.
- Transparencia y sostenibilidad: Monitorear y reportar regularmente el impacto de las prácticas de *offshoring* en las comunidades locales y en el

medio ambiente, asegurando que estas actividades estén alineadas con principios de sostenibilidad corporativa y responsabilidad social.

CRITERIO 220. TRANSPARENCIA EN LA UTILIZACIÓN DE DATOS EN SISTEMAS DE PREDICCIÓN

El criterio de transparencia en la utilización de datos en sistemas de predicción evalúa, si una organización implementa políticas y controles para garantizar que el manejo y uso de datos en modelos predictivos sea claro, ético y conforme a la normativa. Este criterio busca fomentar la confianza de las partes interesadas, prevenir discriminación o sesgos y asegurar el cumplimiento normativo en el tratamiento de los datos.

Dimensiones:

- Cumplimiento normativo y ético: Asegurar que el uso de datos en sistemas de predicción cumpla con las leyes aplicables, como el RGPD o la CCPA, y respete principios éticos en su procesamiento.
- Claridad en los propósitos del modelo: Documentar y comunicar claramente los objetivos y aplicaciones del sistema predictivo, especificando cómo los datos contribuyen a las decisiones automatizadas o recomendaciones.
- Prevención de sesgos y discriminación: Implementar medidas para identificar y mitigar sesgos en los datos utilizados, asegurando que los modelos sean justos y equitativos en sus resultados.
- Protección de la privacidad y seguridad de los datos: Adoptar prácticas como el anonimato, cifrado y controles de acceso para proteger la información utilizada en los sistemas de predicción contra usos indebidos o accesos no autorizados.
- Supervisión y auditoría: Establecer procesos para monitorear y evaluar continuamente los sistemas predictivos, garantizando que se ajusten a los estándares de transparencia y ofreciendo explicaciones comprensibles sobre sus resultados a las partes interesadas.

CRITERIO 221. EFECTIVIDAD EN LA MITIGACIÓN DE RIESGOS EN LAS CRIPTOMONEDAS

El criterio de efectividad en la mitigación de riesgos en las criptomonedas evalúa, si una organización implementa políticas, controles y estrategias para identificar, gestionar y minimizar los riesgos asociados al uso, comercio, inversión o aceptación de criptomonedas. Este criterio busca garantizar la seguridad financiera, el cumplimiento normativo y la protección de las partes interesadas, al tiempo que se aprovechan las oportunidades asociadas a los activos digitales.

Dimensiones:

- Cumplimiento normativo y regulatorio: Asegurar que todas las actividades relacionadas con criptomonedas cumplan con las normativas locales e internacionales aplicables, como regulaciones de prevención de lavado de dinero (AML), financiamiento al terrorismo (CFT) y obligaciones fiscales.
- Gestión de la volatilidad: Establecer mecanismos para mitigar los riesgos derivados de la alta volatilidad de las criptomonedas, como políticas de cobertura o límites en las exposiciones financieras.
- Ciberseguridad y protección de activos digitales: Implementar controles robustos para proteger monederos digitales, claves privadas y plataformas de transacción contra ciberataques, robos y accesos no autorizados.
- Transparencia y trazabilidad: Diseñar procesos para garantizar la trazabilidad de las transacciones con criptomonedas, evitando actividades ilícitas y promoviendo la confianza en el manejo de estos activos.
- Educación y capacitación: Proveer formación continua a empleados y socios sobre los riesgos, beneficios y mejores prácticas para el manejo de criptomonedas, fomentando un enfoque ético y estratégico en su uso.

CRITERIO 222. CONTROL SOBRE LA PUBLICIDAD DE SERVICIOS FINANCIEROS

El criterio de control sobre la publicidad de servicios financieros evalúa, si una organización implementa políticas y procedimientos para garantizar que la promoción de sus productos y servicios financieros sea clara, ética, y conforme a las normativas aplicables. Este criterio busca proteger a los consumidores, prevenir prácticas engañosas y mantener la confianza del público en la industria financiera.

Dimensiones:

- Cumplimiento normativo: Asegurar que la publicidad cumpla con las regulaciones locales e internacionales aplicables, incluyendo la claridad sobre términos, condiciones, riesgos y costos asociados a los servicios financieros ofrecidos.
- Transparencia y veracidad: Garantizar que los mensajes publicitarios presenten información precisa, completa y comprensible, evitando afirmaciones ambiguas o engañosas que puedan inducir a error a los consumidores.
- Divulgación de riesgos: Incluir advertencias claras sobre los riesgos inherentes a los productos financieros promovidos, especialmente en el caso de instrumentos complejos o de alto riesgo.
- Segmentación ética de audiencias: Supervisar que las campañas publicitarias estén dirigidas a públicos adecuados, evitando explotar la falta de conocimiento financiero de ciertos segmentos.
- Supervisión y evaluación continua: Establecer sistemas para revisar y aprobar el contenido publicitario antes de su difusión, monitorear su impacto en el público objetivo y realizar ajustes en caso de identificar incumplimientos o posibles riesgos reputacionales.

CRITERIO 223. SUPERVISIÓN DE RIESGOS EN EL COMERCIO ELECTRÓNICO

El criterio de supervisión de riesgos en el comercio electrónico evalúa, si una organización implementa controles, políticas y estrategias para identificar, gestionar y mitigar los riesgos asociados a las operaciones de compra y venta en plataformas digitales. Este criterio busca garantizar la seguridad de las transacciones, el cumplimiento normativo y la protección de los derechos de los consumidores, promoviendo la confianza en el entorno digital.

Dimensiones:

- Cumplimiento normativo: Asegurar que las actividades de comercio electrónico cumplan con las regulaciones aplicables, como leyes de protección al consumidor, privacidad de datos, comercio internacional y comercio justo.
- Seguridad de las transacciones: Implementar tecnologías robustas, como encriptación y autenticación multifactor, para proteger las

transacciones electrónicas contra fraudes, robos de datos y ciberataques.

- Protección de los datos personales: Establecer políticas para garantizar la seguridad y confidencialidad de la información de los clientes, cumpliendo con normativas de protección de datos como el RGPD o la CCPA.
- Gestión de reclamaciones y devoluciones: Diseñar procedimientos claros, accesibles y eficaces para que los clientes puedan resolver disputas, realizar devoluciones o gestionar reembolsos de manera justa y rápida.
- Supervisión de plataformas y socios comerciales: Monitorear el cumplimiento de estándares éticos y normativos por parte de las plataformas y socios involucrados en el comercio electrónico, asegurando que mantengan la integridad y calidad de las operaciones.

CRITERIO 224. GESTIÓN DE RIESGOS EN PROGRAMAS DE LEALTAD DIGITAL

El criterio de gestión de riesgos en programas de lealtad digital evalúa, si una organización implementa controles y políticas para identificar, mitigar y supervisar los riesgos asociados al diseño y operación de programas digitales de fidelización. Este criterio busca garantizar la protección de los datos de los clientes, el cumplimiento normativo y la sostenibilidad financiera, promoviendo la confianza de los usuarios y el éxito de las estrategias de lealtad.

Dimensiones:

- Cumplimiento normativo: Asegurar que los programas de lealtad cumplan con las leyes de protección de datos, privacidad, comercio electrónico y defensa del consumidor aplicables en cada jurisdicción.
- Protección de datos personales: Implementar medidas robustas para garantizar la seguridad y confidencialidad de la información recopilada de los participantes, como el cifrado y controles de acceso.
- Transparencia en términos y condiciones: Diseñar términos claros y accesibles que especifiquen las reglas de participación, el uso de puntos o beneficios y las políticas de caducidad, evitando confusiones o posibles reclamaciones.
- Prevención de fraudes y abusos: Establecer controles para detectar y prevenir actividades fraudulentas, como el uso indebido de puntos

de fidelidad o la manipulación de cuentas por parte de clientes o terceros.

- Monitoreo y evaluación del desempeño: Supervisar regularmente el funcionamiento del programa, midiendo su efectividad en la retención de clientes, identificando áreas de mejora y ajustando las estrategias para maximizar su impacto y minimizar riesgos.

CRITERIO 225. PREVENCIÓN DE RIESGOS ÉTICOS EN EL RECLUTAMIENTO DIGITAL

El criterio de prevención de riesgos éticos en el reclutamiento digital evalúa, si una organización implementa controles y políticas para garantizar que sus procesos de selección a través de plataformas digitales se desarrollen de manera justa, transparente y respetuosa con los derechos de los candidatos. Este criterio busca prevenir discriminación, sesgos y violaciones a la privacidad, promoviendo prácticas de reclutamiento éticas y alineadas con los valores corporativos.

Dimensiones:

- Cumplimiento normativo: Asegurar que los procesos de reclutamiento digital cumplan con regulaciones aplicables en materia de privacidad de datos, igualdad de oportunidades y no discriminación.
- Protección de datos personales: Garantizar que la recopilación, almacenamiento y tratamiento de información de los candidatos se realice conforme a normativas como el RGPD, aplicando medidas de seguridad para evitar accesos no autorizados.
- Prevención de sesgos algorítmicos: Implementar controles para detectar y mitigar sesgos en herramientas automatizadas o algoritmos de selección, asegurando que las decisiones no perjudiquen a grupos protegidos o subrepresentados.
- Transparencia en los procesos: Proveer información clara a los candidatos sobre cómo se evaluará su candidatura, el uso de tecnologías en el proceso de selección y sus derechos durante el mismo.
- Supervisión y mejora continua: Monitorear regularmente las prácticas de reclutamiento digital para identificar posibles riesgos éticos, evaluar la efectividad de las herramientas utilizadas y realizar ajustes para alinearse con estándares éticos y normativos.

CRITERIO 226. SUPERVISIÓN DE LA PARTICIPACIÓN EN PROYECTOS DE SMART CITIES

El criterio de supervisión de la participación en proyectos de *smart cities* evalúa, si una organización implementa controles, políticas y estrategias para garantizar que su contribución a iniciativas de ciudades inteligentes sea ética, segura y conforme a la normativa aplicable. Este criterio busca minimizar riesgos asociados al uso de tecnología avanzada y datos personales, promover la sostenibilidad y asegurar que las actividades estén alineadas con los objetivos públicos y corporativos.

Dimensiones:

- Cumplimiento normativo y ético: Asegurar que la participación en proyectos de *smart cities* cumpla con leyes locales e internacionales relacionadas con protección de datos, privacidad, accesibilidad y uso del espacio público.
- Protección de datos y ciberseguridad: Implementar medidas robustas para garantizar la seguridad y confidencialidad de los datos recopilados y procesados en el marco del proyecto, previniendo accesos no autorizados y violaciones de seguridad.
- Sostenibilidad e impacto ambiental: Diseñar y participar en proyectos que promuevan la eficiencia energética, la reducción de residuos y el uso sostenible de los recursos naturales, alineándose con objetivos de sostenibilidad globales.
- Transparencia y comunicación con las partes interesadas: Garantizar que los ciudadanos y otras partes interesadas estén informados sobre los objetivos, beneficios y riesgos del proyecto, fomentando la participación activa y la rendición de cuentas.
- Monitoreo y evaluación continua: Supervisar el progreso y los impactos de las iniciativas en las que la organización participe, ajustando prácticas para maximizar su efectividad y minimizar riesgos éticos, operativos y regulatorios.

CRITERIO 227. GESTIÓN DE LA TRANSPARENCIA EN LA CADENA DE BLOQUES (BLOCKCHAIN)

El criterio de gestión de la transparencia en la cadena de bloques (*blockchain*) evalúa, si una organización implementa controles y políticas para garantizar que las operaciones y transacciones realizadas mediante esta tecnología sean claras, verificables y conformes con las normativas aplicables. Este criterio busca fomentar la confianza de las partes interesadas, prevenir usos indebidos y maximizar los beneficios de la tecnología en términos de seguridad y trazabilidad.

Dimensiones:

- Cumplimiento normativo y ético: Asegurar que el uso de la tecnología *blockchain* cumpla con las regulaciones aplicables, incluidas las relacionadas con protección de datos, prevención de lavado de dinero (AML) y transparencia financiera.
- Trazabilidad y verificabilidad: Implementar prácticas que permitan a las partes interesadas acceder a información verificable sobre transacciones y operaciones realizadas en la *blockchain*, promoviendo la confianza y el control.
- Prevención de usos indebidos: Diseñar mecanismos para identificar y mitigar riesgos relacionados con actividades ilícitas, como fraudes, evasión fiscal o transacciones vinculadas al financiamiento de actividades ilegales.
- Protección de datos personales: Garantizar que la información almacenada en la *blockchain* cumpla con normativas de privacidad, aplicando técnicas como el cifrado o la anonimización cuando sea necesario.
- Monitoreo y mejora continua: Establecer sistemas para supervisar el desempeño de las aplicaciones basadas en *blockchain*, identificando áreas de mejora y asegurando que se ajusten a los principios de transparencia y las normativas en evolución.

CRITERIO 228. MONITOREO DE PRÁCTICAS DE ADQUISICIÓN DE TALENTO GLOBAL

El criterio de monitoreo de prácticas de adquisición de talento global evalúa, si una organización implementa controles y políticas para gestionar de manera ética, transparente y conforme a las normativas la contratación de profesionales a nivel internacional. Este criterio busca garantizar el cumplimiento normativo, el respeto a los derechos laborales y la alineación de las estrategias de reclutamiento con los valores corporativos y las necesidades del negocio.

Dimensiones:

- Cumplimiento normativo internacional: Asegurar que las prácticas de contratación cumplan con las leyes laborales, de inmigración y de seguridad social aplicables en los países de origen y destino de los empleados.
- Prevención de discriminación y sesgos: Implementar políticas que garanticen la igualdad de oportunidades, evitando prácticas discriminatorias o que favorezcan de manera injusta a ciertos grupos en función de su nacionalidad, género u otras características.
- Transparencia en los procesos de contratación: Diseñar procesos claros que informen a los candidatos internacionales sobre las condiciones laborales, beneficios, responsabilidades y requisitos migratorios, fomentando la confianza.
- Apoyo a la integración cultural y profesional: Establecer programas para facilitar la adaptación de los empleados globales al entorno laboral y cultural de la organización, promoviendo la inclusión y la cohesión del equipo.
- Supervisión y mejora continua: Monitorear las estrategias de adquisición de talento global para identificar áreas de mejora, medir el impacto de las contrataciones internacionales y garantizar su alineación con los objetivos organizacionales y éticos.

CRITERIO 229. CONTROL DE LA IMPLEMENTACIÓN DE LA ECONOMÍA DE PLATAFORMAS

El criterio de control de la implementación de la economía de plataformas evalúa, si una organización supervisa y gestiona de manera adecuada las operaciones basadas en plataformas digitales que conectan proveedores y consumidores de bienes o servicios. Este criterio busca garantizar el cumplimiento normativo, la equidad en las relaciones laborales y comerciales, y la sostenibilidad operativa en un modelo económico altamente dinámico y digitalizado.

Dimensiones:

- Cumplimiento normativo: Asegurar que las operaciones de la plataforma cumplan con las leyes locales e internacionales, incluyendo regulaciones laborales, fiscales, de protección de datos y de competencia.

- Gestión de relaciones laborales: Implementar políticas claras para definir las condiciones de trabajo de los colaboradores o socios, garantizando la equidad y el respeto a los derechos laborales en las jurisdicciones donde opera la plataforma.
- Protección de datos y privacidad: Garantizar la seguridad de la información personal de los usuarios y proveedores en la plataforma, cumpliendo con normativas como el RGPD y aplicando estándares robustos de ciberseguridad.
- Transparencia en tarifas y términos: Proveer información clara sobre las comisiones, tarifas y condiciones aplicables a los usuarios y proveedores, evitando prácticas engañosas o abusivas.
- Monitoreo y evaluación continua: Diseñar sistemas para supervisar el desempeño de la plataforma, medir su impacto social y económico, e identificar oportunidades de mejora o mitigación de riesgos emergentes en el modelo de negocio.

CRITERIO 230. EFICACIA EN LA GESTIÓN DE CONTROLES EXPORTACIÓN/IMPORTACIÓN

El criterio de eficacia en la gestión de controles de exportación/importación evalúa, si una organización implementa políticas, procedimientos y controles adecuados para garantizar el cumplimiento de las normativas aplicables en el comercio transfronterizo de bienes, servicios y tecnologías. Este criterio busca mitigar riesgos legales y reputacionales, asegurar la seguridad operativa y promover relaciones comerciales éticas y sostenibles.

Dimensiones:

- Cumplimiento normativo: Garantizar que las operaciones de exportación e importación cumplan con las leyes y regulaciones aplicables, incluyendo controles sobre bienes estratégicos, sanciones económicas, aranceles y licencias comerciales requeridas.
- Clasificación y documentación adecuada: Implementar procedimientos para la correcta clasificación arancelaria de los bienes, la preparación de documentación precisa y la declaración conforme a las normas aduaneras.
- Prevención de riesgos de sanciones: Establecer controles para evitar violaciones relacionadas con la transferencia de bienes a países, en-

tidades o individuos sancionados, asegurando la conformidad con las listas de control de exportación e importación.

- Gestión de la cadena de suministro: Supervisar a proveedores, transportistas y otros socios comerciales involucrados en el comercio transfronterizo, asegurando que cumplan con los estándares y normativas de la organización.
- Capacitación y supervisión continua: Formar a los empleados en temas de comercio internacional, controles de exportación/importación y prácticas éticas, complementado con auditorías regulares para identificar y corregir posibles incumplimientos.

CRITERIO 231. CONTROL DE POLÍTICAS SOBRE INVESTIGACIONES CLÍNICAS

El criterio de control de políticas sobre investigaciones clínicas evalúa, si una organización implementa políticas, procedimientos y controles para garantizar que las investigaciones en el ámbito clínico se realicen de manera ética, segura y conforme a las normativas aplicables. Este criterio busca proteger los derechos de los participantes, la validez científica de los resultados y la reputación de la organización involucrada en la investigación.

Dimensiones:

- Cumplimiento normativo y ético: Asegurar que las investigaciones cumplan con las regulaciones locales e internacionales, como las Buenas Prácticas Clínicas (BPC) de la ICH, las normativas de protección de datos y las leyes de bioética aplicables.
- Consentimiento informado: Garantizar que todos los participantes sean plenamente informados sobre los riesgos, beneficios y procedimientos de la investigación antes de otorgar su consentimiento, y que este se obtenga de manera libre y documentada.
- Seguridad de los participantes: Implementar medidas para proteger la salud y bienestar de los participantes, incluyendo la supervisión médica continua y la gestión rápida de eventos adversos.
- Transparencia y supervisión científica: Asegurar que los protocolos de investigación sean revisados y aprobados por comités éticos y científicos independientes, garantizando la validez y la calidad de los estudios.

- Monitoreo y auditoría: Diseñar sistemas para supervisar el cumplimiento de las políticas durante la ejecución de las investigaciones, identificar desviaciones y aplicar medidas correctivas cuando sea necesario, manteniendo registros claros y trazables de todas las etapas.

CRITERIO 232. SUPERVISIÓN DE RIESGOS ASOCIADOS CON PROGRAMAS DE SUSCRIPCIÓN

El criterio de supervisión de riesgos asociados con programas de suscripción evalúa, si una organización implementa controles y estrategias para identificar, mitigar y gestionar los riesgos derivados de este modelo comercial. Este criterio busca garantizar la sostenibilidad financiera, la transparencia en las condiciones ofrecidas y la satisfacción de los clientes, mientras se asegura el cumplimiento normativo y la protección de datos.

Dimensiones:

- Cumplimiento normativo: Asegurar que los programas de suscripción cumplan con las leyes locales e internacionales aplicables, incluyendo regulaciones de comercio electrónico, protección al consumidor y privacidad de datos.
- Transparencia en términos y condiciones: Diseñar y comunicar términos claros que especifiquen los costos, beneficios, duración, políticas de cancelación y renovación automática, evitando confusiones o prácticas engañosas.
- Protección de datos personales: Implementar medidas robustas para proteger la información de los suscriptores, cumpliendo con normativas como el RGPD o la CCPA y garantizando su seguridad frente a accesos no autorizados.
- Gestión de fraudes y abusos: Establecer controles para prevenir prácticas fraudulentas, como el uso indebido de cuentas de suscripción o el acceso no autorizado a servicios exclusivos para suscriptores.
- Monitoreo del desempeño y satisfacción del cliente: Implementar sistemas para evaluar regularmente la efectividad del programa, medir la satisfacción de los usuarios y ajustar la oferta para maximizar su valor y minimizar los riesgos reputacionales.

CRITERIO 233. MONITOREO DE LA ÉTICA EN PROGRAMAS DE INTELIGENCIA COMPETITIVA

El criterio de monitoreo de la ética en programas de inteligencia competitiva evalúa, si una organización implementa políticas y controles para garantizar que la recopilación, análisis y uso de información sobre competidores se realice de manera ética, legal y conforme a los valores corporativos. Este criterio busca prevenir prácticas indebidas, proteger la reputación de la organización y fomentar un entorno de competencia leal.

Dimensiones:

- Cumplimiento normativo: Asegurar que las actividades de inteligencia competitiva respeten las leyes aplicables, incluidas aquellas relacionadas con privacidad, protección de datos, competencia y derechos de propiedad intelectual.
- Definición de límites éticos: Establecer principios claros que delimiten qué prácticas están permitidas y cuáles están prohibidas en la obtención de información, evitando actividades como espionaje industrial o engaño.
- Transparencia interna: Comunicar a los empleados involucrados en la inteligencia competitiva los estándares éticos y normativos aplicables, asegurando que comprendan sus responsabilidades y limitaciones.
- Supervisión y revisión continua: Implementar sistemas para monitorear las prácticas de inteligencia competitiva, realizando auditorías regulares para detectar posibles desviaciones y garantizar la alineación con los principios éticos.
- Gestión de riesgos reputacionales: Diseñar estrategias para mitigar impactos negativos derivados de prácticas percibidas como poco éticas, asegurando que las actividades de inteligencia competitiva refuercen la confianza de las partes interesadas.

CRITERIO 234. CONTROL DE LA PARTICIPACIÓN EN PROYECTOS DE INFRAESTRUCTURA CRÍTICA

El criterio de control de la participación en proyectos de infraestructura crítica evalúa, si una organización implementa políticas, procedimientos y controles para garantizar que su contribución a proyectos de alta relevancia estratégica, como energía, transporte, comunicaciones o agua, sea ética, segura y conforme a las normativas aplicables. Este criterio busca proteger la seguridad nacional, la continuidad de los servicios esenciales y la sostenibilidad del proyecto, minimizando riesgos legales, operativos y reputacionales.

Dimensiones:

- Cumplimiento normativo y regulatorio: Asegurar que las actividades relacionadas con infraestructura crítica cumplan con las leyes locales e internacionales, incluidos estándares de seguridad, sostenibilidad y protección ambiental.
- Gestión de riesgos operativos: Implementar controles para identificar y mitigar riesgos específicos asociados a la naturaleza crítica de los proyectos, como fallos en el suministro, sabotajes o vulnerabilidades tecnológicas.
- Seguridad de la información y ciberseguridad: Garantizar que los datos y sistemas tecnológicos utilizados en el proyecto estén protegidos contra ciberataques y accesos no autorizados, asegurando la integridad y disponibilidad de la infraestructura.
- Evaluación de impacto social y ambiental: Analizar y gestionar los efectos sociales y ambientales del proyecto, asegurando que su ejecución respete a las comunidades locales y minimice daños al entorno.
- Monitoreo y supervisión continua: Diseñar sistemas para evaluar regularmente el progreso y cumplimiento de los estándares del proyecto, detectando desviaciones y garantizando que se alineen con los objetivos estratégicos y los valores de la organización.

CRITERIO 235. EFICACIA EN LA GESTIÓN DE OPERACIONES EN ENTORNOS SANCIÓNADOS

El criterio de eficacia en la gestión de operaciones en entornos sancionados evalúa, si una organización implementa políticas, controles y estrategias para garantizar que sus actividades en jurisdicciones o mercados sujetos a sanciones internacionales se realicen de manera ética, conforme a las normativas aplicables y alineadas con los valores corporativos. Este criterio busca prevenir riesgos legales, financieros y reputacionales asociados a incumplimientos en estos contextos.

Dimensiones:

- Cumplimiento normativo y regulatorio: Asegurar que las operaciones en entornos sancionados cumplan con las leyes locales e internacionales, incluidas las regulaciones de sanciones económicas, controles de exportación y restricciones comerciales.
- Debida diligencia ampliada: Implementar procedimientos de revisión exhaustiva para evaluar contrapartes, clientes y socios comerciales en estas jurisdicciones, garantizando que no estén vinculados a actividades prohibidas o sujetos a sanciones.
- Gestión de riesgos financieros: Diseñar mecanismos para mitigar riesgos asociados al manejo de transacciones financieras en entornos sancionados, como la exposición a entidades bancarias restringidas o actividades ilícitas.
- Monitoreo de operaciones: Establecer sistemas de supervisión continua para detectar actividades que puedan contravenir las sanciones, utilizando herramientas tecnológicas para el rastreo y análisis de transacciones.
- Capacitación y sensibilización: Proveer formación específica a empleados y socios comerciales sobre las implicaciones de operar en entornos sancionados, reforzando el conocimiento sobre las regulaciones aplicables y las consecuencias de los incumplimientos.

CRITERIO 236. SUPERVISIÓN DEL USO DE TECNOLOGÍAS BIOMETRICA EN CUALQUIERA DE SUS MODALIDADES

El criterio de supervisión del uso de tecnologías biométricas en cualquiera de sus modalidades evalúa, si una organización implementa controles, políticas y prácticas para gestionar de manera ética, segura y conforme a la normativa el uso de tecnologías que procesan datos biométricos, como reconocimiento facial, huellas dactilares o escaneo de retina. Este criterio busca proteger la privacidad y los derechos de las personas, garantizar la seguridad de los datos y prevenir usos indebidos o discriminatorios.

Dimensiones:

- Cumplimiento normativo: Asegurar que el uso de tecnologías biométricas cumpla con las leyes locales e internacionales aplicables, como el RGPD, la CCPA o normativas sectoriales, en lo referente a la recopilación, almacenamiento y tratamiento de datos biométricos.

- Consentimiento informado: Garantizar que los individuos proporcionen un consentimiento explícito, libre e informado antes de utilizar sus datos biométricos, explicando de manera clara el propósito, alcance y riesgos asociados.
- Protección de datos biométricos: Implementar medidas de ciberseguridad robustas, como cifrado y acceso restringido, para proteger los datos biométricos contra accesos no autorizados, pérdidas o manipulaciones indebidas.
- Prevención de discriminación y sesgos: Diseñar sistemas que sean inclusivos y precisos, asegurando que las tecnologías biométricas no perpetúen sesgos ni discriminen por razones de raza, género u otras características protegidas.
- Monitoreo y auditoría continua: Establecer mecanismos para supervisar el uso y desempeño de las tecnologías biométricas, evaluando su alineación con las normativas, principios éticos y objetivos organizacionales, y adaptándolas a los avances regulatorios y tecnológicos.

CRITERIO 237. CONTROL SOBRE LA ADOPCIÓN DE SISTEMAS DE INTELIGENCIA DE NEGOCIOS

El criterio de control sobre la adopción de sistemas de inteligencia de negocios (*business intelligence*, BI) evalúa, si una organización implementa políticas, procedimientos y controles para garantizar que la integración y uso de estas herramientas se realice de manera ética, estratégica y conforme a las normativas aplicables. Este criterio busca optimizar la toma de decisiones basada en datos, proteger la privacidad y seguridad de la información y asegurar el alineamiento con los objetivos corporativos.

Dimensiones:

- Cumplimiento normativo: Garantizar que los sistemas de BI cumplan con leyes y regulaciones aplicables, como normativas de protección de datos (RGPD, CCPA) y estándares de seguridad de la información.
- Calidad y gobernanza de datos: Establecer políticas para garantizar la precisión, integridad y consistencia de los datos procesados en los sistemas de BI, evitando decisiones basadas en información incorrecta o incompleta.

- Protección de datos y ciberseguridad: Implementar medidas robustas para proteger los datos recopilados, analizados y almacenados, previniendo accesos no autorizados y vulnerabilidades tecnológicas.
- Transparencia y ética en el uso de datos: Asegurar que los datos utilizados para la inteligencia de negocios se recopilen y procesen de manera transparente y ética, evitando usos indebidos o invasivos.
- Monitoreo y evaluación continua: Diseñar sistemas para supervisar el desempeño y la efectividad de las herramientas de BI, identificando áreas de mejora y ajustándolas según las necesidades estratégicas y los avances tecnológicos.

CRITERIO 238. GESTIÓN DE LOS RIESGOS RELACIONADOS CON LA EXPANSIÓN GLOBAL

El criterio de gestión de los riesgos relacionados con la expansión global evalúa, si una organización implementa estrategias, políticas y controles para identificar, mitigar y gestionar los desafíos asociados a su entrada y operación en nuevos mercados internacionales. Este criterio busca garantizar la sostenibilidad financiera, el cumplimiento normativo y la alineación con los valores corporativos, minimizando riesgos legales, culturales y operativos.

Dimensiones:

- Cumplimiento normativo internacional: Asegurar que las operaciones en los nuevos mercados cumplan con las regulaciones locales e internacionales, incluidas leyes laborales, fiscales, ambientales y de comercio exterior.
- Gestión de riesgos culturales y sociales: Evaluar y adaptarse a las diferencias culturales, sociales y políticas del nuevo mercado, asegurando una integración respetuosa con las comunidades locales.
- Evaluación financiera y de mercado: Realizar análisis exhaustivos sobre la viabilidad económica de la expansión, considerando riesgos cambiarios, barreras de entrada, competencia y condiciones del mercado local.
- Gestión de la cadena de suministro global: Supervisar que las operaciones internacionales estén alineadas con los estándares éticos y de sostenibilidad, incluyendo la selección de socios y proveedores responsables.

- Monitoreo y mejora continua: Diseñar sistemas para evaluar regularmente el desempeño en los mercados internacionales, ajustando estrategias y corrigiendo desviaciones para garantizar el éxito de la expansión global.

CRITERIO 239. SUPERVISIÓN DE LAS PRÁCTICAS DE COMPRA PROGRAMÁTICA

El criterio de supervisión de las prácticas de compra programática evalúa, si una organización implementa controles, políticas y estrategias para garantizar que la adquisición automatizada de espacios publicitarios digitales se realice de manera transparente, ética y conforme a las normativas aplicables. Este criterio busca optimizar el retorno de inversión en publicidad, proteger la marca y prevenir riesgos asociados a fraudes, desinformación y violaciones de privacidad.

Dimensiones:

- Cumplimiento normativo: Garantizar que las prácticas de compra programática respeten leyes y regulaciones aplicables, como las relacionadas con la privacidad de datos (RGPD, CCPA) y la publicidad ética.
- Transparencia en la cadena de suministro publicitaria: Supervisar y auditar las interacciones entre los anunciantes, las plataformas de demanda (DSP), las plataformas de suministro (SSP) y los editores para garantizar claridad en los costos, métricas y resultados.
- Prevención de fraudes publicitarios: Implementar tecnologías y controles que detecten y mitiguen actividades fraudulentas, como clics o impresiones generadas artificialmente y colocaciones en sitios web de baja calidad.
- Protección de la marca: Establecer listas blancas y negras para garantizar que los anuncios se coloquen en entornos apropiados y alineados con los valores de la organización, evitando asociaciones con contenidos inapropiados o dañinos.
- Monitoreo y análisis del rendimiento: Diseñar sistemas para medir y evaluar el desempeño de las campañas programáticas, garantizando que se alcancen los objetivos estratégicos y ajustando las estrategias según las métricas obtenidas.

CRITERIO 240. CONTROL DE OPERACIONES EN MERCADOS REGULADOS

El criterio de control de operaciones en mercados regulados evalúa, si una organización implementa políticas, procedimientos y controles para garantizar que sus actividades en sectores altamente supervisados cumplan con las normativas aplicables y los estándares éticos. Este criterio busca prevenir sanciones legales, proteger la reputación corporativa y asegurar la sostenibilidad operativa en estos entornos.

Dimensiones:

- Cumplimiento normativo: Asegurar que todas las operaciones en mercados regulados cumplan con las leyes, regulaciones y lineamientos específicos del sector, tales como normativas financieras, farmacéuticas, de energía o telecomunicaciones.
- Gestión de riesgos regulatorios: Identificar y mitigar riesgos asociados al incumplimiento normativo, desarrollando controles para prevenir multas, sanciones o la pérdida de licencias operativas.
- Capacitación y sensibilización: Proveer formación continua a los empleados y socios comerciales sobre las normativas aplicables al mercado, asegurando su comprensión y correcta implementación.
- Supervisión de terceros: Implementar sistemas para monitorear y auditar las actividades de socios, proveedores y otros terceros involucrados en las operaciones, asegurando su alineación con las regulaciones del mercado.
- Monitoreo y mejora continua: Diseñar mecanismos para evaluar periódicamente las operaciones, ajustar las estrategias frente a cambios regulatorios y garantizar la conformidad a largo plazo con los estándares del sector.

CRITERIO 241. GESTIÓN DE LOS DERECHOS HUMANOS EN CADENAS GLOBALES

El criterio de gestión de los derechos humanos en cadenas globales evalúa, si una organización implementa políticas, procedimientos y controles para identificar, mitigar y abordar los riesgos de violaciones a los derechos humanos en toda su cadena de suministro. Este criterio busca garantizar condiciones laborales justas, la protección de las comunidades afectadas y el cumplimiento de estándares éticos internacionales, promoviendo prácticas responsables y sostenibles.

Dimensiones:

- Cumplimiento normativo y estándares internacionales: Asegurar que las operaciones y relaciones en la cadena de suministro cumplan con leyes locales e internacionales, además de estándares como los Principios Rectores de la ONU sobre Empresas y Derechos Humanos y los convenios de la OIT.
- Identificación de riesgos en derechos humanos: Implementar evaluaciones periódicas para identificar y mitigar riesgos como trabajo infantil, trabajo forzoso, discriminación y condiciones laborales inseguras en los distintos niveles de la cadena.
- Políticas de contratación ética: Establecer requisitos claros para los proveedores y socios comerciales, asegurando que sus prácticas sean compatibles con los valores y compromisos de la organización en materia de derechos humanos.
- Monitoreo y auditorías: Diseñar sistemas de supervisión y auditoría para evaluar el cumplimiento de las políticas de derechos humanos en la cadena global, estableciendo medidas correctivas cuando se detecten incumplimientos.
- Transparencia y comunicación: Divulgar de manera clara y accesible las acciones y resultados relacionados con la gestión de los derechos humanos en la cadena de suministro, fomentando la confianza de las partes interesadas y la rendición de cuentas.

CRITERIO 242. MONITORIZACIÓN DE LA ADOPCIÓN DE TECNOLOGÍAS VERDES

El criterio de monitorización de la adopción de tecnologías verdes evalúa, si una organización implementa controles, estrategias y políticas para supervisar la integración y el uso de tecnologías sostenibles que minimicen el impacto ambiental y promuevan la eficiencia energética. Este criterio busca garantizar que dichas tecnologías contribuyan a los objetivos de sostenibilidad, cumplan con las normativas aplicables y fomenten prácticas responsables.

Dimensiones:

- Cumplimiento normativo y estándares ambientales: Asegurar que las tecnologías adoptadas cumplan con las regulaciones locales e internacionales relacionadas con la sostenibilidad ambiental, como estándares de eficiencia energética o reducción de emisiones.
- Evaluación del impacto ambiental: Implementar métricas y sistemas para medir el impacto de las tecnologías verdes en la reducción de la huella de carbono, el uso de recursos y la generación de residuos.
- Inversión en innovación sostenible: Promover la investigación y adopción de tecnologías innovadoras que contribuyan a la sostenibilidad operativa y al cumplimiento de los objetivos de desarrollo sostenible (ODS).
- Transparencia y rendición de cuentas: Comunicar de manera clara a las partes interesadas los avances, beneficios y desafíos asociados a la implementación de tecnologías verdes, fortaleciendo la confianza y el compromiso.
- Monitoreo y mejora continua: Establecer mecanismos para revisar periódicamente el desempeño de las tecnologías verdes, ajustando estrategias según las necesidades del negocio, los avances tecnológicos y las expectativas regulatorias.

CRITERIO 243. CONTROL DE LAS PRÁCTICAS DE PRECIO DINÁMICO

El criterio de control de las prácticas de precio dinámico evalúa, si una organización implementa políticas, procedimientos y controles para gestionar la aplicación de estrategias de precios variables en función de factores como la demanda, el tiempo o las condiciones del mercado. Este criterio busca garantizar que estas prácticas sean éticas, transparentes, conformes a la normativa y no generen riesgos reputacionales ni afecten negativamente a los consumidores.

Dimensiones:

- Cumplimiento normativo: Asegurar que las prácticas de precio dinámico respeten las leyes de protección al consumidor, competencia leal y transparencia aplicables en las jurisdicciones donde opera la organización.
- Transparencia en la fijación de precios: Informar claramente a los consumidores sobre los criterios que influyen en los precios dinámi-

cos, garantizando que comprendan las razones de las variaciones en los costos.

- Prevención de discriminación y sesgos: Diseñar políticas que aseguren que las variaciones de precio no discriminen injustamente a segmentos específicos de consumidores ni generen desigualdades en el acceso a los productos o servicios.
- Supervisión de algoritmos y sistemas: Monitorear y auditar regularmente los algoritmos y herramientas utilizados para implementar precios dinámicos, garantizando que se alineen con los principios éticos y las normativas aplicables.
- Evaluación del impacto en los consumidores: Medir el efecto de las estrategias de precio dinámico sobre la satisfacción del cliente y la percepción de la marca, ajustando las políticas para minimizar impactos negativos y maximizar la confianza del consumidor.

CRITERIO 244. EFICACIA EN LA MITIGACIÓN DE RIESGOS EN LOS PAGOS INTERNACIONALES

El criterio de eficacia en la mitigación de riesgos en los pagos internacionales evalúa, si una organización implementa controles, políticas y procedimientos para garantizar que las transacciones financieras transfronterizas se realicen de manera segura, cumpliendo con las normativas aplicables y minimizando riesgos operativos, legales y financieros. Este criterio busca proteger la integridad de las operaciones y prevenir actividades ilícitas como el lavado de dinero o el financiamiento al terrorismo.

Dimensiones:

- Cumplimiento normativo y regulatorio: Asegurar que todos los pagos internacionales cumplan con las leyes y regulaciones locales e internacionales, incluidas las normativas de prevención de lavado de dinero (AML), financiamiento al terrorismo (CFT) y sanciones económicas.
- Seguridad de las transacciones: Implementar sistemas tecnológicos y procesos para proteger los pagos internacionales frente a ciberataques, fraudes y accesos no autorizados, garantizando la integridad y confidencialidad de la información.
- Trazabilidad y transparencia: Diseñar procedimientos que permitan registrar y supervisar cada etapa de las transacciones, asegurando la

trazabilidad de los fondos y la claridad en los costos y tiempos asociados.

- Gestión de riesgos cambiarios: Desarrollar estrategias para mitigar la exposición a la volatilidad en las tasas de cambio, protegiendo el valor de los pagos y la estabilidad financiera de la organización.
- Supervisión y auditoría continua: Establecer controles internos y auditorías periódicas para revisar las operaciones de pagos internacionales, detectar irregularidades y garantizar la conformidad con las políticas corporativas y regulatorias.

CRITERIO 245. CONTROL SOBRE LAS POLÍTICAS DE CONTRATACIÓN DE TERCEROS

El criterio de control sobre las políticas de contratación de terceros evalúa, si una organización implementa procedimientos y controles para garantizar que las relaciones con proveedores, contratistas y otros socios externos se gestionen de manera ética, conforme a la normativa y alineadas con los objetivos estratégicos de la organización. Este criterio busca mitigar riesgos legales, financieros, operativos y reputacionales asociados a la externalización.

Dimensiones:

- Cumplimiento normativo: Asegurar que la contratación de terceros cumpla con las leyes locales e internacionales aplicables, incluidas normativas laborales, fiscales, de seguridad y anticorrupción.
- Debida diligencia: Realizar evaluaciones exhaustivas de los terceros antes de su contratación, incluyendo revisiones de su capacidad financiera, cumplimiento normativo y reputación ética.
- Definición de responsabilidades contractuales: Establecer contratos claros y detallados que especifiquen las responsabilidades, expectativas y estándares de desempeño esperados de los terceros, así como cláusulas de rescisión en caso de incumplimientos.
- Monitoreo y auditoría continua: Implementar mecanismos para supervisar el cumplimiento de las obligaciones contractuales y los estándares acordados, realizando auditorías periódicas y evaluaciones de desempeño.

- Gestión de riesgos y resolución de conflictos: Identificar y mitigar riesgos asociados a la contratación de terceros, como incumplimientos o conflictos contractuales, asegurando canales efectivos para la resolución de disputas.

CRITERIO 246. SUPERVISIÓN DE PROYECTOS DE SOSTENIBILIDAD CORPORATIVA

El criterio de supervisión de proyectos de sostenibilidad corporativa evalúa, si una organización implementa controles, políticas y estrategias para garantizar que las iniciativas destinadas a mejorar el desempeño ambiental, social y de gobernanza (ESG) se ejecuten de manera efectiva, alineadas con los objetivos estratégicos y conformes a las normativas aplicables. Este criterio busca asegurar que los proyectos generen un impacto positivo real y sean gestionados de forma ética y transparente.

Dimensiones:

- Cumplimiento normativo y estándares internacionales: Garantizar que los proyectos de sostenibilidad cumplan con regulaciones locales e internacionales, así como con estándares reconocidos como los Objetivos de Desarrollo Sostenible (ODS) y los principios del Pacto Mundial de las Naciones Unidas.
- Definición de objetivos y métricas claras: Establecer metas específicas, medibles, alcanzables, relevantes y con plazos definidos (SMART) para los proyectos, acompañadas de indicadores clave de desempeño (KPI) para evaluar su progreso.
- Gestión de recursos y financiación: Asegurar una asignación adecuada y eficiente de los recursos financieros, humanos y tecnológicos necesarios para la implementación de las iniciativas de sostenibilidad.
- Monitoreo y evaluación continua: Implementar sistemas para supervisar el desarrollo de los proyectos, identificar desviaciones y aplicar correcciones en tiempo real, asegurando que los objetivos se cumplan de manera efectiva.
- Transparencia y rendición de cuentas: Comunicar de manera clara y accesible los resultados, avances y desafíos de los proyectos de sostenibilidad a las partes interesadas, fortaleciendo la confianza y el compromiso con los valores corporativos.

CRITERIO 247. MONITOREO DE PRÁCTICAS DE FINANCIACIÓN COLECTIVA (CROWDFUNDING)

El criterio de monitoreo de prácticas de financiación colectiva (*crowdfunding*) evalúa, si una organización implementa políticas, controles y estrategias para supervisar que las actividades de recaudación de fondos a través de plataformas de *crowdfunding* se gestionen de manera ética, conforme a las normativas aplicables y alineadas con los valores corporativos. Este criterio busca garantizar la transparencia, la protección de los inversores y la sostenibilidad financiera de los proyectos financiados.

Dimensiones:

- Cumplimiento normativo: Asegurar que las prácticas de *crowdfunding* cumplan con las leyes locales e internacionales aplicables, incluidas regulaciones financieras, fiscales y de protección al consumidor.
- Transparencia en la comunicación: Proveer información clara, precisa y completa sobre los proyectos financiados, los riesgos asociados y las condiciones para los contribuyentes, inversores o donantes.
- Prevención de fraudes y abusos: Implementar controles para detectar y mitigar posibles prácticas fraudulentas, como el uso indebido de los fondos recaudados o proyectos ficticios.
- Protección de datos personales: Garantizar que la información de los participantes en las campañas de *crowdfunding* se maneje de manera segura y conforme a normativas de privacidad, como el RGPD o la CCPA.
- Supervisión del uso de fondos: Monitorear que los fondos recaudados se utilicen para los fines declarados en la campaña, aplicando auditorías y revisiones periódicas para reforzar la confianza de los inversores y las partes interesadas.

CRITERIO 248 VIGILANCIA SOBRE LA POLÍTICA DE DESCONEXIÓN DIGITAL

El criterio de vigilancia sobre la política de desconexión digital evalúa, si una organización implementa controles y estrategias para garantizar que sus empleados puedan ejercer su derecho a desconectarse de las actividades laborales fuera del horario establecido, promoviendo un equilibrio entre la vida personal y profesional. Este criterio busca prevenir el agotamiento laboral, cumplir con normativas aplicables y fomentar una cultura de bienestar y respeto en el entorno laboral.

Dimensiones:

- Cumplimiento normativo: Asegurar que la política de desconexión digital cumpla con las leyes y regulaciones locales e internacionales aplicables, incluyendo disposiciones sobre jornadas laborales y derecho al descanso.
- Definición clara de directrices: Establecer lineamientos precisos sobre horarios de trabajo, expectativas de disponibilidad y mecanismos para manejar situaciones urgentes fuera del horario laboral.
- Sensibilización y formación: Informar y capacitar a empleados y líderes sobre la importancia de respetar la desconexión digital, fomentando un cambio cultural hacia la valoración del tiempo personal.
- Supervisión y monitoreo: Implementar sistemas para evaluar el cumplimiento de la política, detectando prácticas que puedan contravenirla, como comunicaciones excesivas fuera de horario, y aplicando correcciones cuando sea necesario.
- Evaluación del impacto: Medir los efectos de la política en términos de bienestar, productividad y satisfacción laboral, utilizando esta información para ajustar y mejorar continuamente las directrices de desconexión digital.

CRITERIO 249. SUPERVISIÓN DE LA ÉTICA EN MODELOS DE NEGOCIO FREEMIUM

El criterio de supervisión de la ética en modelos de negocio *freemium* evalúa, si una organización implementa controles, políticas y prácticas para garantizar que este enfoque, basado en ofrecer servicios básicos gratuitos con opciones premium de pago, se gestione de manera ética, transparente y alineada con las normativas aplicables. Este criterio busca proteger a los consumidores, promover la confianza y minimizar riesgos reputacionales asociados a prácticas engañosas o coercitivas.

Dimensiones:

- Cumplimiento normativo: Asegurar que el modelo *freemium* cumpla con las leyes locales e internacionales sobre publicidad, protección al consumidor y privacidad de datos.

- Transparencia en la oferta: Proporcionar información clara y comprensible sobre las diferencias entre las versiones gratuitas y premium, incluyendo costos, características adicionales y términos de suscripción o cancelación.
- Prevención de prácticas engañosas: Garantizar que las estrategias de conversión de usuarios gratuitos a pagos no impliquen tácticas manipuladoras, como renovaciones automáticas no autorizadas o cargos ocultos.
- Protección de datos del usuario: Implementar medidas robustas para proteger la privacidad y seguridad de los datos recopilados de los usuarios, tanto gratuitos como premium, cumpliendo con normativas como el RGPD.
- Evaluación de impacto en el usuario: Supervisar regularmente las experiencias de los usuarios para detectar prácticas que puedan percibirse como abusivas o desleales, ajustando las estrategias para mantener la confianza y la ética en el modelo de negocio.

CRITERIO 250. SUPERVISIÓN DE LA POLÍTICA DE CONFLICTOS DE INTERES

El criterio de supervisión de la política sobre conflictos de interés evalúa, si una organización establece, implementa y monitorea mecanismos efectivos para identificar, gestionar y prevenir situaciones en las que los intereses personales, profesionales o financieros de sus empleados, directivos o socios puedan entrar en conflicto con los objetivos corporativos. Este criterio busca proteger la integridad organizacional, garantizar la transparencia y prevenir riesgos legales y reputacionales.

Dimensiones:

- Identificación de conflictos potenciales: Establecer procedimientos claros para detectar y registrar posibles conflictos de interés en las actividades internas y externas de la organización, incluyendo relaciones personales, vínculos financieros o actividades profesionales paralelas.
- Definición de políticas claras: Diseñar y comunicar políticas específicas que definan qué constituye un conflicto de interés, los procedimientos para declararlos y las medidas para gestionarlos de manera efectiva.

- Divulgación obligatoria y transparencia: Implementar mecanismos para que empleados, directivos y socios declaren de forma proactiva posibles conflictos, garantizando la trazabilidad y el acceso controlado a esta información.
- Supervisión y auditoría continua: Monitorear regularmente las operaciones y decisiones clave para identificar conflictos no declarados, utilizando auditorías internas y sistemas de control para asegurar el cumplimiento de la política.
- Gestión y resolución de conflictos: Establecer procedimientos para evaluar y resolver conflictos identificados de manera justa y objetiva, asegurando que las decisiones prioricen los intereses de la organización y la confianza de las partes interesadas.

CRITERIO 251. MONITOREO DE LA POLÍTICA DE GESTIÓN DE RESIDUOS ELECTRÓNICOS

El criterio de monitoreo de la política de gestión de residuos electrónicos evalúa, si una organización implementa políticas, procedimientos y controles para gestionar de manera responsable la recolección, tratamiento, reutilización, reciclaje y disposición final de los desechos electrónicos generados en sus operaciones. Este criterio busca garantizar el cumplimiento normativo, la minimización del impacto ambiental y la promoción de prácticas sostenibles en la gestión de estos residuos.

Dimensiones:

- Cumplimiento normativo: Asegurar que las prácticas de gestión de residuos electrónicos cumplan con leyes y regulaciones locales e internacionales, como directivas sobre Residuos de Aparatos Eléctricos y Electrónicos (RAEE) y otras normativas ambientales.
- Clasificación y segregación de residuos: Implementar sistemas para clasificar y separar los desechos electrónicos en función de su tipo, peligrosidad y posibilidades de reciclaje o reutilización.
- Colaboración con proveedores responsables: Seleccionar y supervisar a socios y proveedores que cumplan con estándares éticos y legales en la recolección, reciclaje y disposición final de los residuos electrónicos.
- Promoción de la reutilización y reciclaje: Establecer programas que prioricen la reutilización de componentes y el reciclaje de materia-

les valiosos, reduciendo la cantidad de desechos enviados a vertederos.

- Monitoreo y evaluación continua: Diseñar sistemas para supervisar la implementación de la política de gestión de residuos electrónicos, evaluando su eficacia y realizando ajustes para mejorar los resultados ambientales y operativos.

CRITERIO 252. CONTROL DE LAS PRÁCTICAS DE EXPLOTACIÓN DE DATOS PERSONALES

El criterio de control de las prácticas de explotación de datos personales evalúa, si una organización implementa políticas, procedimientos y controles para garantizar que la recopilación, almacenamiento, uso, análisis y compartición de datos personales se realicen de manera ética, transparente y conforme a las normativas aplicables. Este criterio busca proteger la privacidad de las personas, fomentar la confianza de los usuarios y prevenir riesgos legales y reputacionales.

Dimensiones:

- Cumplimiento normativo: Asegurar que las prácticas de explotación de datos personales cumplan con normativas locales e internacionales, como el RGPD, la CCPA y otras leyes de protección de datos aplicables.
- Transparencia y consentimiento informado: Garantizar que los titulares de los datos sean informados claramente sobre cómo se utilizará su información y que otorguen un consentimiento explícito para su tratamiento, incluyendo finalidades comerciales o analíticas.
- Protección y seguridad de los datos: Implementar medidas robustas, como cifrado y controles de acceso, para proteger los datos personales frente a accesos no autorizados, pérdidas o fugas de información.
- Limitación de la finalidad y minimización de datos: Asegurar que los datos personales se recopilen únicamente para fines específicos y legítimos, y que el volumen de datos recopilados se limite a lo estrictamente necesario.
- Supervisión y auditoría continua: Diseñar sistemas para monitorear y auditar las prácticas relacionadas con el uso de datos personales, identificando posibles incumplimientos y aplicando medidas correctivas cuando sea necesario.

CRITERIO 253. EFECTIVIDAD EN LA GESTIÓN DE CONTINGENCIAS GLOBALES

El criterio de efectividad en la gestión de contingencias globales evalúa, si una organización implementa estrategias, políticas y controles para identificar, planificar y responder de manera efectiva a crisis o emergencias con impacto internacional, como desastres naturales, conflictos geopolíticos, pandemias o interrupciones en la cadena de suministro. Este criterio busca garantizar la continuidad operativa, proteger a los empleados y partes interesadas y minimizar riesgos financieros, legales y reputacionales.

Dimensiones:

- Identificación y evaluación de riesgos: Desarrollar análisis periódicos para identificar posibles contingencias globales que puedan afectar a la organización, priorizando su impacto y probabilidad.
- Desarrollo de planes de contingencia: Diseñar y documentar planes específicos para responder a diversos escenarios globales, asegurando que incluyan estrategias de mitigación, comunicación y recuperación.
- Capacitación y simulacros: Proveer formación continua a los empleados sobre los protocolos de contingencia, complementada con simulacros regulares para evaluar la eficacia de los planes y la preparación de los equipos.
- Coordinación internacional: Establecer sistemas para coordinar respuestas entre diferentes ubicaciones geográficas y socios globales, garantizando una actuación coherente y alineada con los objetivos corporativos.
- Monitoreo y mejora continua: Implementar sistemas para supervisar el desarrollo de las contingencias globales en tiempo real, evaluando la efectividad de las respuestas y ajustando los planes según las lecciones aprendidas y cambios en el contexto global.

CRITERIO 254. SUPERVISIÓN DE RIESGOS RELACIONADOS CON EL IMPACTO CLIMÁTICO

El criterio de supervisión de riesgos relacionados con el impacto climático evalúa, si una organización implementa políticas, controles y estrategias para identificar, mitigar y gestionar los riesgos derivados del cambio climático en sus operaciones, cadena de suministro y entorno de negocio.

Este criterio busca garantizar la sostenibilidad operativa, el cumplimiento normativo y la resiliencia frente a los efectos climáticos, protegiendo tanto los intereses de la organización como los de las partes interesadas.

Dimensiones:

- Identificación de riesgos climáticos: Realizar evaluaciones periódicas para identificar riesgos físicos (como eventos climáticos extremos) y transicionales (cambios regulatorios o de mercado) que puedan afectar las operaciones y activos de la organización.
- Cumplimiento normativo y estándares internacionales: Garantizar que las operaciones y estrategias estén alineadas con las regulaciones ambientales aplicables y marcos globales como los Acuerdos de París o los Objetivos de Desarrollo Sostenible (ODS).
- Mitigación de emisiones de carbono: Implementar acciones para reducir la huella de carbono, como la transición a fuentes de energía renovable, la optimización de procesos y el uso eficiente de los recursos.
- Integración en la toma de decisiones estratégicas: Incorporar consideraciones climáticas en la planificación y en las decisiones de inversión, asegurando que los riesgos y oportunidades relacionados con el clima sean evaluados y gestionados adecuadamente.
- Monitoreo y divulgación de resultados: Establecer sistemas para medir y reportar regularmente el impacto climático de la organización, utilizando métricas reconocidas como el análisis de emisiones de Alcance 1, 2 y 3, y comunicando los avances a las partes interesadas de manera transparente.

CRITERIO 255. MONITORIZACIÓN DE LA UTILIZACIÓN DE SISTEMAS DE TOKENIZACIÓN

El criterio de monitorización de la utilización de sistemas de tokenización evalúa, si una organización implementa controles y políticas para gestionar de manera segura y eficiente el uso de tecnologías que convierten datos sensibles en tokens únicos, garantizando la protección de la información y el cumplimiento normativo. Este criterio busca minimizar riesgos relacionados con el manejo de datos, como accesos no autorizados, fraudes y vulneraciones de privacidad, promoviendo confianza y eficiencia en las operaciones.

Dimensiones:

- Cumplimiento normativo: Asegurar que el uso de sistemas de tokenización cumpla con las leyes aplicables, incluidas normativas de protección de datos como el RGPD y estándares sectoriales, como PCI DSS en el ámbito de pagos.
- Seguridad de los datos tokenizados: Implementar medidas robustas para proteger los tokens y los sistemas que los gestionan, asegurando que no puedan ser revertidos a sus datos originales sin los controles adecuados.
- Transparencia en la implementación: Informar claramente a las partes interesadas sobre el propósito y alcance del uso de tokenización, destacando cómo mejora la seguridad de los datos sin comprometer su funcionalidad.
- Supervisión del ciclo de vida de los tokens: Establecer controles para gestionar de manera segura la generación, uso, almacenamiento y eliminación de tokens, evitando vulnerabilidades en cada etapa.
- Monitoreo y evaluación continua: Diseñar sistemas para supervisar el desempeño de los sistemas de tokenización, identificar posibles riesgos o fallos y actualizar las prácticas según avances tecnológicos y cambios regulatorios.

CRITERIO 256. CONTROL DE PRÁCTICAS DE RECOLECCIÓN AUTOMATIZADA DE DATOS

El criterio de control de prácticas de recolección automatizada de datos evalúa, si una organización implementa políticas, procedimientos y controles para gestionar de manera ética, transparente y conforme a la normativa el uso de herramientas y tecnologías que recopilan datos de forma automatizada, como *web scraping* o sensores IoT. Este criterio busca proteger la privacidad de las personas, garantizar la legalidad de las operaciones y mitigar riesgos de seguridad o reputacionales.

Dimensiones:

- Cumplimiento normativo: Asegurar que la recolección automatizada de datos cumpla con las leyes locales e internacionales aplicables, como el RGPD, la CCPA y normativas específicas sobre acceso y uso de información pública o privada.

- Obtención de consentimientos adecuados: Garantizar que los datos recopilados provengan de fuentes legales y, cuando corresponda, que se obtenga el consentimiento explícito de los titulares de los datos antes de su recolección automatizada.
- Transparencia en los procesos de recolección: Informar a las partes interesadas sobre las prácticas de recolección de datos, explicando el propósito, las tecnologías empleadas y los usos previstos de la información recopilada.
- Seguridad de la información recopilada: Implementar medidas para proteger los datos recolectados frente a accesos no autorizados, fugas o manipulaciones indebidas, utilizando cifrado, controles de acceso y monitoreo continuo.
- Supervisión y auditorías: Diseñar mecanismos para monitorear las prácticas de recolección automatizada de datos, asegurando que se alineen con las políticas corporativas y normativas aplicables, y que las tecnologías utilizadas no se empleen para fines indebidos.

CRITERIO 257. MONITOREO DE LA APLICACIÓN DE PRINCIPIOS DE EQUIDAD ALGORÍTMICA

El criterio de monitoreo de la aplicación de principios de equidad algorítmica evalúa, si una organización implementa controles y estrategias para garantizar que los algoritmos utilizados en sus operaciones sean justos, inclusivos y libres de sesgos discriminatorios. Este criterio busca proteger los derechos de las personas, fomentar la confianza en los sistemas automatizados y cumplir con normativas y estándares éticos aplicables.

Dimensiones:

- Evaluación de sesgos en datos de entrenamiento: Implementar análisis para identificar y corregir posibles sesgos en los conjuntos de datos utilizados para entrenar los algoritmos, garantizando que representen de manera adecuada a todas las poblaciones relevantes.
- Cumplimiento normativo y ético: Asegurar que los algoritmos cumplan con regulaciones aplicables, como el RGPD o normativas contra la discriminación, y que se alineen con principios éticos reconocidos de equidad y transparencia.
- Transparencia y explicabilidad: Diseñar algoritmos cuyos procesos de toma de decisiones puedan ser explicados de manera compren-

sible, permitiendo que los afectados por sus resultados comprendan las bases de las decisiones.

- Supervisión continua del desempeño algorítmico: Monitorear regularmente el funcionamiento de los algoritmos en entornos reales para detectar y mitigar impactos desproporcionados o resultados inesperados.
- Participación interdisciplinaria: Involucrar a expertos en ética, derechos humanos, estadística y tecnología en el diseño y monitoreo de los algoritmos para garantizar un enfoque integral hacia la equidad algorítmica.

CRITERIO 258. SUPERVISIÓN DE PRÁCTICAS DE DESARROLLO SOSTENIBLE

El criterio de supervisión de prácticas de desarrollo sostenible evalúa, si una organización implementa controles, políticas y estrategias para garantizar que sus operaciones y proyectos se alineen con principios de sostenibilidad ambiental, social y económica. Este criterio busca fomentar un impacto positivo en el entorno, cumplir con normativas internacionales y fortalecer la reputación y compromiso de la organización hacia el desarrollo sostenible.

Dimensiones:

- Cumplimiento normativo y estándares internacionales: Garantizar que las prácticas de desarrollo sostenible cumplan con leyes locales e internacionales, así como con estándares reconocidos como los Objetivos de Desarrollo Sostenible (ODS) de la ONU o las directrices de la ISO 26000.
- Gestión eficiente de recursos: Implementar estrategias para optimizar el uso de energía, agua y materiales, promoviendo la economía circular y minimizando los residuos generados por las operaciones.
- Integración de objetivos ESG: Alinear las iniciativas con criterios ambientales, sociales y de gobernanza (ESG), asegurando que las decisiones empresariales prioricen la sostenibilidad a largo plazo.
- Impacto en comunidades locales: Diseñar proyectos que respeten los derechos y necesidades de las comunidades locales, promoviendo su desarrollo social y económico sin comprometer su entorno.

- Monitoreo y evaluación continua: Establecer sistemas para medir y reportar el progreso de las prácticas de sostenibilidad, identificar áreas de mejora y ajustar las estrategias para maximizar los resultados positivos.

CRITERIO 259. CONTROL SOBRE LA PUBLICIDAD

El criterio de control sobre la publicidad evalúa, si una organización implementa políticas, procedimientos y supervisión efectiva para garantizar que sus campañas publicitarias sean claras, éticas y conformes a las normativas aplicables. Este criterio busca proteger a los consumidores, promover la confianza en la marca y prevenir riesgos legales o reputacionales asociados a prácticas publicitarias indebidas.

Dimensiones:

- Cumplimiento normativo: Asegurar que los mensajes publicitarios cumplan con leyes y regulaciones locales e internacionales relacionadas con la publicidad, protección al consumidor y competencia leal.
- Veracidad y precisión del contenido: Garantizar que las afirmaciones publicitarias sean verificables, no engañosas y que presenten información completa sobre los productos o servicios promovidos, incluyendo sus riesgos o limitaciones.
- Ética en la segmentación y difusión: Supervisar que las estrategias de segmentación de audiencia sean inclusivas y no perpetúen estereotipos o discriminaciones, y que los anuncios se coloquen en entornos adecuados para la imagen de la marca.
- Gestión de reclamaciones y retroalimentación: Establecer canales accesibles para que consumidores o partes interesadas puedan reportar inquietudes sobre la publicidad, garantizando una gestión eficiente y transparente de las quejas.
- Monitoreo y evaluación continua: Implementar sistemas para supervisar el impacto y alcance de las campañas publicitarias, realizando auditorías regulares para identificar posibles incumplimientos y ajustar las estrategias de comunicación.

CRITERIO 260. SUPERVISIÓN DE PROGRAMAS DE FORMACIÓN Y CAPACITACIÓN CORPORATIVA

El criterio de supervisión de programas de formación y capacitación corporativa evalúa, si una organización implementa políticas, procedimientos y controles para garantizar que sus iniciativas de desarrollo profesional sean efectivas, inclusivas y alineadas con los objetivos estratégicos. Este criterio busca fomentar el crecimiento de los empleados, garantizar la transferencia de conocimientos clave y cumplir con las normativas aplicables en materia laboral y educativa.

Dimensiones:

- Relevancia y alineación estratégica: Diseñar programas de formación que respondan a las necesidades operativas de la organización y que estén alineados con los objetivos corporativos, promoviendo el desarrollo de competencias críticas.
- Cumplimiento normativo: Garantizar que las iniciativas de formación cumplan con las regulaciones aplicables, incluidas normativas laborales y certificaciones requeridas en sectores específicos.
- Inclusión y accesibilidad: Asegurar que los programas de capacitación estén disponibles para todos los empleados, eliminando barreras relacionadas con el acceso, la ubicación o las capacidades individuales, y promoviendo la diversidad.
- Evaluación de impacto: Implementar métricas y herramientas para medir el impacto de los programas de formación en términos de desempeño, retención de conocimientos y contribución a los objetivos organizacionales.
- Monitoreo y mejora continua: Supervisar regularmente la calidad y efectividad de los programas, recolectando retroalimentación de los participantes y ajustando los contenidos y metodologías según las necesidades emergentes y las mejores prácticas.

CRITERIO 261. SUPERVISIÓN DE LA POLÍTICA ANTICORRUPCION

El criterio de supervisión de la política anticorrupción evalúa, si una organización establece, implementa y monitorea medidas efectivas para prevenir, detectar y abordar prácticas corruptas en sus operaciones y relaciones comerciales. Este criterio busca garantizar el cumplimiento normativo, proteger la integridad corporativa y fomentar una cultura de ética y transparencia.

Dimensiones:

- Cumplimiento normativo: Asegurar que la política anticorrupción cumpla con las leyes y regulaciones aplicables, como la Ley de Prácticas Corruptas en el Extranjero (FCPA) o la Ley de Soborno del Reino Unido, y con los estándares internacionales en la materia.

- Definición de conductas prohibidas: Especificar de manera clara qué prácticas son consideradas corruptas, como sobornos, pagos de facilitación, conflictos de interés y manipulación de licitaciones, y prohibirlas en todas sus formas.
- Capacitación y sensibilización: Proveer formación continua a empleados, directivos y socios comerciales sobre los riesgos asociados a la corrupción y las disposiciones de la política anticorrupción, asegurando su comprensión y aplicación.
- Canales de denuncia y protección al denunciante: Implementar mecanismos confidenciales y accesibles para que empleados y terceros puedan reportar casos sospechosos de corrupción, garantizando la protección contra represalias.
- Supervisión y auditoría: Diseñar sistemas para monitorear el cumplimiento de la política, realizar auditorías internas periódicas y establecer sanciones claras para las violaciones, reforzando una cultura organizacional de integridad.

CRITERIO 262. GESTIÓN DE IMPACTOS EN PROGRAMAS DE SOSTENIBILIDAD SOCIAL

El criterio de gestión de impactos en programas de sostenibilidad social evalúa, si una organización implementa estrategias, controles y políticas para identificar, medir y maximizar los beneficios de sus iniciativas sociales, minimizando los riesgos y garantizando su alineación con los objetivos corporativos y las expectativas de las partes interesadas. Este criterio busca fomentar la inclusión, la equidad y el desarrollo comunitario mientras se asegura el cumplimiento normativo y ético.

Dimensiones:

- Identificación de necesidades sociales: Realizar diagnósticos que permitan identificar las necesidades prioritarias de las comunidades o grupos beneficiarios, asegurando que los programas se diseñen para abordar desafíos específicos y relevantes.
- Cumplimiento normativo y alineación ética: Asegurar que los programas cumplan con regulaciones locales e internacionales y se ri-

jan por principios éticos que respeten los derechos y la dignidad de las personas involucradas.

- Definición de objetivos y métricas claras: Establecer metas concretas, medibles y alineadas con los estándares de sostenibilidad social, como los Objetivos de Desarrollo Sostenible (ODS), para evaluar el éxito de los programas.
- Participación de las partes interesadas: Involucrar a comunidades, organizaciones locales y otros actores relevantes en el diseño, implementación y evaluación de los programas, asegurando su pertinencia y sostenibilidad a largo plazo.
- Monitoreo y evaluación de impactos: Implementar sistemas para medir de manera continua los efectos sociales de los programas, utilizando los resultados para realizar ajustes y comunicar los avances a las partes interesadas con transparencia.

CRITERIO 263. SUPERVISIÓN DE LA POLÍTICA DE ACOSO Y VIOLENCIA SEXUAL CONTRA LA MUJER

El criterio de supervisión de la política sobre acoso y violencia sexual contra la mujer evalúa, si una organización establece, implementa y monitorea mecanismos efectivos para prevenir, identificar y abordar situaciones de acoso o violencia sexual en el entorno laboral. Este criterio busca garantizar un ambiente de trabajo seguro, respetuoso y libre de discriminación, en cumplimiento con normativas aplicables y comprometiéndose con la protección de los derechos humanos.

Dimensiones:

- Cumplimiento normativo y alineación ética: Asegurar que la política cumpla con las leyes locales e internacionales sobre acoso y violencia sexual, como las disposiciones de la OIT, y se rija por principios de igualdad y respeto a los derechos humanos.
- Definición clara de conductas prohibidas: Establecer una descripción detallada de las conductas consideradas como acoso o violencia sexual, asegurando que sean comprensibles para todos los empleados y partes interesadas.
- Capacitación y sensibilización: Proveer formación regular a todos los niveles de la organización sobre la prevención del acoso y violen-

cia sexual, así como sobre los procedimientos para reportar incidentes y las responsabilidades individuales.

- Canales de denuncia accesibles y seguros: Implementar mecanismos confidenciales y accesibles para que las víctimas y testigos puedan reportar incidentes, asegurando la protección contra represalias.
- Monitoreo y seguimiento continuo: Diseñar sistemas para supervisar la implementación de la política, evaluar su efectividad y realizar ajustes en función de las necesidades organizacionales y las mejores prácticas internacionales.

CRITERIO 264. SUPERVISIÓN DE LA POLÍTICA SOBRE ACOSO Y VIOLENCIA LABORAL

El criterio de supervisión de la política sobre acoso y violencia laboral evalúa, si una organización establece, implementa y monitorea mecanismos efectivos para prevenir, identificar y gestionar situaciones de acoso y violencia en el entorno laboral. Este criterio busca garantizar un ambiente de trabajo respetuoso, inclusivo y seguro, promoviendo el bienestar de los empleados y cumpliendo con las normativas aplicables.

Dimensiones:

- Cumplimiento normativo: Asegurar que la política cumpla con las leyes locales e internacionales relacionadas con el acoso y la violencia en el trabajo, como el Convenio 190 de la OIT, y promueva el respeto a los derechos laborales.
- Definición de conductas prohibidas: Establecer una descripción clara y comprensible de las acciones consideradas acoso o violencia laboral, incluyendo ejemplos prácticos para facilitar su identificación.
- Capacitación y sensibilización: Implementar programas regulares para formar a empleados y líderes sobre la prevención del acoso y la violencia laboral, fomentando una cultura organizacional basada en el respeto y la colaboración.
- Canales de denuncia confidenciales: Proveer mecanismos accesibles, seguros y confidenciales para que las víctimas o testigos puedan reportar incidentes, garantizando la protección contra represalias y el seguimiento oportuno.
- Monitoreo y mejora continua: Diseñar sistemas para evaluar la efectividad de la política, realizar auditorías internas y ajustar las medi-

das preventivas y correctivas en función de los resultados y cambios normativos.

CRITERIO 265. SUPERVISIÓN DE LA POLÍTICA SANCIONADORA Y DISICPLINARIA

El criterio de supervisión de la política sancionadora y disciplinaria evalúa, si una organización establece, aplica y monitorea procedimientos claros y justos para gestionar incumplimientos normativos, éticos o laborales. Este criterio busca garantizar que las sanciones sean proporcionales, transparentes y alineadas con los principios de equidad y las normativas legales, promoviendo un entorno laboral ordenado y responsable.

Dimensiones:

- Cumplimiento normativo: Asegurar que la política sancionadora cumpla con las leyes laborales y normativas aplicables, respetando los derechos fundamentales de los empleados y las mejores prácticas internacionales.
- Definición clara de conductas y sanciones: Establecer una lista específica de conductas sancionables y sus correspondientes medidas disciplinarias, asegurando que sean proporcionales, comprensibles y coherentes con la gravedad de la falta.
- Procesos de investigación imparciales: Diseñar procedimientos objetivos y justos para investigar presuntas infracciones, garantizando la imparcialidad y el derecho de las partes a ser escuchadas.
- Transparencia y comunicación: Informar a todos los empleados sobre la política sancionadora, asegurando que comprendan sus derechos, las expectativas organizacionales y las posibles consecuencias de incumplimientos.
- Monitoreo y mejora continua: Implementar sistemas para supervisar la aplicación de la política, evaluando su efectividad y ajustándola según los resultados obtenidos, las necesidades organizacionales y los cambios normativos.

CRITERIO 266. SUPERVISIÓN DE LA POLÍTICA SORBE SUPERVISIÓN DE LA TRANSPARENCIA INFORMATIVA

El criterio de supervisión de la política sobre transparencia informativa evalúa, si una organización establece mecanismos para monitorear y garantizar que las prácticas de divulgación de información se realicen conforme a los principios de claridad, veracidad y accesibilidad, alineándose con los estándares éticos y las normativas aplicables. Este criterio busca fortalecer la confianza de las partes interesadas, asegurar el cumplimiento normativo y fomentar una cultura de transparencia.

Dimensiones:

- Cumplimiento normativo: Verificar que la política sobre transparencia informativa cumpla con las regulaciones locales e internacionales aplicables, como normativas financieras, de protección de datos y de acceso a la información.
- Accesibilidad y claridad: Supervisar que la información divulgada sea comprensible, libre de ambigüedades y fácilmente accesible para todas las partes interesadas, garantizando igualdad de acceso.
- Integridad y veracidad de los datos: Implementar controles para asegurar que la información comunicada sea exacta, completa y coherente con los registros y actividades de la organización, minimizando riesgos de malinterpretaciones.
- Periodicidad y oportunidad: Monitorear que las divulgaciones informativas se realicen de manera regular y en los tiempos adecuados, cumpliendo con los plazos exigidos por normativas o compromisos corporativos.
- Evaluación y mejora continua: Establecer sistemas para revisar la efectividad de la política de transparencia informativa, identificando áreas de mejora y ajustándola según los avances tecnológicos, normativos y las expectativas de las partes interesadas.

CRITERIO 267. MONITORIO DE TRANSACCIONES AUTOMATIZADAS

El criterio de monitoreo de transacciones automatizadas evalúa, si una organización implementa sistemas, políticas y controles para supervisar las actividades financieras y comerciales realizadas mediante procesos automatizados. Este criterio busca garantizar la precisión, seguridad y cumplimiento normativo de las transacciones, minimizando riesgos operativos, legales y reputacionales asociados a errores, fraudes o actividades no autorizadas.

Dimensiones:

- Cumplimiento normativo: Asegurar que las transacciones automatizadas cumplan con las leyes y regulaciones aplicables, incluyendo normativas fiscales, de prevención de lavado de dinero (AML) y financiamiento al terrorismo (CFT).
- Seguridad de los sistemas: Implementar medidas robustas de ciberseguridad para proteger los procesos automatizados contra accesos no autorizados, manipulaciones indebidas y ciberataques.
- Trazabilidad y registro: Garantizar que todas las transacciones automatizadas sean registradas de manera clara, completa y trazable, permitiendo su revisión y auditoría en caso de ser necesario.
- Monitoreo en tiempo real: Diseñar sistemas para supervisar las transacciones de manera continua, identificando y gestionando anomalías, errores o actividades sospechosas en tiempo real.
- Revisión y mejora continua: Establecer procedimientos para auditar regularmente los sistemas automatizados, evaluando su desempeño, corrigiendo fallos y ajustándolos a los cambios normativos o tecnológicos.

CRITERIO 268. SUPERVISIÓN DEL USO DE TECNOLOGÍAS DE MONITOREO EN EMPLEADOS

El criterio de supervisión del uso de tecnologías de monitoreo en empleados evalúa, si una organización implementa políticas, controles y prácticas que aseguren un uso ético, proporcional y conforme a la normativa de dichas tecnologías. Este criterio busca proteger los derechos de los empleados, promover la transparencia y optimizar el impacto del monitoreo en el cumplimiento de los objetivos del programa de compliance.

Dimensiones:

- Cumplimiento normativo: Verificar que el uso de tecnologías de monitoreo se alinee con la normativa vigente en materia laboral, de privacidad y de protección de datos, asegurando la legitimidad y adecuación de estas prácticas.
- Proporcionalidad y necesidad: Supervisar que el monitoreo sea estrictamente necesario para los fines del programa de compliance, minimizando el impacto sobre la privacidad de los empleados y evitando el uso excesivo o invasivo de estas herramientas.

- Transparencia informativa: Garantizar que los empleados estén informados de manera clara y accesible sobre el alcance, propósito y limitaciones del monitoreo, promoviendo su comprensión y confianza en las medidas adoptadas.
- Eficacia y eficiencia: Evaluar si las tecnologías de monitoreo implementadas contribuyen de manera efectiva a prevenir riesgos de compliance, detectar incumplimientos y promover conductas alineadas con las políticas organizacionales.
- Revisión y mejora continua: Establecer procesos regulares para analizar el desempeño de las tecnologías utilizadas, identificando oportunidades de mejora y adaptando su uso a los avances tecnológicos y a las normativas emergentes.

CRITERIO 269.CONTROL DE RIESGOS EN LA CIBERSEGURIDAD

El criterio de control de riesgos en la ciberseguridad evalúa, si una organización implementa políticas, procedimientos y controles efectivos para identificar, gestionar y mitigar los riesgos relacionados con la protección de la información y los sistemas tecnológicos. Este criterio busca garantizar la integridad, confidencialidad y disponibilidad de los datos y activos digitales, promoviendo un entorno seguro y confiable.

Dimensiones:

- Identificación de riesgos: Establecer un proceso sistemático para identificar amenazas cibernéticas, vulnerabilidades tecnológicas y riesgos asociados a la información y los sistemas organizacionales, considerando el contexto interno y externo de la organización.
- Implementación de controles de seguridad: Diseñar e implementar medidas técnicas, organizativas y procedimentales que mitiguen los riesgos identificados, como la gestión de accesos, encriptación de datos, firewalls y monitorización continua de redes.
- Cumplimiento normativo: Asegurar que las políticas y controles de ciberseguridad cumplan con las regulaciones aplicables, tales como normas de protección de datos y estándares internacionales, incluyendo ISO/IEC 27001 o similares.
- Capacitación y concienciación: Proveer formación regular a empleados y partes interesadas sobre prácticas seguras en el entorno

digital, promoviendo una cultura organizacional que valore la ciberseguridad como un componente esencial del cumplimiento.

- Evaluación y mejora continua: Establecer sistemas para monitorear y evaluar periódicamente la eficacia de los controles implementados, actualizándolos ante cambios tecnológicos, nuevas amenazas o ajustes regulatorios, con el fin de mantener un nivel adecuado de protección frente a riesgos emergentes.

CRITERIO 270. CONTROL DE RIESGOS EN LA TERCERIZACIÓN DE CIBERSEGURIDAD

El criterio de control de riesgos en la tercerización de ciberseguridad evalúa, si una organización gestiona adecuadamente los riesgos asociados a la externalización de servicios de ciberseguridad, garantizando que los proveedores cumplan con los estándares técnicos, normativos y éticos requeridos. Este criterio busca asegurar la continuidad operativa, la protección de la información y la alineación con los objetivos de compliance.

Dimensiones:

- Evaluación de proveedores: Implementar procedimientos para seleccionar proveedores de ciberseguridad basados en criterios objetivos, como experiencia, capacidad técnica, cumplimiento normativo y reputación, asegurando que puedan gestionar los riesgos de manera efectiva.
- Cláusulas contractuales específicas: Incluir en los contratos con proveedores cláusulas que detallen obligaciones relacionadas con la protección de datos, gestión de riesgos, auditorías, confidencialidad y respuestas ante incidentes de seguridad.
- Supervisión y monitoreo: Establecer mecanismos de supervisión continua para verificar el cumplimiento de los compromisos contractuales, incluyendo auditorías regulares y revisiones del desempeño de los proveedores.
- Cumplimiento normativo: Garantizar que los servicios tercerizados cumplan con las normativas aplicables en materia de ciberseguridad y protección de datos, como el RGPD, la ISO/IEC 27001 o regulaciones sectoriales específicas.
- Gestión de incidencias: Asegurar que los proveedores cuentan con planes efectivos de respuesta y recuperación ante incidentes, inte-

grándolos en los procedimientos internos de la organización para minimizar impactos y garantizar la continuidad del negocio.

- Evaluación y mejora continua: Revisar y actualizar periódicamente los acuerdos y procesos de tercerización, incorporando aprendizajes de experiencias previas, cambios regulatorios y nuevas tecnologías, para mantener un control efectivo de los riesgos.

CRITERIO 271. EFECTIVIDAD EN LA GESTIÓN DE RIESGOS DE GREENWASHING

El criterio de efectividad en la gestión de riesgos de greenwashing evalúa, si una organización implementa políticas y controles adecuados para prevenir prácticas de comunicación o marketing engañosas relacionadas con la sostenibilidad ambiental. Este criterio busca proteger la confianza de las partes interesadas, evitar sanciones legales y alinear la estrategia corporativa con principios éticos y regulatorios.

Dimensiones:

- Identificación de riesgos: Desarrollar un proceso para identificar áreas y actividades de la organización susceptibles a riesgos de greenwashing, considerando prácticas de comunicación, etiquetado, publicidad y declaraciones públicas sobre sostenibilidad.
- Cumplimiento normativo: Garantizar que las afirmaciones sobre sostenibilidad cumplan con las normativas aplicables, tales como directrices internacionales, legislación de protección al consumidor y estándares sectoriales relacionados con el medio ambiente.
- Verificación de datos y documentación: Implementar procedimientos para asegurar que todas las declaraciones ambientales estén respaldadas por evidencia verificable, actualizada y coherente con las políticas internas y actividades reales de la organización.
- Formación y concienciación: Proveer capacitación regular a los empleados y responsables de comunicación para fomentar prácticas éticas, evitar afirmaciones engañosas y alinear los mensajes con los valores organizacionales.
- Supervisión y control: Establecer mecanismos de supervisión interna para revisar y autorizar las declaraciones relacionadas con la sostenibilidad, minimizando la posibilidad de errores o falsedades que puedan comprometer la reputación corporativa.

- Evaluación y mejora continua: Implementar un sistema para monitorear la percepción de las partes interesadas y revisar periódicamente las estrategias de comunicación ambiental, adaptándolas a cambios regulatorios, expectativas del mercado y mejores prácticas.

CRITERIO 272. GESTIÓN DE POLÍTICAS DE PRIVACIDAD EN ENTORNOS MULTICANAL

El criterio de gestión de políticas de privacidad en entornos multicanal evalúa, si una organización desarrolla e implementa mecanismos efectivos para proteger los datos personales recolectados, procesados y almacenados a través de diversos canales, garantizando el cumplimiento normativo y la confianza de las partes interesadas. Este criterio busca armonizar la protección de la privacidad con la interacción eficiente en múltiples plataformas.

Dimensiones:

- Cumplimiento normativo: Asegurar que las políticas de privacidad se alineen con la normativa aplicable en todas las jurisdicciones donde opera la organización, como el RGPD, la Ley de Protección de Datos Personales o regulaciones sectoriales específicas.
- Transparencia y consentimiento informado: Establecer procedimientos claros para informar a los usuarios sobre la recolección y uso de sus datos personales en todos los canales, garantizando que su consentimiento sea específico, informado y verificable.
- Seguridad de la información: Implementar controles técnicos y organizativos para proteger los datos personales frente a accesos no autorizados, pérdida o alteración, ajustándose a estándares reconocidos como la ISO/IEC 27001.
- Integración multicanal: Diseñar políticas que abarquen todos los puntos de contacto con los usuarios, incluyendo plataformas digitales, interacciones presenciales, dispositivos móviles y sistemas automatizados, asegurando la consistencia en el manejo de los datos.
- Gestión de derechos del usuario: Facilitar a los individuos el ejercicio de sus derechos de privacidad, como el acceso, rectificación, supresión o portabilidad de sus datos, proporcionando canales accesibles y eficientes para estos fines.
- Evaluación y mejora continua: Monitorear el desempeño de las políticas de privacidad en entornos multicanal, revisándolas periódica-

mente para adaptarlas a los avances tecnológicos, cambios regulatorios y las expectativas de los usuarios.

CRITERIO 273. SUPERVISIÓN DE LA ÉTICA EN PROGRAMAS DE RETENCIÓN DE CLIENTES

El criterio de supervisión de la ética en programas de retención de clientes evalúa, si una organización establece controles y políticas que aseguren que las estrategias de fidelización se desarrollan conforme a principios éticos, legales y transparentes. Este criterio busca proteger los derechos de los clientes, fomentar relaciones comerciales sostenibles y prevenir prácticas abusivas o engañosas.

Dimensiones:

- Cumplimiento normativo: Verificar que los programas de retención cumplen con las regulaciones aplicables, como leyes de protección al consumidor, normativas sobre competencia deslcal y estándarcs sectoriales relacionados con la transparencia comercial.
- Transparencia en la oferta: Garantizar que las promociones, descuentos, beneficios y términos asociados a los programas de retención se comuniquen de manera clara, accesible y comprensible, evitando cláusulas ocultas o condiciones ambiguas.
- Consentimiento informado: Asegurar que las inscripciones en los programas de retención y cualquier cambio en las condiciones de los mismos cuenten con el consentimiento informado y explícito de los clientes, respetando su derecho a decidir.
- Equidad y no discriminación: Supervisar que los beneficios ofrecidos en los programas de retención se apliquen de manera justa y equitativa, evitando cualquier forma de discriminación o trato desigual entre los clientes.
- Protección de datos personales: Implementar mecanismos para garantizar que el uso de datos personales en los programas de retención respete las normativas de privacidad y se limite exclusivamente a los fines autorizados por los clientes.
- Evaluación y mejora continua: Establecer sistemas para monitorear el desempeño ético de los programas de retención, analizando la retroalimentación de los clientes y adaptándolos a las mejores prácticas, cambios regulatorios y expectativas sociales.

CRITERIO 274. MONITORIZACIÓN DE POLÍTICAS SOBRE TECNOLOGÍAS DE REALIDAD AUMENTADA

El criterio de monitorización de políticas sobre tecnologías de realidad aumentada evalúa, si una organización establece mecanismos efectivos para supervisar el uso de estas tecnologías, asegurando su alineación con los estándares legales, éticos y operativos. Este criterio busca garantizar un uso responsable de la realidad aumentada, minimizando riesgos legales y éticos y promoviendo prácticas que respeten los derechos de las partes interesadas.

Dimensiones:

- Cumplimiento normativo: Verificar que el uso de tecnologías de realidad aumentada cumpla con las normativas aplicables en áreas como privacidad, protección de datos, propiedad intelectual y seguridad digital.
- Transparencia y consentimiento: Garantizar que los usuarios de estas tecnologías sean informados de manera clara sobre su funcionamiento, la recolección de datos y los posibles riesgos, obteniendo su consentimiento informado.
- Seguridad de la información: Implementar controles para proteger los datos generados y utilizados por la realidad aumentada, evitando accesos no autorizados y posibles vulnerabilidades tecnológicas.
- Ética y responsabilidad: Supervisar que las aplicaciones de realidad aumentada respeten los derechos de los usuarios, evitando prácticas engañosas, intrusivas o que promuevan conductas contrarias a los valores organizacionales.
- Accesibilidad e inclusión: Evaluar que las políticas relacionadas con la realidad aumentada promuevan un acceso igualitario y no excluyan a ciertos grupos por barreras tecnológicas o de diseño.
- Evaluación y mejora continua: Establecer mecanismos para monitorear el desempeño de las políticas relacionadas con la realidad aumentada, ajustándolas ante avances tecnológicos, cambios normativos o nuevas expectativas de las partes interesadas.

CRITERIO 275. SUPERVISIÓN DE RIESGOS EN PROGRAMAS DE COLABORACIÓN ABIERTA

El criterio de supervisión de riesgos en programas de colaboración abierta evalúa, si una organización implementa controles y políticas adecuados para gestionar los riesgos asociados a iniciativas de colaboración abierta, como proyectos de innovación compartida, desarrollo de código abierto o investigación conjunta. Este criterio busca garantizar la protección de los intereses de la organización, la transparencia en las interacciones y el cumplimiento normativo.

Dimensiones:

- Identificación de riesgos: Desarrollar procedimientos para identificar riesgos asociados a la colaboración abierta, tales como vulnerabilidades de seguridad, uso indebido de propiedad intelectual o incumplimientos de confidencialidad.
- Cumplimiento normativo y contractual: Verificar que los programas de colaboración abierta respeten las regulaciones aplicables y que los acuerdos con los participantes incluyan disposiciones claras sobre derechos, responsabilidades y limitaciones de uso de la información compartida.
- Protección de propiedad intelectual: Establecer mecanismos para salvaguardar los activos intangibles de la organización, asegurando que la información y los desarrollos aportados estén adecuadamente protegidos y que se respeten las licencias aplicables.
- Transparencia y gobernanza: Diseñar políticas que aseguren la claridad en las expectativas, roles y responsabilidades de los participantes, promoviendo la confianza mutua y la equidad en la toma de decisiones.
- Seguridad de la información: Implementar controles para proteger los sistemas y datos de la organización frente a accesos no autorizados o vulnerabilidades derivadas de la colaboración abierta.
- Evaluación y mejora continua: Monitorear periódicamente el desempeño de los programas de colaboración abierta, revisando los riesgos emergentes, adaptando los controles a las mejores prácticas y garantizando una gestión responsable y sostenible.

CRITERIO 276. SUPERVISIÓN DE LA POLÍTICA DEL USO DE LAS IT, POR PARTE DE LOS EMPLEADOS

El criterio de supervisión de la política del uso de las IT por parte de los empleados evalúa, si una organización establece controles efectivos para garantizar que el uso de las tecnologías de la información (IT) por parte del personal se realice conforme a principios éticos, legales y de seguridad. Este criterio busca prevenir riesgos asociados al uso indebido de las IT, proteger los activos digitales de la organización y promover un entorno tecnológico seguro.

Dimensiones:

- Cumplimiento normativo: Verificar que la política de uso de IT esté alineada con las normativas aplicables, incluyendo protección de datos, seguridad informática, legislación laboral y otras regulaciones pertinentes.
- Uso adecuado y responsable: Establecer directrices claras sobre las prácticas permitidas y prohibidas en el uso de las IT, como el acceso a contenidos inapropiados, la instalación de software no autorizado o el uso indebido de los sistemas corporativos.
- Seguridad y protección de datos: Implementar medidas para asegurar que los empleados protejan la información sensible y cumplan con las prácticas de seguridad, como el uso de contraseñas robustas, autenticación multifactorial y políticas de acceso restringido.
- Capacitación y concienciación: Proveer formación periódica al personal sobre el uso seguro y responsable de las IT, los riesgos asociados a ciberataques y las implicaciones legales del incumplimiento de las políticas establecidas.
- Supervisión y monitoreo: Establecer sistemas para monitorear el cumplimiento de la política, asegurando que el monitoreo respete los principios de proporcionalidad, transparencia y confidencialidad de los empleados.
- Evaluación y mejora continua: Revisar periódicamente la política de uso de IT, adaptándola a los avances tecnológicos, nuevos riesgos emergentes y cambios regulatorios, garantizando su efectividad y pertinencia.

CRITERIO 277. SUPERVISIÓN DEL USO DE LA TECNICA BYOD POR PARTE DE LA EMPRESA

El criterio de supervisión de la política del uso de las IT por parte de los empleados evalúa, si una organización establece controles efectivos para garantizar que el uso de las tecnologías de la información por parte del personal se realice conforme a principios éticos, legales y de seguridad.

Este criterio busca prevenir riesgos asociados al uso indebido de las IT, proteger los activos digitales de la organización y promover un entorno tecnológico seguro.

Dimensiones:

- Cumplimiento normativo: Verificar que la política de uso de IT esté alineada con las normativas aplicables, incluyendo protección de datos, seguridad informática, legislación laboral y otras regulaciones pertinentes.
- Uso adecuado y responsable: Establecer directrices claras sobre las prácticas permitidas y prohibidas en el uso de las IT, como el acceso a contenidos inapropiados, la instalación de software no autorizado o el uso indebido de los sistemas corporativos.
- Seguridad y protección de datos: Implementar medidas para asegurar que los empleados protejan la información sensible y cumplan con las prácticas de seguridad, como el uso de contraseñas robustas, autenticación multifactorial y políticas de acceso restringido.
- Capacitación y concienciación: Proveer formación periódica al personal sobre el uso seguro y responsable de las IT, los riesgos asociados a ciberataques y las implicaciones legales del incumplimiento de las políticas establecidas.
- Supervisión y monitoreo: Establecer sistemas para monitorear el cumplimiento de la política, asegurando que el monitoreo respete los principios de proporcionalidad, transparencia y confidencialidad de los empleados.
- Evaluación y mejora continua: Revisar periódicamente la política de uso de IT, adaptándola a los avances tecnológicos, nuevos riesgos emergentes y cambios regulatorios, garantizando su efectividad y pertinencia.

CRITERIO 277. SUPERVISIÓN DEL USO DE LA TÉCNICA BYOD POR PARTE DE LA EMPRESA

El criterio de supervisión del uso de la técnica BYOD (Bring Your Own Device) evalúa, si una organización implementa políticas y controles efectivos para gestionar los riesgos asociados al uso de dispositivos personales por parte de los empleados para fines laborales. Este criterio busca garantizar la seguridad de los datos corporativos, el cumplimiento normativo y la protección de los derechos de los empleados.

Dimensiones:

- Cumplimiento normativo: Verificar que las políticas BYOD cumplan con las normativas aplicables en materia de protección de datos, privacidad, y seguridad informática, considerando las jurisdicciones en las que opera la organización.
- Seguridad de la información: Implementar medidas para proteger los datos corporativos almacenados o accesibles desde dispositivos personales, tales como encriptación, autenticación multifactorial, segmentación de datos y políticas de acceso remoto seguro.
- Definición de responsabilidades: Establecer directrices claras que delimiten las responsabilidades de la organización y los empleados respecto al uso de dispositivos personales, incluyendo el mantenimiento, soporte técnico y medidas de seguridad requeridas.
- Privacidad del empleado: Garantizar que las prácticas de supervisión de dispositivos BYOD respeten la privacidad de los empleados, limitando el monitoreo a datos y actividades relacionadas exclusivamente con fines laborales.
- Capacitación y concienciación: Proveer formación regular a los empleados sobre los riesgos de seguridad asociados al BYOD, las políticas aplicables y las mejores prácticas para minimizar vulnerabilidades.
- Evaluación y mejora continua: Revisar periódicamente la efectividad de las políticas BYOD, ajustándolas a los avances tecnológicos, nuevos riesgos cibernéticos y cambios regulatorios, asegurando la sostenibilidad del enfoque.

CRITERIO 278. GESTIÓN DE IMPACTOS RELACIONADOS CON EL USO DE CHATBOTS

El criterio de gestión de impactos relacionados con el uso de chatbots evalúa, si una organización implementa políticas y controles adecuados para identificar, mitigar y supervisar los riesgos asociados al uso de estas herramientas tecnológicas. Este criterio busca garantizar la transparencia, la protección de datos y el cumplimiento ético en la interacción con los usuarios, promoviendo la confianza y eficiencia en el uso de chatbots.

Dimensiones:

- Cumplimiento normativo: Asegurar que el diseño, implementación y uso de chatbots cumplan con las normativas aplicables, tales como las leyes de protección de datos, privacidad, y regulaciones específicas sobre inteligencia artificial.
- Transparencia en la interacción: Garantizar que los usuarios sean informados de manera clara cuando están interactuando con un chatbot, especificando las limitaciones y capacidades de la herramienta, y proporcionando opciones para interactuar con un humano cuando sea necesario.
- Protección de datos: Implementar controles para proteger la información personal recolectada o procesada por los chatbots, asegurando su confidencialidad, integridad y uso limitado a los fines autorizados.
- Gestión de sesgos y equidad: Supervisar que los algoritmos utilizados en los chatbots no contengan sesgos que puedan resultar en discriminación o prácticas injustas, y fomentar interacciones inclusivas para todos los usuarios.
- Seguridad y prevención de riesgos: Establecer medidas para prevenir el uso malicioso o no autorizado de los chatbots, como sistemas de monitoreo, autenticación robusta y detección de vulnerabilidades en el software.
- Evaluación y mejora continua: Revisar periódicamente el desempeño y los impactos de los chatbots, ajustándolos a las expectativas de los usuarios, avances tecnológicos, y requisitos regulatorios emergentes, garantizando su sostenibilidad y eficiencia.

CRITERIO 279. SUPERVISIÓN DE LA POLÍTICA DE PREVENCIÓN DE RIESGOS LABORALES

El criterio de supervisión de la política de prevención de riesgos laborales evalúa, si una organización implementa mecanismos adecuados para garantizar que las medidas adoptadas para prevenir riesgos en el entorno de trabajo sean efectivas, conformes a la normativa y promuevan un ambiente laboral seguro y saludable. Este criterio busca minimizar incidentes laborales, proteger la integridad de los empleados y fomentar una cultura de seguridad.

Dimensiones:

- Cumplimiento normativo: Verificar que la política de prevención de riesgos laborales se alinee con las normativas locales e internacionales aplicables en materia de seguridad y salud laboral, así como con los estándares específicos del sector.
- Identificación y evaluación de riesgos: Establecer procesos sistemáticos para identificar, analizar y valorar los riesgos asociados a las actividades laborales, considerando cambios en las condiciones de trabajo, nuevas tecnologías y procedimientos.
- Implementación de medidas preventivas: Diseñar e implementar controles técnicos, organizativos y de formación para prevenir accidentes y enfermedades laborales, asegurando su adecuada difusión y cumplimiento por parte de todos los empleados.
- Formación y concienciación: Proveer capacitación regular al personal sobre los riesgos específicos de su puesto, el uso correcto de los equipos de protección y la aplicación de protocolos de seguridad, fomentando una actitud proactiva frente a la prevención.
- Monitoreo y control: Supervisar de manera continua la implementación de las medidas preventivas, evaluando su efectividad y adaptándolas a los cambios operativos o legislativos, para garantizar un entorno laboral seguro.
- Evaluación y mejora continua: Revisar periódicamente la política de prevención de riesgos laborales para identificar áreas de mejora, integrando aprendizajes de incidentes previos, auditorías internas y avances en estándares de seguridad.

CRITERIO 280. SUPERVISIÓN DE LA POLÍTICA DE PREVENCIÓN DEL BLANQUEO DE CAPITALES

El criterio de supervisión de la política de prevención del blanqueo de capitales evalúa, si una organización implementa controles y mecanismos efectivos para prevenir, detectar y mitigar actividades relacionadas con el lavado de dinero y la financiación del terrorismo. Este criterio busca garantizar el cumplimiento normativo, proteger la reputación de la organización y promover prácticas éticas y transparentes en las operaciones financieras.

Dimensiones:

- Cumplimiento normativo: Verificar que la política de prevención del blanqueo de capitales cumpla con las leyes y regulaciones aplicables, incluyendo las normativas internacionales, como las Recomendaciones del GAFI, y las leyes nacionales contra el lavado de activos.
- Debida diligencia del cliente: Asegurar que se implementen procedimientos robustos de identificación y conocimiento del cliente (KYC), incluyendo la verificación de identidad, evaluación de riesgos y el monitoreo continuo de las relaciones comerciales.
- Reportes y comunicación: Establecer sistemas para identificar y reportar operaciones sospechosas a las autoridades competentes de acuerdo con las normativas, manteniendo la confidencialidad de la información.
- Capacitación y concienciación: Proveer formación periódica a los empleados sobre los riesgos de blanqueo de capitales, los indicadores de alerta y las responsabilidades específicas en la implementación de la política.
- Supervisión y control: Implementar auditorías internas y externas para evaluar la efectividad de las medidas adoptadas, identificando posibles deficiencias y garantizando la aplicación de acciones correctivas.
- Evaluación y mejora continua: Revisar periódicamente la política de prevención del blanqueo de capitales, adaptándola a los cambios regulatorios, nuevas tipologías de riesgo y mejores prácticas, garantizando su efectividad y pertinencia.

CRITERIO 281. SUPERVISIÓN DE LA POLÍTICA SOBRE EL USO DE INFORMACIÓN PRIVILEGIADA

El criterio de supervisión de la política sobre el uso de información privilegiada evalúa, si una organización establece controles adecuados para prevenir el uso indebido de información sensible con fines personales o corporativos, garantizando el cumplimiento normativo y la integridad en las operaciones. Este criterio busca mitigar riesgos de manipulación de mercados, conflictos de interés y prácticas no éticas.

Dimensiones:

- Cumplimiento normativo: Verificar que la política sobre el uso de información privilegiada cumpla con las leyes aplicables, como las normativas bursátiles y regulatorias, para prevenir el abuso de mercado y garantizar la equidad en las transacciones.

- Definición clara de información privilegiada: Establecer criterios específicos para identificar y clasificar información que sea considerada privilegiada, asegurando su manejo exclusivo por personas autorizadas.
- Acceso restringido: Implementar controles de acceso para garantizar que solo el personal autorizado pueda interactuar con información privilegiada, incluyendo medidas técnicas como encriptación y autenticación.
- Gestión de conflictos de interés: Supervisar que las políticas incluyan procedimientos claros para identificar, declarar y gestionar posibles conflictos de interés relacionados con el acceso y uso de información privilegiada.
- Capacitación y concienciación: Proveer formación periódica al personal sobre el alcance, riesgos y consecuencias legales del uso indebido de información privilegiada, promoviendo una cultura de ética y cumplimiento.
- Supervisión y monitoreo: Establecer sistemas para monitorear el uso y acceso a la información privilegiada, detectando irregularidades y asegurando el cumplimiento de la política.
- Evaluación y mejora continua: Revisar regularmente la efectividad de la política sobre el uso de información privilegiada, adaptándola a cambios regulatorios, avances tecnológicos y nuevas prácticas de mercado, garantizando su adecuación y pertinencia.

CRITERIO 282. SUPERVISIÓN DE LA POLÍTICA DE APODERAMIENTOS, REPRESENTACIONES Y FIRMA ELECTRONICA DENTRO DE LA PERSONA JURIDICA

El criterio de supervisión de la política de apoderamientos, representaciones y firma electrónica evalúa, si una organización establece controles efectivos para regular la delegación de facultades, la representación legal y el uso de firmas electrónicas, garantizando su conformidad con el marco normativo y los principios de gobernanza corporativa. Este criterio busca proteger la seguridad jurídica de las operaciones y prevenir abusos o mal uso de dichas facultades.

Dimensiones:

- Cumplimiento normativo: Verificar que la política esté alineada con las normativas legales aplicables, tales como regulaciones sobre apoderamientos, representaciones legales y firmas electrónicas, garantizando la validez jurídica de las acciones realizadas.
- Definición y delimitación de facultades: Establecer criterios claros para otorgar apoderamientos y facultades de representación, asegurando que estén debidamente documentados y limitados a las necesidades operativas de la organización.
- Gestión de la firma electrónica: Implementar controles para garantizar el uso seguro y adecuado de las firmas electrónicas, incluyendo autenticación robusta, trazabilidad y cumplimiento con estándares de certificación reconocidos.
- Supervisión y revocación: Diseñar mecanismos para supervisar el ejercicio de las facultades otorgadas, asegurando la capacidad de revocar apoderamientos y desactivar firmas electrónicas cuando sea necesario, minimizando riesgos de mal uso.
- Capacitación y concienciación: Proveer formación regular a los empleados y representantes legales sobre las responsabilidades asociadas a las facultades otorgadas y el uso de firmas electrónicas, promoviendo el cumplimiento ético y legal.
- Monitoreo y control interno: Establecer sistemas para revisar y auditar periódicamente la implementación de la política, identificando posibles incumplimientos y asegurando que las delegaciones se realicen conforme a los objetivos organizacionales.
- Evaluación y mejora continua: Revisar periódicamente la política para adaptarla a cambios normativos, avances tecnológicos y nuevas prácticas corporativas, garantizando su pertinencia y efectividad.

CRITERIO 283. EFECTIVIDAD EN LA PREVENCIÓN DE RIESGOS DE FRAUDE EN PROGRAMAS DE BENEFICIOS

El criterio de efectividad en la prevención de riesgos de fraude en programas de beneficios evalúa, si una organización implementa controles y medidas para identificar, mitigar y prevenir posibles fraudes asociados con los programas de beneficios ofrecidos a empleados, clientes o terceros. Este criterio busca proteger los recursos organizacionales, garantizar la equidad en la distribución de beneficios y preservar la integridad corporativa.

Dimensiones:

- Identificación de riesgos: Desarrollar procedimientos para identificar posibles vulnerabilidades en los programas de beneficios, como accesos no autorizados, declaraciones falsas o abusos en la asignación de beneficios.
- Diseño de controles internos: Implementar mecanismos efectivos de control, como auditorías, revisiones periódicas y validaciones automatizadas, para evitar conductas fraudulentas y asegurar la correcta distribución de los beneficios.
- Cumplimiento normativo: Verificar que los programas de beneficios cumplan con las leyes y regulaciones aplicables, asegurando su alineación con las políticas organizacionales y los principios de transparencia y equidad.
- Transparencia en la gestión: Establecer procesos claros y accesibles para la asignación, uso y monitoreo de los beneficios, asegurando que las reglas sean comprensibles y aplicadas de manera uniforme.
- Capacitación y concienciación: Proveer formación regular a los empleados y partes interesadas sobre los riesgos de fraude en programas de beneficios, promoviendo conductas éticas y la comunicación de irregularidades detectadas.
- Monitoreo y supervisión: Diseñar sistemas para supervisar el desempeño de los programas de beneficios, detectando desviaciones, abusos o inconsistencias en tiempo real, y aplicando las acciones correctivas necesarias.
- Evaluación y mejora continua: Revisar periódicamente los programas de beneficios y las medidas preventivas implementadas, adaptándolos a los cambios regulatorios, tecnológicos y organizacionales, para garantizar su efectividad y sostenibilidad.

CRITERIO 284. MONITOREO DE PRÁCTICAS DE COMPENSACIÓN BASADA EN RENDIMIENTO

El criterio de monitoreo de prácticas de compensación basada en rendimiento evalúa, si una organización supervisa de manera efectiva la implementación y los resultados de sus políticas de compensación vinculadas al desempeño, garantizando la equidad, la alineación con los objetivos organizacionales y el cumplimiento de normativas. Este criterio busca prevenir prácticas desleales, mitigar riesgos éticos y fomentar una cultura de mérito y transparencia.

Dimensiones:

- Cumplimiento normativo: Verificar que las prácticas de compensación basada en rendimiento cumplan con las leyes laborales aplicables, regulaciones de igualdad salarial y estándares internos de gobernanza corporativa.
- Transparencia en los criterios: Asegurar que los criterios para la compensación estén claramente definidos, comunicados y aplicados de manera uniforme, evitando discriminación o arbitrariedad en la evaluación del desempeño.
- Evaluación de riesgos éticos: Supervisar que las métricas de rendimiento no promuevan comportamientos no éticos, como manipulación de resultados, incumplimiento normativo o presión indebida sobre los empleados.
- Gestión de incentivos: Establecer mecanismos para que los incentivos financieros o no financieros reflejen los logros individuales y grupales de manera equitativa, alineándose con los objetivos estratégicos y valores de la organización.
- Monitoreo y control: Implementar sistemas para evaluar la relación entre desempeño y compensación, asegurando que las prácticas sean efectivas, justas y que generen impacto positivo en la motivación y retención del talento.
- Capacitación y comunicación: Proveer formación a los responsables de la gestión de compensaciones sobre prácticas justas y estrategias para minimizar conflictos o percepciones de inequidad.
- Evaluación y mejora continua: Revisar periódicamente las políticas y procesos de compensación basada en rendimiento, adaptándolos a las necesidades organizacionales, normativas emergentes y mejores prácticas del mercado laboral.

CRITERIO 285. GESTIÓN DE RIESGOS RELACIONADOS CON EL USO DE INTELIGENCIA ARTIFICIAL EN SALUD

El criterio de gestión de riesgos relacionados con el uso de inteligencia artificial en salud evalúa, si una organización implementa controles, políticas y medidas específicas para identificar, mitigar y supervisar los riesgos asociados al empleo de soluciones de inteligencia artificial en el ámbito sanitario. Este criterio busca garantizar la seguridad del paciente, la calidad de los servicios y el cumplimiento normativo en el uso de estas tecnologías.

Dimensiones:

- Cumplimiento normativo y ético: Verificar que el diseño, implementación y uso de tecnologías de inteligencia artificial en salud cumplan con las normativas aplicables, como las relacionadas con dispositivos médicos, protección de datos y estándares éticos del sector sanitario.
- Seguridad del paciente: Establecer controles para garantizar que las soluciones de inteligencia artificial minimicen riesgos para la salud de los pacientes, incluyendo pruebas rigurosas, validaciones clínicas y monitoreo continuo de su desempeño.
- Transparencia y explicabilidad: Asegurar que las decisiones y recomendaciones generadas por la inteligencia artificial sean comprensibles para los profesionales de la salud, permitiendo una adecuada supervisión y validación humana.
- Protección de datos personales: Implementar medidas robustas para proteger los datos sensibles de los pacientes, garantizando su confidencialidad, integridad y uso limitado a los fines autorizados, en línea con normativas como el RGPD.
- Equidad y accesibilidad: Supervisar que los algoritmos empleados no generen sesgos que puedan afectar la equidad en el acceso a servicios de salud o en las decisiones clínicas, promoviendo su uso inclusivo y no discriminatorio.
- Gestión de incidencias: Establecer procesos para la detección, análisis y resolución de fallos o desviaciones en el funcionamiento de la inteligencia artificial, asegurando respuestas rápidas y efectivas para minimizar impactos adversos.
- Evaluación y mejora continua: Revisar periódicamente las soluciones de inteligencia artificial y los sistemas de gestión de riesgos asociados, adaptándolos a los avances tecnológicos, cambios regulatorios y mejores prácticas del sector salud.

CRITERIO 286. CONTROL DE RIESGOS ASOCIADOS A ENTORNOS DE TRABAJO HÍBRIDO

El criterio de control de riesgos asociados a entornos de trabajo híbrido evalúa, si una organización implementa políticas y medidas efectivas para gestionar los riesgos inherentes a modelos laborales que combinan trabajo presencial y remoto. Este criterio busca garantizar la seguridad de la información, la productividad, la equidad entre los empleados y el cumplimiento normativo.

Dimensiones:

- Seguridad de la información: Implementar medidas para proteger los datos corporativos frente a accesos no autorizados, vulnerabilidades en redes remotas y otros riesgos asociados al trabajo fuera de la oficina, incluyendo el uso de encriptación, autenticación multifactorial y políticas claras de acceso.
- Cumplimiento normativo: Asegurar que las prácticas del trabajo híbrido respeten las normativas laborales, de protección de datos y de salud ocupacional aplicables, adaptándose a las regulaciones locales y sectoriales.
- Gestión de la productividad: Diseñar sistemas de seguimiento y evaluación que permitan medir el desempeño de los empleados de manera objetiva y equitativa, evitando la supervisión invasiva que pueda comprometer la confianza o la privacidad.
- Equidad y bienestar: Garantizar que las condiciones laborales sean justas para todos los empleados, independientemente de su modalidad de trabajo, fomentando el equilibrio entre la vida personal y profesional, y evitando desigualdades en acceso a oportunidades de desarrollo.
- Capacitación y apoyo tecnológico: Proveer formación y herramientas tecnológicas a los empleados para asegurar que puedan desempeñar sus funciones de manera eficiente y segura en entornos remotos y presenciales.
- Prevención de riesgos psicosociales: Identificar y mitigar factores de estrés o aislamiento asociados al trabajo remoto, promoviendo el bienestar emocional y fomentando la integración entre los equipos.
- Evaluación y mejora continua: Revisar periódicamente las políticas y prácticas relacionadas con el trabajo híbrido, adaptándolas a las

necesidades organizacionales, avances tecnológicos y cambios normativos, garantizando su sostenibilidad y efectividad.

CRITERIO 287. MONITOREO DE RIESGOS EN ACUERDOS DE LICENCIAS TECNOLÓGICAS

El criterio de monitoreo de riesgos en acuerdos de licencias tecnológicas evalúa, si una organización implementa controles efectivos para identificar, gestionar y mitigar los riesgos asociados a la adquisición, uso y concesión de licencias tecnológicas. Este criterio busca garantizar la protección de los derechos de propiedad intelectual, el cumplimiento normativo y la sostenibilidad de los acuerdos.

Dimensiones:

- Cumplimiento normativo: Asegurar que los acuerdos de licencias tecnológicas cumplan con las regulaciones locales e internacionales relacionadas con propiedad intelectual, competencia y comercio, evitando sanciones legales y conflictos contractuales.
- Protección de derechos de propiedad intelectual: Verificar que las licencias tecnológicas incluyan disposiciones claras sobre el uso, limitaciones, transferencia y duración de los derechos, protegiendo los activos intangibles de la organización.
- Gestión de riesgos financieros: Supervisar las condiciones económicas de los acuerdos para garantizar que los costos, regalías u otros compromisos financieros sean sostenibles y estén alineados con los beneficios esperados.
- Control de acceso y seguridad: Implementar medidas para prevenir el uso indebido o la explotación no autorizada de la tecnología licenciada, asegurando la integridad y confidencialidad de los activos tecnológicos.
- Supervisión del cumplimiento contractual: Diseñar mecanismos para monitorear que las partes involucradas en los acuerdos cumplan con sus obligaciones, incluyendo auditorías regulares y revisiones de desempeño.
- Prevención de litigios: Establecer procedimientos para identificar posibles áreas de conflicto en los acuerdos, fomentando la negociación y resolución temprana de disputas para evitar litigios prolongados y costosos.

- Evaluación y mejora continua: Revisar periódicamente los acuerdos de licencias tecnológicas y las políticas relacionadas, adaptándolos a cambios regulatorios, avances tecnológicos y necesidades estratégicas, garantizando su efectividad y sostenibilidad.

CRITERIO 288. TRANSPARENCIA EN LA CREACIÓN DE ALIANZAS INDUSTRIALES

El criterio de transparencia en la creación de alianzas industriales evalúa, si una organización implementa políticas y procedimientos que garanticen claridad, equidad y conformidad en la formación y gestión de acuerdos de colaboración estratégica con otras entidades del sector. Este criterio busca promover prácticas éticas, prevenir conflictos de interés y fortalecer la confianza entre las partes involucradas.

Dimensiones:

- Cumplimiento normativo: Asegurar que las alianzas industriales se desarrollen en conformidad con las normativas aplicables, incluyendo leyes de competencia, regulación sectorial y estándares internacionales de gobernanza corporativa.
- Claridad en los términos del acuerdo: Garantizar que los términos y condiciones de las alianzas sean definidos, documentados y comunicados claramente a todas las partes involucradas, minimizando ambigüedades y malentendidos.
- Evaluación de riesgos y beneficios: Establecer procesos para analizar de manera objetiva los riesgos asociados a las alianzas, incluyendo financieros, operativos y reputacionales, asegurando su proporcionalidad frente a los beneficios esperados.
- Divulgación de información: Implementar políticas para asegurar que las partes interesadas relevantes, internas y externas, sean informadas de manera oportuna sobre los objetivos, condiciones y alcances de las alianzas industriales, respetando los principios de confidencialidad cuando corresponda.
- Gestión de conflictos de interés: Supervisar y prevenir posibles conflictos de interés que puedan surgir durante la negociación, formación o ejecución de las alianzas, garantizando la imparcialidad y la alineación con los objetivos corporativos.

- Supervisión y monitoreo: Diseñar mecanismos para evaluar el cumplimiento de los compromisos establecidos en las alianzas y monitorear su desempeño, asegurando que se alcancen los objetivos de manera transparente y conforme a los valores organizacionales.
- Evaluación y mejora continua: Revisar periódicamente los procesos relacionados con la creación de alianzas industriales, adaptándolos a las mejores prácticas, cambios normativos y estrategias corporativas, para garantizar su sostenibilidad y efectividad.

CRITERIO 289. SUPERVISIÓN DE LA POLÍTICA DE ATENCIÓN AL CLIENTE, QUEJAS Y RECLAMACIONES

El criterio de supervisión de la política de atención al cliente, quejas y reclamaciones evalúa, si una organización implementa mecanismos efectivos para gestionar de manera adecuada, transparente y conforme a la normativa las interacciones con clientes, especialmente en la resolución de quejas y reclamaciones. Este criterio busca garantizar la satisfacción del cliente, el cumplimiento normativo y la mejora continua de los procesos.

Dimensiones:

- Cumplimiento normativo: Verificar que la política de atención al cliente, quejas y reclamaciones cumpla con las leyes y regulaciones aplicables, incluyendo normativas de protección al consumidor y estándares de calidad de servicio.
- Accesibilidad y claridad: Asegurar que los clientes tengan acceso fácil y claro a los canales de atención para presentar quejas y reclamaciones, garantizando que estos sean inclusivos y adecuados para diferentes necesidades.
- Gestión eficaz y oportuna: Establecer procedimientos claros y definidos para la recepción, registro, análisis y resolución de quejas y reclamaciones, asegurando tiempos de respuesta razonables y soluciones equitativas.
- Registro y trazabilidad: Implementar sistemas para documentar y rastrear las quejas y reclamaciones desde su recepción hasta su resolución, garantizando la transparencia y permitiendo análisis posteriores para identificar patrones o áreas de mejora.
- Capacitación del personal: Proveer formación regular al personal encargado de la atención al cliente sobre habilidades de comunica-

ción, manejo de conflictos y cumplimiento normativo, promoviendo una atención profesional y empática.

- Supervisión y control: Diseñar mecanismos para monitorear la implementación y efectividad de la política, detectando posibles desviaciones y aplicando acciones correctivas cuando sea necesario.
- Evaluación y mejora continua: Revisar periódicamente la política de atención al cliente, quejas y reclamaciones, adaptándola a las expectativas de los clientes, cambios regulatorios y mejores prácticas, para garantizar su relevancia y efectividad.

CRITERIO 290. SUPERVISIÓN DE LA POLÍTICA SOBRE EL USO DEL CORREO ELECTRONICO Y DEMAS ELEMENTOS CORPORATIVOS

El criterio de supervisión de la política sobre el uso del correo electrónico y demás elementos corporativos evalúa, si una organización implementa controles y directrices claras para regular el uso adecuado de los recursos tecnológicos asignados a los empleados, garantizando su alineación con los objetivos organizacionales, la protección de la información y el cumplimiento normativo. Este criterio busca prevenir el uso indebido de los recursos corporativos, proteger la confidencialidad y fomentar un entorno digital seguro y ético.

Dimensiones:

- Cumplimiento normativo: Verificar que la política sobre el uso del correo electrónico y elementos corporativos cumpla con las normativas aplicables, incluyendo protección de datos, privacidad y ciberseguridad, así como las leyes laborales relacionadas.
- Definición de usos permitidos: Establecer directrices claras sobre los usos autorizados y prohibidos de los recursos corporativos, incluyendo el correo electrónico, dispositivos electrónicos y aplicaciones, para prevenir conductas que comprometan la seguridad o reputación de la organización.
- Protección de datos y ciberseguridad: Implementar controles técnicos y organizativos para proteger los datos corporativos, evitando accesos no autorizados, pérdida de información o ciberataques, especialmente en el manejo de correos electrónicos y documentos electrónicos.

- Transparencia y monitoreo proporcional: Garantizar que el monitoreo del uso de los recursos tecnológicos sea transparente, respetando la privacidad de los empleados y limitándose a fines legítimos relacionados con la seguridad y el cumplimiento.
- Capacitación y concienciación: Proveer formación regular al personal sobre el uso adecuado de los recursos tecnológicos, los riesgos asociados a su uso indebido y las implicaciones legales y organizacionales de incumplir la política.
- Supervisión y control: Diseñar sistemas para monitorear el cumplimiento de la política, identificando desviaciones o incidentes y aplicando medidas correctivas conforme a los principios de equidad y proporcionalidad.
- Evaluación y mejora continua: Revisar periódicamente la política sobre el uso del correo electrónico y elementos corporativos, adaptándola a cambios tecnológicos, regulatorios y operativos para garantizar su efectividad y relevancia.

CRITERIO 291. SUPERVISIÓN DE LA POLÍTICA DE CONTROL DE PROVEEDORES

El criterio de supervisión de la política de control de proveedores evalúa, si una organización implementa mecanismos efectivos para gestionar y supervisar las relaciones con sus proveedores, garantizando el cumplimiento de los estándares éticos, normativos y operativos. Este criterio busca mitigar riesgos asociados a la cadena de suministro, proteger la reputación organizacional y fomentar prácticas responsables y sostenibles.

Dimensiones:

- Cumplimiento normativo: Verificar que la política de control de proveedores cumpla con las normativas aplicables en las jurisdicciones correspondientes, incluyendo regulación laboral, ambiental, de competencia y de anticorrupción.
- Evaluación de proveedores: Establecer procedimientos claros para la selección y evaluación de proveedores, considerando criterios de calidad, cumplimiento normativo, sostenibilidad y ética empresarial.
- Gestión de riesgos: Identificar y gestionar los riesgos asociados a los proveedores, como incumplimientos normativos, vulnerabilidades

en la cadena de suministro o impacto reputacional, implementando medidas de mitigación efectivas.

- Monitoreo y auditorías: Diseñar sistemas para supervisar de manera continua el desempeño de los proveedores, incluyendo auditorías regulares, revisiones de cumplimiento y análisis de informes o certificaciones proporcionados.
- Cláusulas contractuales: Incorporar en los contratos con proveedores disposiciones específicas sobre estándares de cumplimiento, derechos de auditoría, confidencialidad y mecanismos de resolución de disputas.
- Capacitación y concienciación: Proveer formación y comunicación clara a los proveedores sobre las expectativas organizacionales en términos de cumplimiento, ética y sostenibilidad, promoviendo la alineación con los valores de la organización.
- Evaluación y mejora continua: Revisar periódicamente la política de control de proveedores, adaptándola a los cambios regulatorios, operativos y de mercado, y asegurando su efectividad en la gestión de la cadena de suministro.

CRITERIO 292. SUPERVISIÓN DE LA POLÍTICA DE ATENCIÓN A LOS INVERSORES Y SOCIOS DE REFERENCIA

El criterio de supervisión de la política de atención a los inversores y socios de referencia evalúa, si una organización establece mecanismos adecuados para gestionar de manera efectiva, transparente y conforme a la normativa las relaciones con sus inversores y socios estratégicos. Este criterio busca garantizar la confianza, la comunicación efectiva y el alineamiento con los objetivos estratégicos de la organización.

Dimensiones:

- Cumplimiento normativo: Verificar que la política de atención a inversores y socios de referencia cumpla con las normativas aplicables en materia financiera, societaria y de buen gobierno corporativo, asegurando la transparencia y la rendición de cuentas.
- Transparencia y acceso a la información: Garantizar que los inversores y socios de referencia reciban información clara, completa y oportuna sobre la situación financiera, operativa y estratégica de la organización, promoviendo la confianza mutua.

- Gestión de conflictos de interés: Establecer procedimientos para identificar y gestionar posibles conflictos de interés en la relación con inversores y socios, asegurando la equidad y la protección de los intereses de todas las partes.
- Canales de comunicación efectivos: Diseñar canales específicos y accesibles para que los inversores y socios puedan plantear consultas, recibir actualizaciones y expresar inquietudes, garantizando una comunicación fluida y bidireccional.
- Supervisión del desempeño: Implementar sistemas para monitorear y evaluar el cumplimiento de los compromisos adquiridos con los inversores y socios de referencia, asegurando el respeto a los acuerdos y objetivos establecidos.
- Capacitación y concienciación: Proveer formación al personal encargado de la atención a inversores y socios, enfocándose en habilidades de comunicación, conocimiento normativo y promoción de las mejores prácticas de gobernanza.
- Evaluación y mejora continua: Revisar periódicamente la política de atención a inversores y socios de referencia, adaptándola a cambios regulatorios, avances tecnológicos y necesidades estratégicas, para garantizar su efectividad y pertinencia.

CRITERIO 293. SUPERVISIÓN DE LA POLÍTICA DE AUTOMATIZACIÓN DE PROCESOS

El criterio de supervisión de la política de automatización de procesos evalúa, si una organización implementa controles y directrices claras para garantizar que la adopción de tecnologías de automatización sea eficiente, segura, y esté alineada con los objetivos estratégicos, normativos y éticos. Este criterio busca mitigar riesgos operativos, legales y éticos asociados a la automatización y maximizar los beneficios organizacionales.

Dimensiones:

- Cumplimiento normativo: Verificar que la automatización de procesos se realice en conformidad con las normativas aplicables en áreas como protección de datos, derechos laborales y estándares tecnológicos, garantizando la legalidad de las prácticas.
- Seguridad y gestión de riesgos: Establecer controles para proteger la integridad y confidencialidad de los datos involucrados en procesos

automatizados, así como para prevenir errores que puedan generar pérdidas operativas o reputacionales.

- Evaluación de impacto: Implementar mecanismos para analizar los efectos de la automatización en la eficiencia, la calidad del servicio, los costos y el impacto en el empleo, asegurando que las decisiones estén fundamentadas en datos y análisis robustos.
- Gestión de la transición: Diseñar estrategias para integrar la automatización en los procesos existentes sin interrumpir las operaciones, considerando la formación del personal y la gestión del cambio organizacional.
- Monitoreo y control: Supervisar de manera continua los procesos automatizados para detectar fallos, desviaciones o riesgos emergentes, aplicando medidas correctivas de manera oportuna.
- Transparencia y ética: Garantizar que las implementaciones de automatización respeten los principios éticos y las expectativas de las partes interesadas, comunicando de manera clara los alcances y limitaciones de las tecnologías utilizadas.
- Evaluación y mejora continua: Revisar periódicamente la política de automatización de procesos, adaptándola a los avances tecnológicos, cambios normativos y necesidades estratégicas, asegurando su efectividad y sostenibilidad.

CRITERIO 294. EFECTIVIDAD EN LA GESTIÓN DE RIESGOS EN ENTORNOS DE CIBERATAQUES

El criterio de efectividad en la gestión de riesgos en entornos de ciberataques evalúa, si una organización implementa medidas, políticas y controles que garanticen la protección de sus sistemas, datos y operaciones frente a amenazas cibernéticas. Este criterio busca minimizar los impactos de ciberataques, asegurar la continuidad del negocio y garantizar el cumplimiento normativo en materia de seguridad digital.

Dimensiones:

- Identificación de riesgos: Establecer un proceso continuo para identificar y evaluar amenazas cibernéticas relevantes, considerando vulnerabilidades internas y factores externos como nuevas tácticas de ataque y tecnologías emergentes.

- Cumplimiento normativo: Asegurar que las políticas y procedimientos de ciberseguridad cumplan con las normativas aplicables, tales como el RGPD, ISO/IEC 27001 y regulaciones específicas del sector.
- Protección de sistemas y datos: Implementar medidas de protección como firewalls, encriptación, autenticación multifactorial y segmentación de redes para prevenir accesos no autorizados y garantizar la integridad de la información.
- Planes de respuesta a incidentes: Diseñar y probar regularmente un plan de respuesta ante ciberataques que permita una reacción rápida y coordinada, incluyendo la notificación a las partes interesadas y autoridades competentes.
- Capacitación y concienciación: Proveer formación continua a empleados y contratistas sobre buenas prácticas de seguridad, identificación de riesgos y respuesta frente a posibles intentos de ataque, como el phishing.
- Supervisión y monitoreo: Establecer sistemas de monitoreo en tiempo real para detectar anomalías y amenazas, permitiendo una gestión proactiva de riesgos y la mitigación de incidentes antes de que se materialicen.
- Evaluación y mejora continua: Revisar periódicamente la efectividad de las medidas implementadas, adaptándolas a la evolución del panorama de amenazas cibernéticas, cambios tecnológicos y regulaciones emergentes, garantizando una defensa resiliente y sostenible.

CRITERIO 295. SUPERVISIÓN DE LA POLÍTICA SOBRE IMPACTOS SOCIALES DERIVADOS DE LA ACTIVIDAD ECONOMICA

El criterio de supervisión de la política sobre impactos sociales derivados de la actividad económica evalúa, si una organización implementa medidas y controles para identificar, gestionar y mitigar los efectos que su actividad genera en las comunidades y otros grupos sociales. Este criterio busca garantizar la responsabilidad social corporativa, el cumplimiento normativo y la sostenibilidad de las operaciones.

Dimensiones:

- Identificación de impactos sociales: Establecer mecanismos para identificar y evaluar los efectos positivos y negativos que las actividades económicas de la organización generan en las comunidades, incluyendo empleo, desarrollo local, y posibles perjuicios sociales o culturales.
- Cumplimiento normativo y estándares éticos: Garantizar que las políticas relacionadas con los impactos sociales cumplan con las leyes aplicables, convenios internacionales y estándares éticos reconocidos, como los Principios Rectores sobre Empresas y Derechos Humanos de la ONU.
- Planificación de medidas mitigadoras: Diseñar estrategias específicas para prevenir o mitigar los impactos negativos, como programas de inclusión social, compensaciones adecuadas y participación activa de las comunidades afectadas en la toma de decisiones.
- Transparencia y comunicación: Establecer canales claros para informar a las partes interesadas sobre los impactos sociales identificados y las medidas adoptadas, fomentando el diálogo abierto y la confianza con las comunidades y grupos afectados.
- Supervisión y monitoreo: Implementar sistemas de seguimiento para evaluar la efectividad de las políticas y medidas aplicadas, asegurando su adecuación y ajustándolas según los resultados obtenidos o cambios en el contexto social y económico.
- Fomento del desarrollo sostenible: Incorporar prácticas que impulsen beneficios sociales a largo plazo, como proyectos de educación, formación laboral y fortalecimiento de capacidades en las comunidades donde la organización opera.
- Evaluación y mejora continua: Revisar periódicamente la política sobre impactos sociales, adaptándola a nuevas normativas, expectativas de las partes interesadas y mejores prácticas, garantizando la alineación con los objetivos estratégicos y la responsabilidad social de la organización.

CRITERIO 296. EFICACIA EN LA PREVENCIÓN DE RIESGOS EN TRANSACCIONES PEER-TO-PEER

El criterio de eficacia en la prevención de riesgos en transacciones peer-to-peer (P2P) evalúa, si una organización implementa controles, políticas y medidas específicas para gestionar los riesgos asociados a este tipo de transacciones, incluyendo aspectos relacionados con la seguridad, cumplimiento normativo y mitigación de actividades ilícitas. Este criterio busca garantizar la confiabilidad de las operaciones P2P y proteger a las partes involucradas.

Dimensiones:

- Cumplimiento normativo: Verificar que las transacciones P2P cumplan con las regulaciones aplicables, incluyendo normativas contra el blanqueo de capitales, financiación del terrorismo y protección de datos personales.
- Identificación y autenticación: Establecer mecanismos sólidos para la identificación y autenticación de los participantes en las transacciones, minimizando el riesgo de fraude, suplantación de identidad y accesos no autorizados.
- Seguridad de la información: Implementar controles tecnológicos como encriptación, autenticación multifactorial y sistemas de detección de actividades sospechosas para proteger los datos y la integridad de las transacciones.
- Transparencia en las condiciones: Garantizar que las partes involucradas en las transacciones P2P comprendan los términos y condiciones, incluyendo tarifas, riesgos y responsabilidades, promoviendo una comunicación clara y accesible.
- Supervisión y monitoreo: Diseñar sistemas para monitorear las transacciones en tiempo real, identificando patrones anómalos o actividades sospechosas, y reportándolos de manera oportuna a las autoridades pertinentes si corresponde.
- Prevención de actividades ilícitas: Implementar procesos de análisis de riesgos para detectar y prevenir el uso de transacciones P2P en actividades ilícitas, como evasión fiscal o financiación de actividades prohibidas.
- Evaluación y mejora continua: Revisar periódicamente las políticas y medidas aplicadas para prevenir riesgos en transacciones P2P, adaptándolas a las nuevas tecnologías, cambios regulatorios y patrones emergentes de riesgo, garantizando su eficacia y pertinencia.

CRITERIO 297. GESTIÓN DE IMPACTOS RELACIONADOS CON LA GENERACIÓN DE ENERGÍAS LIMPIAS Y RENOVABLES

El criterio de eficacia en la prevención de riesgos en transacciones peer-to-peer evalúa, si una organización implementa controles, políticas y medidas específicas para gestionar los riesgos asociados a este tipo de transacciones, incluyendo aspectos relacionados con la seguridad, cumplimiento normativo y mitigación de actividades ilícitas. Este criterio busca garantizar la confiabilidad de las operaciones P2P y proteger a las partes involucradas.

Dimensiones:

- Cumplimiento normativo: Verificar que las transacciones P2P cumplan con las regulaciones aplicables, incluyendo normativas contra el blanqueo de capitales, financiación del terrorismo y protección de datos personales.
- Identificación y autenticación: Establecer mecanismos sólidos para la identificación y autenticación de los participantes en las transacciones, minimizando el riesgo de fraude, suplantación de identidad y accesos no autorizados.
- Seguridad de la información: Implementar controles tecnológicos como encriptación, autenticación multifactorial y sistemas de detección de actividades sospechosas para proteger los datos y la integridad de las transacciones.
- Transparencia en las condiciones: Garantizar que las partes involucradas en las transacciones P2P comprendan los términos y condiciones, incluyendo tarifas, riesgos y responsabilidades, promoviendo una comunicación clara y accesible.
- Supervisión y monitoreo: Diseñar sistemas para monitorear las transacciones en tiempo real, identificando patrones anómalos o actividades sospechosas, y reportándolos de manera oportuna a las autoridades pertinentes si corresponde.
- Prevención de actividades ilícitas: Implementar procesos de análisis de riesgos para detectar y prevenir el uso de transacciones P2P en actividades ilícitas, como evasión fiscal o financiación de actividades prohibidas.
- Evaluación y mejora continua: Revisar periódicamente las políticas y medidas aplicadas para prevenir riesgos en transacciones P2P, adaptándolas a las nuevas tecnologías, cambios regulatorios y patrones emergentes de riesgo, garantizando su eficacia y pertinencia.

CRITERIO 298. GESTION DE LAS INVESTIGACIONES DERIVADAS DEL CANAL DE DENUNCIAS

El criterio de gestión de las investigaciones derivadas del canal de denuncias evalúa, si una organización establece procedimientos claros y efectivos para la recepción, análisis e investigación de las denuncias realizadas a través de este medio, garantizando la protección de los denunciantes, la confidencialidad de la información y el cumplimiento normativo. Este criterio busca fomentar una cultura de transparencia, ética y responsabilidad corporativa.

Dimensiones:

- Cumplimiento normativo: Asegurar que el proceso de gestión de denuncias cumpla con las normativas aplicables, como las regulaciones de protección al denunciante y leyes relacionadas con la transparencia y el buen gobierno corporativo.
- Confidencialidad y protección al denunciante: Implementar medidas que garanticen la confidencialidad de las denuncias y la protección contra represalias para los denunciantes, fomentando su confianza en el sistema.
- Recepción y registro de denuncias: Diseñar procedimientos claros para la recepción, registro y clasificación de las denuncias, asegurando que todas sean tratadas de manera equitativa y conforme a su gravedad y urgencia.
- Investigación objetiva: Establecer equipos especializados e imparciales para llevar a cabo las investigaciones, garantizando que se realicen con rigor, confidencialidad y respeto por los derechos de todas las partes involucradas.
- Documentación y trazabilidad: Mantener un registro detallado de las investigaciones realizadas, incluyendo las evidencias recopiladas, los análisis efectuados y las decisiones tomadas, asegurando la trazabilidad del proceso.
- Comunicación de resultados: Establecer procedimientos para informar a las partes pertinentes sobre los resultados de las investigaciones, respetando la confidencialidad y las disposiciones legales aplicables.
- Evaluación y mejora continua: Revisar periódicamente los procedimientos de gestión de investigaciones para incorporar aprendizajes,

ajustar a cambios normativos y mejorar la eficiencia y efectividad del sistema de canal de denuncias.

CRITERIO 299. SUPERVISIÓN DE LA POLÍTICA DE SEGURIDAD DE LA INFORMACION

El criterio de supervisión de la política de seguridad de la información evalúa, si una organización implementa medidas, controles y procedimientos efectivos para proteger la confidencialidad, integridad y disponibilidad de la información, garantizando el cumplimiento normativo y la mitigación de riesgos cibernéticos. Este criterio busca fortalecer la resiliencia organizacional frente a amenazas y promover una cultura de seguridad.

Dimensiones:

- Cumplimiento normativo: Verificar que la política de seguridad de la información cumpla con las normativas aplicables, como el RGPD, ISO/IEC 27001, y regulaciones sectoriales específicas, asegurando la legalidad de las prácticas.
- Clasificación de la información: Establecer criterios claros para la clasificación de la información según su nivel de sensibilidad y riesgo asociado, definiendo medidas de protección adecuadas para cada categoría.
- Gestión de accesos: Implementar controles para garantizar que el acceso a la información esté limitado a usuarios autorizados, incluyendo autenticación robusta, gestión de permisos y políticas de segregación de funciones.
- Protección contra ciberataques: Diseñar e implementar medidas técnicas y organizativas para prevenir y mitigar riesgos de ciberseguridad, tales como firewalls, encriptación, detección de intrusos y actualizaciones regulares de sistemas.
- Capacitación y concienciación: Proveer formación continua a empleados y contratistas sobre buenas prácticas en seguridad de la información, identificación de amenazas y cumplimiento de las políticas establecidas.
- Supervisión y monitoreo: Establecer sistemas de monitoreo para identificar anomalías, accesos no autorizados y otras amenazas en tiempo real, permitiendo respuestas oportunas y efectivas.

- Evaluación y mejora continua: Revisar periódicamente la política de seguridad de la información y los controles asociados, adaptándolos a los cambios tecnológicos, normativos y a las nuevas amenazas emergentes, garantizando su efectividad y sostenibilidad.

CRITERIO 300. SUPERVISIÓN DE LA POLÍTICA DE PROTECCIÓN DE DATOS PERSONALES

El criterio de supervisión de la política de protección de datos personales evalúa, si una organización implementa mecanismos adecuados para garantizar el cumplimiento normativo y la gestión efectiva de los riesgos asociados al tratamiento de datos personales. Este criterio busca proteger la privacidad de los titulares de los datos, garantizar la transparencia y promover una gestión ética de la información.

Dimensiones:

- Cumplimiento normativo: Verificar que la política de protección de datos personales cumpla con las leyes aplicables, como el RGPD, Ley de Protección de Datos Personales o normativas locales equivalentes, asegurando la legalidad de los tratamientos.
- Consentimiento informado: Establecer procedimientos para obtener el consentimiento explícito, libre e informado de los titulares antes de recolectar, usar o compartir sus datos personales, asegurando que este sea verificable.
- Gestión del ciclo de vida de los datos: Diseñar controles para garantizar el manejo adecuado de los datos personales durante su recolección, almacenamiento, uso, transferencia y eliminación, minimizando los riesgos asociados.
- Derechos de los titulares: Implementar mecanismos que permitan a los titulares ejercer sus derechos, como acceso, rectificación, supresión, limitación, oposición y portabilidad, de manera ágil y efectiva.
- Seguridad de la información: Aplicar medidas técnicas y organizativas para proteger los datos personales frente a accesos no autorizados, pérdidas, alteraciones o tratamientos indebidos, asegurando su integridad y confidencialidad.
- Capacitación y sensibilización: Proveer formación periódica al personal sobre las obligaciones legales y mejores prácticas en la pro-

tección de datos, promoviendo una cultura organizacional centrada en la privacidad.

- Supervisión y monitoreo: Diseñar sistemas para monitorear el cumplimiento de la política y las normativas de protección de datos, detectando posibles incumplimientos y aplicando medidas correctivas oportunas.
- Evaluación y mejora continua: Revisar periódicamente la política de protección de datos personales y los procedimientos asociados, ajustándolos a cambios regulatorios, tecnológicos y organizativos, garantizando su pertinencia y efectividad.

Bibliografia

PUYOL MONTERO, Javier. "Evaluación de los modelos de «Compliance»: Los riesgos y las políticas corporativas"

https://confilegal.com/20190901-evaluacion-de-los-modelos-de-compliance-los-riesgos-y-las-politicas-corporativas/

ILUSTRE COLEGIO DE LA ABOGACIA DE MADRID, CENTRO DE RESPONSABILIDAD SOCIAL DE LA ABOGACIA MADRILEÑA- MASTER DE COMPLIANCE OFFICER DE LA UNIVERSIDAD COMPLÑUTENSE DE MADRID "Guía Práctica de Autodiagnóstico y Compliance para Entidades Sociales". Dirección: Javier Puyol Montero

chrome-extension://efaidnbmnnnibpcajpcglclefindmkaj/https://web.icam.es/bucket/Guía%20práctica%20autodiagnóstico%20y%20compliance%20para%20entidades%

UNION PROFESIONAL." Modelo de referencia. Cumplimiento Normativo y organizaciones colegiales".

https://unionprofesional.com/estudio/modelo-de-referencia-cumplimiento-normativo/

FINANCIAL CRIME ACADEMY. "Evaluación del riesgo de cumplimiento de la normativa". 12 de septiembre de 2024

https://financialcrimeacademy.org/es/evaluacion-del-riesgo-de-cumplimiento-de-la-normativa/

GESPRODAT. "¿Cómo evaluar los programas de Compliance?

https://gesprodat.com/como-evaluar-los-programas-compliance/

CAMARA DE COMERCIO DE CIUDAD REAL. "Manual de Cumplimiento Normativo"

chrome-extension://efaidnbmnnnibpcajpcglclefindmkaj/https://www.camaracr.org/fileadmin/user_upload/ficheros_privados/MANUAL_DE_CUMPLIMIENTO_NORMATIVO_CAMARA_DE_COMERCIO._VF281020__2_.pdf

FORTUNY. Miquel. "La nueva guía del DOJ para evaluar la eficacia de un programa de cumplimiento: un horizonte de legitimidad más allá del paper Compliance". Diario LA LEY.

https://diariolaley.laleynext.es/Content/DocumentoRelacionado.aspx?params=H4sIAAAAAAAEAC2NQWvDMAyFf019KYykXRg96JLmWMbYwu6KLRyDY3W2nDX_flpbwUN66JPeT6W8jXQTsOyC5_2VEkZTtsRpW2DMlYzgVKDZvdlWdTBopWIc2MKhO_27sNKIEzSGs6PcbzoJC8ZPKtC2XWfKzL_vuAaPEjj1mB9_g3MwjI3Wse2a06tZKRcF4Dt4SkJmDn6-qOTBF8Js5w_0BJpeF2X4Bcv19tz0VUSvJ0lfd29s1D6g0BkjJffM_QPkA4xB8wAAAA==WKE

CASANOVAS, Alain. Cumplimiento Legal-Serie de Test de Tendencias, KPMG TENDENCIAS.

https://www.tendencias.kpmg.es/serie-de-test-de-compliance/

MOYA, Jesús. "Compliance: ¿Cómo ha de ser el modelo de cumplimiento normativo? Legal Today. 3 de marzo de 2017.

https://www.legaltoday.com/practica-juridica/derecho-penal/penal/compliance-como-ha-de-ser-el-modelo-de-cumplimiento-normativo-2017-03-03/

La Obra Los *Criterios de Evaluación de los Modelos de Cumplimiento Normativo/Compliance*, escrita por Javier Puyol y Carlos Franco, ofrece un enfoque detallado y práctico sobre cómo evaluar la efectividad de los modelos de cumplimiento en las organizaciones. Más que un análisis teórico, este libro proporciona un marco metodológico estructurado, identificando los criterios fundamentales para medir la adecuación, eficacia, eficiencia y adaptabilidad de un programa de Compliance en el contexto normativo actual.

El contenido se organiza en torno a los principios rectores de la evaluación, del contexto regulatorio, de la documentación formal, de la matriz de riesgos, y, de la implementación del modelo. Además, desarrolla en profundidad una serie de criterios específicos, que abarcan desde la transparencia, la responsabilidad y la medición de impacto, hasta la resiliencia operativa y la gestión de riesgos en entornos digitales y globalizados. En el mismo, se presta especial una atención a la cultura ética corporativa, a la gobernanza del Programa, a su integración con sistemas de gestión, y al uso de tecnologías para el monitoreo del cumplimiento.

Esta Obra trata de ser es una guía esencial para Compliance Officers, auditores, asesores legales y directivos, que buscan herramientas prácticas para fortalecer y mejorar sus programas de cumplimiento normativo. Y que, a través de un enfoque claro y sistemático, los Autores tratan de posibilitar a las organizaciones, no solo cumplir con las exigencias legales, sino también convertir el Compliance en un verdadero motor de sostenibilidad , de competitividad, y de éxito empresarial.

978-84-1095-940-8